RENAUD DE LABORDERIE

LE LIVRE D'OR DE LA FORMULE 1

2000

Préface de
FLAVIO BRIATORE

Fiches techniques de
Bernadette LAURENS

SOLAR

Si vous souhaitez recevoir notre catalogue
et être tenu au courant de nos publications,
envoyez-nous vos nom et adresse, en citant ce livre
et en précisant les domaines qui vous intéressent.

Éditions SOLAR
12, avenue d'Italie
75013 PARIS
Internet : www.solar.tm.fr

Directeur de collection : Renaud de Laborderie

ISBN 2-263-03012-3
Code éditeur : S03012

SOMMAIRE

Flavio Briatore : un certain regard sur la Formule 1.

MICHAEL SCHUMACHER, MARATHONIEN FERRARI

par

Flavio Briatore

Quand on a été champion du monde à deux reprises, on est condamné – sauf impondérable – à le devenir une troisième fois. Chez Benetton, j'ai eu le plaisir de diriger Michael Schumacher dans ses deux campagnes mondiales victorieuses de 1994 (Benetton-Ford) et de 1995 (Benetton-Renault), en ayant d'ailleurs dépassé, en cette année 1995, pour la première fois de sa carrière le seuil des 100 points.

En confidence, si Michael Schumacher (27 ans à l'époque) était resté chez Benetton-Renault, il aurait enchaîné sans tarder sur une troisième consécration consécutive. Et alors, son palmarès en aurait été vraisemblablement transformé et enrichi. Cette éventualité ne ressort pas de la Formule 1 fiction. Ne serait-ce d'ailleurs que parce que les champions du monde 1996 (Damon Hill) et 1997 (Jacques Villeneuve) s'alignaient sur des monoplaces à moteur Renault…

Et maintenant, Michael Schumacher a eu besoin de cinq ans (1996, 1997, 1998, 1999, 2000) pour redevenir, à la tête de Ferrari, le n° 1. Pour un pilote de sa qualité, cet aboutissement était normal. Mais il fut difficilement acquis.

La notion du meilleur pilote du moment suit les fluctuations de l'histoire. En leur époque, Senna et Prost éclipsaient leurs rivaux. D'autres noms sont arrivés, au gré des mouvements de générations. Aujourd'hui, je suis sûr que le successeur de Michael Schumacher, triple champion du monde (1994, 1995, 2000), existe quelque part. Laissons-lui le temps de se révéler et donnons-nous celui de le former et de lui fournir la meilleure monoplace possible pour gagner.

Avec Jean Todt (en place depuis 1993) et Michael Schumacher (depuis 1996), Ferrari a remporté son marathon vers le podium suprême. Il n'a pas suffi de la motivation maximale de Todt et de Michael Schumacher pour obtenir ce résultat. Ferrari a consacré de gros moyens à cette entreprise de grande envergure. Cette démonstration de puissance, étalée sur plusieurs années, le prouve : rien n'est facile ou acquis.

En Formule 1, rien ne s'élabore du jour au lendemain. En 2002, Renault se lancera, à son tour, dans ce marathon. En ayant acquis une dimension universelle, au plan industriel, Renault attaque une globalisation sportive. Avec, chacun s'en souvient, un phénoménal palmarès de six titres mondiaux des constructeurs. Mais la prochaine couronne sera la plus belle…

8 octobre 2000, à Suzuka : Michael Schumacher arbore, dans son stand, un n° 1 en papier adhésif, donné par Mika Hakkinen.

MICHAEL SCHUMACHER, MAÎTRE DE LA PLANÈTE FERRARI

A eux quatre, ils ont tout gagné en 2000. De g. à dr. : Coulthard (3 fois), Hakkinen (4), Michael Schumacher (9), Barrichello (1).

Ce mercredi 4 octobre, Michael Schumacher a atterri à Kansai International, l'aéroport international d'Osaka peu après 18 heures, en provenance de Phuket, en Thaïlande. A 22 h 15, une jeune réceptionniste du *Flower Garden Hotel*, Himura Kato, reçoit une requête de Miodrag Kotur, le responsable de la logistique de la Scuderia Ferrari. « Michael Schumacher vient de me téléphoner. Il arrive ici dans un quart d'heure. Pouvez-vous lui épargner les formalités d'un enregistrement à la réception ?... Regardez la foule qui l'attend », explique Kotur, en montrant du doigt, par les larges portes vitrées, une meute de jeunes Japonais aux aguets, cahier et crayon en main.

Pour Himura Kato, le respect dû à un hôte de prestige est intangible. La tranquillité de Michael Schumacher doit être préservée, quitte à faire une exception. Après concertation avec le directeur de l'hôtel, satisfaction est donnée à Kotur : il reçoit les précieuses fiches à remplir et les laissez-passer de Corinna et Michael Schumacher. Peu après, les Schumacher stoppent exactement à 1,50 m de l'entrée de bâtiment. Kotur leur remet leur clé de chambre, la J 2738.

Il est tard. Les Schumacher dînent en tête à tête dans leur chambre. En débarquant à Suzuka, le circuit de son challenge suprême, Michael Schumacher est soumis à une terrible tension intérieure. Les heures qui le séparent du GP du Japon, ce dimanche 8 octobre, s'égrènent trop lentement. Il s'autocontrôle en permanence en affichant une précaire décontraction. L'image de ses échecs in extremis de 1997 et 1998 hante sa mémoire vulnérabilisée.

Ce jeudi soir 5 octobre, Jean Todt convie au restaurant *Mogabo*, à Suzuka City, les Schumacher, Ross Brawn, Rubens Barrichello, Federico de la Noce, Willi Weber et Ralf Schumacher. A

Le tour de la consécration pour Michael Schumacher : à se taper la tête.

22 h 5, ils se lèvent tous de table, certains avec les jambes ankylosées par les coutumes japonaises. Ils croisent alors dans le minuscule hall du *Mogabo* quelques journalistes japonais et français. En un millième de seconde, l'atmosphère se crispe. Les traits des uns et des autres sont figés. Michael Schumacher se tient en retrait, les bras sur les épaules de Corinna en un réflexe révélateur d'appréhension.

Visiblement, bien qu'il ne se passe rien, cette rencontre fortuite contrarie l'Allemand de Ferrari. Le lendemain, Corinna confiera à l'un de ces protagonistes : « Il y avait une énorme décharge d'électricité dans l'air. » En réalité, Michael Schumacher avait programmé à Suzuka une protection rapprochée d'ici le GP, fondée sur une peur soudaine de l'inquisition des médias. Il est perturbé. Willi Weber lâchera aussi : « Michael n'a qu'une idée, se concentrer. » Dans son schéma psychologique de Suzuka, il a prévu de rester maître de ses contacts de communication : il refuse de les subir.

Devant le *Mogabo*, Ralf Schumacher monte dans une berline BMW 750 i noire, qui l'attendait. Les sept autres s'installent dans un minibus Toyota Hiace qui s'ébranle au plus vite vers le *Flower Garden Hotel*. Avant même d'avoir regagné sa chambre, Michael Schumacher a tranché : vendredi et samedi, pour éviter toute dispersion ou contrariété, il dînera sur place, au circuit, dans le stand Ferrari, à quelques mètres de ses monoplaces, à l'abri des caisses et du matériel. En grand secret.

Quant à Mika Hakkinen, qui aurait pu être, lui aussi, très contracté, il ne modifie pas ses habitudes. Erja et Mika, qui sont à la J 2715, s'exposent dans le *Flower Garden Hotel* comme si de rien n'était et partagent leurs dîners avec leurs proches de McLaren-Mercedes.

*
* *

Voici plus de deux heures, ce dimanche 8 octobre, que Michael Schumacher est champion du monde 2000, sans que cette consécration lui soit officiellement validée. Bien entendu, les Italiens de la Scuderia Ferrari ne sont pas encore saturés d'avoir frénétiquement célébré cette performance comme des gamins déchaînés. Entre deux tornades de champagne – il est imbibé jusqu'aux os ! –, Jean Todt a fait retenir soixante-cinq couverts au restaurant français de Suzuka, tenu par Dominique Doucet. Ce choix de restaurant, excentré, n'est pas neutre : les Italiens se savent attendus au *Campanella*, la table italienne du site de Suzuka. Mais Todt n'y tient pas, de peur d'être assailli par des tifosi. Comme les autres – et plus qu'eux –, Todt aspire à un repas d'intimité dans une soirée unique, balayée par les vents de la gloire et d'un immense bonheur. Une soirée qui aura pour toujours un goût exceptionnel.

Une pluie tenace et froide inonde le circuit. Une idée traverse le cerveau de Todt. En quelques minutes, elle est concrétisée. Doucet a reçu un appel téléphonique de la Scuderia : « Pouvez-vous préparer soixante-cinq repas et nous les apporter dans le paddock, dans notre stand ? » Aucune hésitation chez Doucet. Il organise tout sur-le-champ. En réalité, les hommes et les femmes de la Scuderia Ferrari se sentent tellement heureux en cet endroit que Todt a saisi, lui aussi bien que les siens, que ce serait un déchirement pour tout le monde de quitter ce stand où Michael Schumacher a dîné, deux soirs durant, avant l'extase.

La pluie redouble, glaciale maintenant. Quarante minutes plus tard, dans une pénombre humide, un convoi de camionnettes pénètre lentement dans un paddock, en voie de désertification mais hanté par des déménageurs du soir. Dominique Doucet, en chef d'orchestre et cuisinier, dispose les nappes sur les tables, dans la lumière blafarde d'un stand à peu près rangé. L'instant est d'une essence rarissime : Michael Schumacher partage son premier repas de champion du monde Ferrari avec ses partenaires – une attention du cœur – et sur le lieu même de l'exploit –

un symbole. Ce n'est qu'une attention parmi d'autres.

Mais c'est ainsi qu'un champion resserre ses liens avec son environnement. L'homme public qu'est Michael Schumacher réserve l'essentiel de son authenticité à cette « deuxième famille » qu'est devenue pour lui la Scuderia Ferrari. Ce cri du cœur, personne ne le lui avait demandé, encore moins arraché. Derrière le conformisme du cliché, existe la réalité de la très forte complicité Ferrari-Michael Schumacher, jamais aussi rayonnante qu'en ce 8 octobre 2000.

La soirée s'avance. Un véritable déluge inonde Suzuka. Habituel centre des festivités post-GP, le *Logs Cabin* n'est pas tellement envahi. Des rafales de pluie balaient sa mini-terrasse. Blouson de cuir noir, attaché-case dans la main droite, Ron Dennis s'est prestement éclipsé après la course. Non sans lancer : « Notre défaite est une attraction pour la Formule 1. Mais ça ne durera pas. Je m'en vais, car je dois préparer 2001. Au moins pour réaliser un meilleur départ de championnat qu'en 2000. » Les chœurs anglo-allemands de McLaren-Mercedes chantent de leur mieux, au Karaoke n° 6, sous la direction de l'infatigable Norbert Haug qui sait s'y prendre pour ranimer un moral défaillant. Mika Hakkinen et David Coulthard poussent la chansonnette aussi. Dans le stand Ferrari, le repas se termine. Les hommes en rouge commencent à s'égailler, en rangs désordonnés, dans ce parc de Suzuka, de plus en plus humide, de plus en plus glacé.

Autour de Michael Schumacher, les hommes en rouge s'agglutinent dans le Karaoke n° 6. Anglais, Allemands et maintenant Italiens s'y entendent pour mettre à mal des réserves de bière a priori inépuisables. Norbert Haug, surnommé *Mr Rock'n Roll* par les connaisseurs, entonne allègrement « We are on the road again », « I did it my way » et, surtout, « New York, New York ». A ses côtés,

MICHAEL SCHUMACHER

- Né le 3 janvier 1969 à Kerpen (Allemagne).
- Mensurations : 1,74 m, 74 kilos.
- Marié à Corinna, deux enfants, Gina-Maria (3 ans), Mick (18 mois).
- Débuts en Formule 1 : GP de Belgique, 25 août 1991.
- Écuries : Jordan (1991), Benetton-Ford et Renault (1992-1995), Ferrari (depuis 1996).
- GP disputés : 143.
- Titres mondiaux : 3 en 1994 (Benetton-Ford), 1995 (Benetton-Renault) et 2000 (Ferrari).
- Pole positions : 32.
- Victoires : 44.
- Meilleurs tours en course : 41.

Mario Ilien et quelques autres s'efforcent de soutenir la comparaison avec lui.

Une scène fantasmagorique. La pluie redouble de violence. Peu importe. Il fait très froid. Peu importe. Ross Brawn, Luca Baldisseri (une casquette enfoncée jusqu'aux oreilles, car on lui a rasé les cheveux sur le stand), Pat Symonds, le directeur technique de Benetton (avec lequel Michael Schumacher avait enlevé son premier titre mondial en 1994) et beaucoup d'autres forment une chorale désordonnée mais généreuse, autour de Michael Schumacher, radieux. La nuit s'avance. A 3 h 30, surgi d'on ne sait où, Hakkinen apparaît dans cette joyeuse assemblée : il est tout aussi délivré que Michael Schumacher.

Sur-le-champ, se prenant par le bras, le Finlandais et l'Allemand – qui totalisent cinq couronnes mondiales à eux deux ! – attaquent, de concert et spontanément,

MICHAEL SCHUMACHER

	VICTOIRES	PTS	CLASSEMENT
1991 : Jordan/Benetton	0	4	12
1992 : Benetton-Ford	1	53	3
1993 : Benetton-Ford	1	52	3
1994 : Benetton-Ford	8	92	1
1995 : Benetton-Renault	9	102	1
1996 : Ferrari	3	59	3
1997 : Ferrari	5	78	Déclassé[1]
1998 : Ferrari	6	86	2
1999 : Ferrari	2	44	4
2000 : Ferrari	9	108	1

1. Faute sur Jacques Villeneuve dans le dernier GP de la saison.

« We are the champions ». Lequel des deux a eu l'idée, le premier, de lancer ces paroles qui, depuis la victoire de la France dans la Coupe du monde de football 1998, ont acquis une si forte résonance ?... Hakkinen et Michael Schumacher n'en savent rien. « Pour cette chanson, ce soir-là, je crois que Michael a été en pole position », estime Claudio Berro, le directeur de la communication de Ferrari. En tout cas, les paroles de Freddie Mercury sont devenues des classiques à Suzuka.

Cette nuit du 8-9 octobre 2000 s'étire sous d'interminables trombes d'eau. Le torrent de l'allégresse Ferrari ne s'arrête pas non plus. Peu avant 5 heures, quand même, Hakkinen a pris congé en disant : « Bravo, Michael. Mais rien n'est fini entre nous. » Le Finlandais s'enfuit en courant. La pluie le rattrapera bien avant qu'il ne s'effondre dans son lit. Pour Michael, il sera toujours temps de dormir. Il s'envolera, dans la journée du lundi 9 octobre, à l'heure de son choix pour la Thaïlande. Le plan de vol de son Challenger est déposé, pour différentes heures de départ.

Lors d'un aparté avec Michael Schumacher, Willi Weber lui a suggéré une brève tournée triomphale en Allemagne dans les jours qui suivent. Le rusé Weber avait retenu une demi-douzaine de villes sur deux jours. Michael Schumacher a refusé, souhaitant une détente méritée sur le sable de Phuket, en Thaïlande, avant l'ultime étape du championnat du monde, sur le circuit de Sepang, en Malaisie. « Nous avions misé sur un GP de Malaisie 2000 qui aurait été le dénouement du championnat. Au lieu de ça, Michael et Ferrari étaient tellement pressés qu'ils ont tout réglé à court terme. Tant pis. Ce sera la fête », estimait, témoin rivé à son écran de TV dans son grand bureau d'angle de Sepang, Philippe Gurdjian, l'un des premiers à avoir envoyé un télégramme de félicitations à Jean Todt. Curiosité : moins d'une minute après la fin du GP du Japon, la télécopie de félicitations du chancelier Gerhard Schroder avait rallié la casemate Ferrari, en plein paddock. Un vrai record, non ?

*
* *

A défaut d'avoir promené Michael Schumacher en Allemagne, Willi Weber avait donné le feu vert à une opération prévue de longue date, mais maintenue virtuelle jusqu'à la dernière seconde du GP du Japon : la fabrication, en quantité initiale, de 100 000 casquettes et tee-shirts (en trois modèles) à la gloire de Michael Schumacher n° 1 en 2000. Dès le dimanche soir 8 octobre, une usine appartenant à Weber, installée à Diedorf, produisait ces articles pour alimenter un réseau commercial de plusieurs centaines de points. Rien que pour l'Allemagne. Et le reste du monde ? « Mais ça viendra », répond, en souriant, Willi Weber.

En définitive, en gagnant le championnat du monde 2000, Michael Schumacher n'a pas seulement réussi une brillante passe de trois. Il s'est délivré, en une course qui était un aboutissement, du fardeau de ses « années de plomb » chez Ferrari, alourdies d'échecs qui lui laissaient un goût amer dans la bouche. Il est plus que jamais chez lui sur la planète Ferrari. Il ne l'est pas seulement par ses exploits. Il y est aussi et surtout par ses attentions. Michael Schumacher prit, par exemple, soin de téléphoner personnellement à l'ingénieur Luigi Mazzola, responsable des essais privés à Maranello. « Ce titre, je le dois aussi aux 550 personnes qui travaillent à la gestion sportive de Ferrari. Et je le dédie à tous ceux qui aiment Ferrari », affirma-t-il.

Retour en arrière. Michael Schumacher avait obtenu son premier titre mondial en 1994 (Benetton) après avoir débuté en 1991 et continué avec deux saisons pleines (1992, 1993). Sa consécration avait été fulgurante. Celle de 2000 – « la plus belle de toutes », dit-il –, il n'y est parvenu qu'avec quatre années (1996, 1997, 1998, 1999) et un accident à son compteur personnel. « Quand je suis arrivé à Maranello, je pensais que ça viendrait plus tôt », s'exclama-t-il, le 8 octobre 2000.

En parlant ainsi, Michael Schumacher ignorait un certain passé. Le 10 septembre 1979, au lendemain de l'exploit de Jody Scheckter, une énorme banderole avait été posée à Maranello, en face du bureau d'Enzo Ferrari : « Pensiamo gia al decimo titolo. » (« Pensons déjà au dixième titre. ») Il n'a donc fallu que vingt et un ans à la Scuderia Ferrari pour ramener l'un des siens sur les palmarès du championnat du monde. D'ici 2021…

LE PALMARÈS DE FERRARI

- 10 titres mondiaux des pilotes : Alberto Ascari 1952-1953, Juan Manuel Fangio 1956, Mike Hawthorn 1958, Phil Hill 1961, John Surtees 1964, Niki Lauda 1975-1977, Jody Scheckter 1979, Michael Schumacher 2000.
- 10 titres mondiaux des constructeurs : 1961, 1964, 1975, 1976, 1977, 1979, 1982, 1983, 1999, 2000.
- 135 victoires depuis la première, le 14 juillet 1951 dans le British GP à Silverstone, avec l'Argentin José Froilan Gonzales.
- 137 pole positions.
- 636 Grands Prix.
- 49 doublés.

Pour Ferrari, en 2000, les titres mondiaux vont par deux : pilotes et constructeurs.

L'ENVERS DU DÉCOR

PROST GRAND PRIX

LE FIL ROUGE D'UNE SAISON NOIRE

Le mardi 1er février 2000, dans l'autocar qui le transporte de Gérone à Montmelo, Corrado Provera, le directeur de Peugeot Sport, tape sur l'épaule de Jean-Pierre Boudy, son ingénieur, assis devant lui : « Combien de chevaux peut-on annoncer ? » Les deux hommes se concertent.

Deux heures plus tard, à 12 h 30, dans la tente montée pour la présentation de l'AP03, la chaise de Frédéric Saint-Geours, le directeur d'Automobiles Peugeot, reste vide, désespérément et symboliquement. Le malaise existe. Provera représente Saint-Geours et parle en son nom. Dans son allocution, Alain Prost souligne avec insistance l'arrivée de Yahoo, un des leaders mondiaux d'Internet, comme sponsor. Il se répand en louanges prévisionnelles sur cette société américaine.

Dans l'assistance, quatre invités, assis séparément, sont muets d'incompréhension. Sylvie Reynes, Fabrice Bourgeois-Armurier, Bruno Germain-Thomas et Dany Hindenoch, tous attachés à Gauloises Blondes, se regardent avec effarement : Prost n'a pas accordé à Gauloises, le plus fidèle sponsor de l'écurie, le moindre droit à citation. L'effet est catastrophique.

En dévoilant l'AP03, Prost promet : « Chaque année, nous allons progresser. » D'autres propos sont lancés. Jean-Pierre Boudy : « On ne se tire jamais à boulets rouges les uns sur les autres. » Corrado Provera : « Nous sommes dans une phase de collaboration évolutive. » Assis entre Prost et Loïc Bigeois, Alan Jenkins : « J'ai bien intégré l'esprit de l'écurie. » Alain

Corrado Provera-Alesi, paix armée.

Prost, enfin : « Ce qui me plaît en Jean Alesi, c'est son esprit critique. »

Des essais sont prévus ce même jour. L'AP03 entre en piste. Pour très peu de temps. Bref dialogue Prost-Jenkins. La monoplace remonte dans le camion qui l'a apportée de Guyancourt. Prost se tourne vers Sophie Sicot : « Annule la table de ce soir au *Trabuc*, à Granollers. » En dix mots, Prost attaque la saison la plus noire de sa vie, depuis son entrée en Formule 1 en 1980.

*

* *

A propos de Peugeot, Prost traîne en lui un vieux regret. Le vendredi 14 février 1997, il cautionnait, à côté de Jacques Calvet, la naissance de l'écurie Prost-Peugeot, avec un contrat de trois ans (1998-2000). Depuis six mois, les négociations avaient toujours porté sur cinq ans (1998-2002). Soudain, le lundi 10 février, Calvet indique à Prost que Peugeot ne peut pas dépasser un engagement de trois ans. Pris de court, Prost n'a pas osé tout envoyer promener au nom de sa conviction quinquennale. Ce compromis, il se le reprochera ensuite fréquemment par la suite. A la lumière des événements, l'odyssée Prost-Peugeot aurait eu toutes les peines du monde à s'étaler sur cinq ans.

Un constat dramatique rampe à Vélizy, chez Peugeot Sport, et à Guyancourt, chez Prost ; à peine née, l'AP03 paraît manquée : « C'est une voiture conçue en laboratoire qui n'a pas assez roulé en essais privés. » Le ver est dans le fruit des relations Prost-Peugeot. Une panne de motivation touche la collectivité. Alain Prost se retrouve seul, en première ligne. Son staff technique franco-anglais ignore les vertus élémentaires de l'entente cordiale.

Le mardi 29 février, lors de la journée de presse du Salon de l'Auto de Genève, Prost – qui n'a reçu aucune invitation de Peugeot – s'attarde chez Renault. Pas par

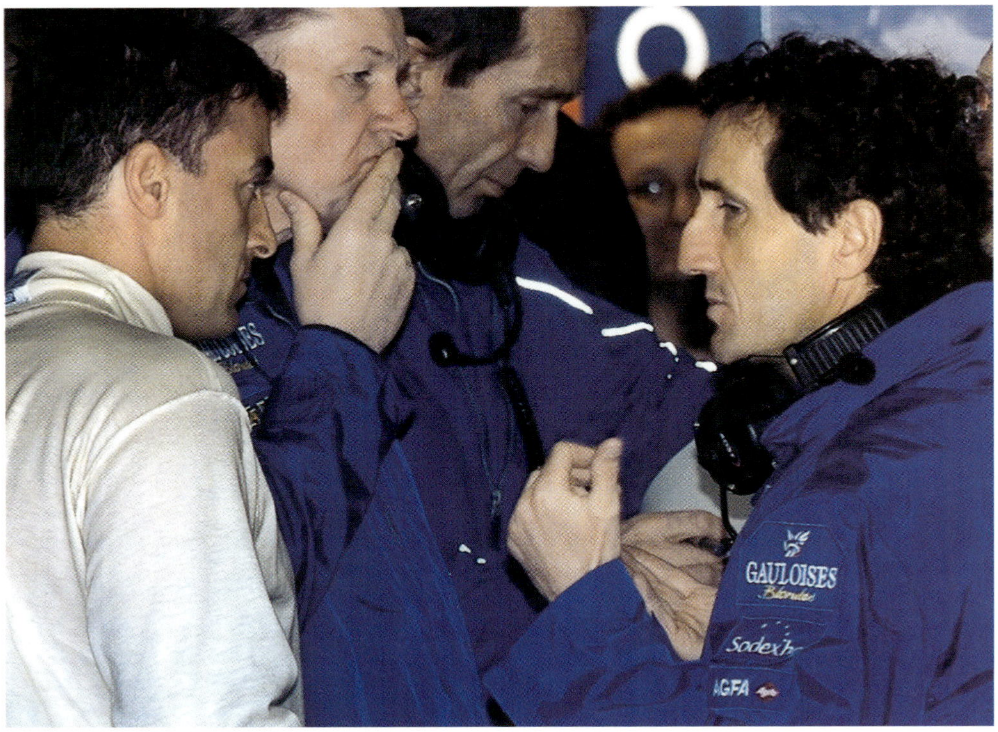

Prost, Alesi, Barnard, c'est pas la joie.

simple curiosité. En réalité, il cherche (déjà) un moteur. Il est attendu dans le stand Honda par son ami Claude Sage, le président de Honda Suisse. Devant des cameramen internationaux, Prost explique, au sujet de BAR-Honda et de Jacques Villeneuve, les avantages d'une collaboration à long terme.

Un Japonais, Hisaho Suzuki, vice-président de Honda Europe et président de Honda Research & Development Europe, ne perd rien des propos de Prost. En quelques jours, l'intérêt que Prost porte à Honda est transmis, pour information, à Tokyo. Et c'est ainsi que prend forme l'idée de la fourniture d'un V10 Honda à une deuxième écurie. En l'occurrence, Prost a agi comme un détonateur.

Genève : Claude Sage entre Hisaho Suzuki et Alain Prost.

Rien n'y fait. Trois ans après son avis de naissance, l'accord Prost-Peugeot agonise. Une faible envie d'y mettre les formes subsiste. Au lendemain du GP d'Europe (21 mai), Prost se résigne, dans sa tête, à se séparer d'Alan Jenkins. C'est un déchirement pour les deux hommes. Quinze années de bons souvenirs communs (depuis 1984, chez McLaren) s'évanouissent. Mais Prost ne peut et ne doit songer qu'à sauver l'écurie. Le licenciement de Jenkins transpire en dehors de Guyancourt, en même temps que le retrait de Peugeot. Cette double hypothèse parvient aux oreilles des partenaires commerciaux (et autres). Avec une appréciation : Prost comprend qu'il a désormais besoin de résultats décents. Il est le premier à le savoir. Au moment où Jenkins s'en va, une grosse agence allemande UFA-Sports spécialisée dans la recherche de sponsors (et liée au groupe Bertelsman) se rapproche de Prost Grand Prix.

Ce mardi 30 mai, Bruno Courtois, le président des Concessionnaires Peugeot, déjeune à Roland-Garros dans la tente Peugeot. Il a appris la mise à l'écart d'Alan Jenkins, entérinée la veille. Ce signe n'est pas assez fort pour retenir Peugeot en Formule 1, du moins aux côtés de Prost. Manifestement, le réseau Peugeot sait à quoi s'en tenir sur les perspectives sportives 2001 de Peugeot. Un effet démobilisateur destructeur menace, ponctuellement, les hommes de Peugeot Sport et ceux de Prost Grand Prix.

* * *

A Montréal, le samedi 17 juin, la veille du GP du Canada, Prost glisse à Philippe Gurdjian : «Je crois que j'ai trouvé des acheteurs pour l'écurie.» Il s'agit, en fait, d'une transaction dans laquelle Prost conserve la majorité de la société et le management. Ce n'est qu'une éventualité d'acquisition parmi toutes celles qui, du

Tous les soucis possibles pour l'AP03.

Canada ou d'Angleterre, se manifesteront autour de Prost et se dégonfleront comme des bulles de savon. « Dès que l'on exigera un calendrier de garanties bancaires certifiées », précise Me Jean-Charles Roguet.

Cette offensive sur Alain Prost, héroïque dans la tempête, est aussi diffuse que dispersée et désordonnée. Il est tentant d'y déceler l'influence de grands constructeurs ou de prédateurs masqués isolés opérant sur mandat d'autrui ou pour leur compte. Les présomptions abondent, les preuves non.

A Imola, pendant le week-end du 7-9 avril, un rayon de soleil avait éclairé l'horizon de Prost. Jean Todt lui avait confié être en « mission d'investigation pour une fourniture Ferrari à une troisième écurie » (après la Scuderia et Sauber). Cette idée avait fait son chemin, tout l'été, dans les plans de Prost, en passant par plusieurs étapes. Le mardi 25 juillet, pendant que Peugeot annonce, à Vélizy, son désengagement de la Formule 1, Prost a rendez-vous à Paris chez Altadis[1] avec Bruno Germain-Thomas, directeur de la division cigarettes du groupe. Prost vient avec l'Allemand Ian Wendt, en charge des intérêts de Prost Grand Prix au sein d'UFA-Sports. Il y a urgence. Wendt a besoin de sonder les intentions, à terme, de Gauloises. L'entretien est tendu. Le mutisme de Germain-Thomas équivaut, pour Wendt, à une rupture, effectivement consommée deux mois plus tard avec un communiqué très sec.

En s'alliant à UFA-Sports, Prost se sait assuré, pour l'avenir, à partir de 2001, d'un certain volume financier sur deux ou trois ans, autour de 300 millions de francs. Mais l'immédiat exige des liquidités et une lisibilité financière saine. En ne suivant plus Prost, Gauloises lui cause un certain tort, sur le moment, mais lui ouvre, en perspective, d'intéressants horizons de sponsors extra-tabac analogues à ceux de Jaguar et BMW-Williams, qui servent déjà de référence. Maintenant, c'est à UFA-Sports de valoriser à plein la carte Prost. Depuis 1998, Alain Prost ne fonctionnait qu'avec un service marketing intégré et il avait été

1. Altadis est la nouvelle entité née de la SEITA et des Espagnols de Tabacallera.

Todt à l'aide de Prost.

trop souvent, personnellement, obligé de monter au créneau pour convaincre des sponsors. Cette époque-là est révolue. En déléguant une partie de ses activités commerciales, Prost est libéré.

En définitive, son plus grand exploit en 2000 aura été d'obtenir le moteur Ferrari. Rappel de l'histoire : en 1990, il avait failli devenir champion du monde avec Ferrari, dès sa première année à Maranello. En 2000, il n'a pas ménagé sa peine pour persuader Jean Todt puis Luca Di Montezemolo de s'entendre avec lui.

Cette alliance, il faut le savoir, a néanmoins un très grand prix. Curieusement, d'abord, Ferrari et Prost Grand Prix n'ont fait état que de deux années (2001, 2002) alors que le contrat porte sur trois ans (2001, 2002, 2003). En gros, Prost peut compter sur 130 moteurs par saison, toujours en 2001, 2002 et 2003, avec un tarif inégal selon les années et finalement supérieur à 110 millions de dollars (soit 777 millions de francs).

En annonçant cet accord, le 22 septembre à Indianapolis, Alain Prost était déjà censé avoir effectué le premier versement. Pour cette somme, Ferrari fournit l'assistance technique pour les GP comme pour les essais. En contrepartie, Alain Prost s'engage à ne pas émettre la moindre critique publique sur ce moteur. Accessoirement, l'écurie Prost Grand Prix est invitée à s'aligner sur les positions défendues par la Scuderia Ferrari au sein de la Formula One Association. Ainsi en 2001, avec le soutien de Sauber-Petronas et Prost Grand Prix, Ferrari représentera le quart des écuries (onze, au total) dans les votes décisifs. Une force insoupçonnée.

Pour l'anecdote, les tractations entre Alain Prost et Ferrari durèrent assez longtemps pour susciter, parfois, des poussées de scepticisme. Un seul homme, dans l'entourage de Prost, gardait une confiance immuable et rassurante. Plus connu sous le surnom de Pasticino, Luigi Montanini, le cuisinier de l'écurie, habite à Castelnovo Rangono, une bourgade à proximité de Maranello. « Chaque fois que j'allais à Maranello, j'en apprenais un peu plus sur cette affaire entre Alain et Ferrari. C'était condamné à aboutir », s'exclama-t-il, joyeusement, le 22 septembre devant ses fourneaux d'Indianapolis. Il avait une autre raison de rigoler : ce matin-là, Alain Prost lui avait prolongé son contrat de trois ans. Ferrari-Prost-Pasticino, même combat.

Luigi Montanini et Prost, complicité.

RENAULT-F1

OPÉRATION D'ENVERGURE MONDIALE

Recenser et décrypter les indices. Dans les deux semaines avant le GP d'Australie, de discrets mouvements d'effectifs sont enregistrés. Le jeune aérodynamicien italien Andrea Rochetto a démissionné de Ferrari. Un autre aérodynamicien, l'Anglais Marc Gray, a quitté British Aerospace. Et Tina King, l'aérodynamicienne de Sauber, a agi pareillement. Tous trois ont agi séparément, mais tous trois convergent vers une seule et même écurie, Benetton.

Ce renforcement soudain de Benetton n'interpelle que les initiés. Un puzzle de haute technologie se rassemble à Endstone. Depuis plusieurs mois, Rocco Benetton, le team-manager de Benetton-Playlife, bat les paddocks en clamant la nécessité d'une entente avec un grand motoriste. Son discours a été tellement répétitif qu'il a perdu de son écho dans les médias. Le mardi 21 décembre 1999, en présence de Louis Schweitzer, un haut cadre de Renault dit : « Il n'y a qu'une écurie à vendre, Benetton. » Et Schweitzer reprend : « Ne comptez pas sur moi pour donner un scoop ! »

Dans le paddock de Melbourne, dès le 9 mars 2000, Michel Amiot, le gestionnaire de la logistique de Renault Sport, glisse : « Il est question d'une importante annonce Renault, le 15 ou le 16 mars. » Cette fois, tout se précise. Et tout se conclut le mercredi 15 mars dans l'après-midi chez Renault, à Billancourt : Carlo Gilardi, administrateur délégué du groupe Benetton, vient signer la cession de Benetton Formule 1 Racing team à Renault. Les tractations étaient engagées depuis moins de six mois. Elles avaient un peu traîné. Autant Luciano et Rocco Benetton ne regardaient-ils que Renault, autant Patrick Faure, le président de Renault Sport, s'était-il accordé un certain devoir de comparaison avec d'autres équipes. Bref, Renault revient, en son nom propre, en Formule 1 à l'horizon 2002 et, première information, l'écurie repose sur deux bases, Viry-Châtillon pour les moteurs, Endstone pour les châssis.

Briatore et Fisichella, cause commune.

L'effet d'annonce est garanti. A titre personnel, Patrick Faure, qui s'investit pleinement sur la Formule 1, réapparaît en pleine lumière. Christian Contzen, le directeur de Renault Sport, lance une phrase retentissante le dimanche 19 mars sur TF1 : « Il n'y a qu'en Angleterre que l'on puisse faire de bons châssis. » La vraie surprise du chef, c'est la nomination de Flavio Briatore comme directeur de cette écurie française à connotation anglaise. Contrairement à tous les usages de la Formule 1 où les investissements sont top secrets, mais en conformité avec la communication économique, Renault dévoile le prix de l'acquisition de Benetton : 120 millions de dollars (840 millions de francs). C'est prémédité.

En désacralisant la confidentialité, Renault brise un tabou. A dater de ce 16 mars 2000, le tarif d'entrée en Formule 1 par le biais d'une écurie de prestige (284 GP depuis 1981, deux titres mondiaux pilotes avec Michael Schumacher en 1994 et 1995, un championnat du monde des constructeurs en 1995 etc.) est à peu près cerné. En tant que propriétaire d'écurie, Renault est intéressé aux retours sur investissements, affectés à tous les participants du championnat du monde. Sans négliger une reconnaissance d'identité politique au sein des instances du sport automobile.

Dans l'affaire, Renault a laissé en plan Alain Prost, son unique champion du monde français en Formule 1 (en 1993), dans une phase difficile. Patrick Faure s'explique : « Pour Renault, il y avait conflit d'image avec Prost. » Ce raisonnement est implacable. Voici quelques mois, Jac Nasser, le président de Ford, a racheté Stewart-Ford pour lui donner le label Jaguar. Un fin connaisseur de la Formule 1, l'avocat suisse Jean-Charles Roguet, qui travaille avec Prost depuis près de vingt ans, constate : « Dans un duo Prost-Renault ou Prost-Mercedes, le nom du champion occulte inévitablement le partenaire. Les constructeurs généralistes commencent à s'en rendre compte, au moins avec les retombées marketing brouillées. Toutes les polémiques à venir découlent de cette évidence.

Maintenant que ce projet Renault est ex-

Flavio Briatore, Patrick Faure, Christian Contzen, tous Renault.

posé au grand jour, il ne reste à Renault qu'à le muscler. Lors du GP de Monaco, au hasard du paddock, Eddie Jordan se précipite vers Patrick Faure en lui assurant : « Congratulations. » Faure lui répond poliment et, en aparté, murmure : « Celui-là, il demandait vraiment trop cher. » Pratiquement le double de Benetton avec un palmarès moindre et des installations plus anciennes.

Tout comme Craig Pollock avait, en 1998, donné la fièvre au marché des ingénieurs, en recrutant à prix d'or pour BAR, son écurie naissante en 1999, Flavio Briatore est parti en chasse, sur-le-champ. Premier gibier : le brillant ingénieur anglais Mike Gascoyne, directeur technique de Jordan-Mugen-Honda, considéré comme le leader de la nouvelle génération. Le prestige de Renault aidant, Briatore a joué sur du velours. En théorie, l'arrivée de Gascoyne, prévu opérationnel pour 2001, est confidentielle. Pour se venger, Eddie Jordan vend lui-même la mèche. « Comme ça, je rends service à tout le monde », lance-t-il, dans un accès d'irritation. La mise à l'écart (en interne) de Gascoyne handicape l'écurie de Frentzen et Trulli. D'autres noms sont annoncés. Mais, imperceptiblement, les positions de certains techniciens se radicalisent. Briatore – c'est plus fort que lui – n'agit jamais dans la discrétion.

Ce vendredi 2 juin, Briatore accueille chaleureusement Patrick Faure sur le *Lady Blue*, un magnifique yacht de 45 m, à quai dans le port de Monaco. Le cadre est féerique. Briatore, avant l'arrivée de Patrick Faure, a jonglé avec les noms et les millions de dollars. Les apparences de l'autorité et de la gestion paraissent inversées. En quelques mots, Patrick Faure rétablit l'équilibre dans la communication. Pas plus pour les pilotes que pour les ingénieurs, Renault ne se précipitera la tête en avant dans le bain des enchères de l'été. « Cette vérité méritait d'être dite », commente un invité de ce jour.

Tout le système Renault consiste désormais à continuer à mettre Briatore en avant – une activité d'information ou de contact pour laquelle il est naturellement doué –, mais dans le cadre d'une gestion d'entreprise adaptée à la compétition, ce qui n'exclut ni rigueur, ni moyens, ni souplesse. Dans son bureau du quai de Stalingrad, à Boulogne-Billancourt – où trône le trophée mondial 1995 des constructeurs –, Patrick Faure a élaboré avec Christian Contzen le plan de fonctionnement de l'écurie, du moins pour 2001, année de transit (et surtout pas de transition !), vers 2002, année de vérité. Trois Français se rendront à Endstone, Jean-François Caubet, directeur des relations publiques de Renault, assisté de Marie-Esther Meunier, aura une mission élargie auprès de Briatore. En plus, une jeune femme, Laurence Ecklé, est promue directeur financier.

Cette Benetton 2000 (avec Fisichella) deviendra Benetton-Renault en 2001.

Tous deux, Laurence Ecklé et Jean-François Caubet, rapportent directement et exclusivement à Patrick Faure. La désignation de Laurence Ecklé, acquise le 15 juin mais antérieurement décidée par Patrick Faure, a été mûrement préparée. Attachée au département fusion-acquisition de Renault, elle a appartenu à la cellule qui travaille notamment avec Volvo et Dacia et, surtout, elle a suivi de près les quatre mois des discussions avec Benetton. «Je ne suis pas une financière braquée, sourit-elle. Je mesure le potentiel de communication de la Formule 1.»

Jean-François Caubet, très souvent présent sur le terrain des GP, assure d'abord la liaison Endstone-Viry-Châtillon-Billancourt dans ses aspects quotidiens. Mais surtout, il coordonne toutes les composantes du projet Renault, aussi bien en termes de marketing, de recherches de sponsors et de fournisseurs, de stylisme, que de pure communication. Pour avoir vécu la fructueuse alliance Williams-Renault (1989-1997), plus comme un témoin que comme un acteur, Caubet en a conservé assez d'expérience pour l'injecter utilement dans la cogestion Renault Sport-Benetton. En fait, de par son registre, il est opérationnel tous azimuts mais il doit éviter tout choix hasardeux. «Le dossier Formule 1 de Renault exige une synthèse de toutes les tendances du présent et du futur», estime-t-il, en en disant beaucoup moins qu'il n'en sait sur l'évolution et le style définitif de l'écurie.

Dans son bureau de Viry-Châtillon, en bordure de l'autoroute du Sud, Jean-Jacques His se sent rajeuni par ses nouvelles responsabilités de directeur technique de Renault Sport. «J'appartiens à Renault depuis vingt-sept ans. Du coup, je travaille avec de jeunes ingénieurs qui n'avaient pas vu le jour lors de mon entrée chez Renault en octobre 1973», s'amuse-t-il. Pour avoir bourlingué dans différents secteurs de Renault – le dernier en date étant celui des «Techniques et prestations perçues par le client», intégré dans la Direction de la mécanique, avec 1 300 collaborateurs –, His apprécie de se concentrer, à la tête du commando de 180 techniciens de Renault Sport, sur un grand challenge. «Nous avons des moyens, mais nous n'en aurons pas dans des proportions illimitées, prévient-il. Renault se situe dans une bonne moyenne par rapport à la concurrence qui existe et à celle qui arrive.»

Ce produit du sérail Renault a quand même passé trois ans chez Ferrari, à Maranello (entre 1986 et 1988), avant de renouer chez Renault avec ses vraies sources d'existence. Il participe ensuite au développement des moteurs, utilisés par Ligier, Williams et Benetton. Sa nomination, en mai 1999, à un poste directorial dans la «stratégie et les avant-projets de la mécanique de Renault» – selon la défini-

Jean-Jacques His (à g.), directeur technique de Renault Sport avec Denis Chevrier, responsable d'exploitation : grosses têtes Renault.

tion maison – laissa croire, en externe, qu'il était privé de sport et, d'une certaine manière, vulnérabilisé devant toute proposition venue d'ailleurs. De fait, il ne s'est pas passé de mois, depuis lors, sans qu'il ne soit, de près ou de loin, directement ou par intermédiaire, sollicité par un constructeur étranger, au titre de la Formule 1 naturellement.

His a toujours refusé une deuxième expatriation de carrière. Par attachement à Renault. Par ancrage en France, aussi. Il n'aime pas cette évocation de l'intérêt qu'ils suscite chez les autres. Ce travailleur acharné, qui s'enferme souvent les week-ends dans son bureau de Viry-Châtillon, aborde cette nouvelle aventure Formule Renault avec un formidable enthousiasme.

En plus, His retient tout de l'actualité, surtout le plus instructif. « Michael Schumacher est devenu champion du monde par son talent d'abord. Mais aussi parce qu'il disposait, simultanément, d'une très bonne machine et d'une équipe de techniciens d'élite, étroitement soudés autour du team-manager », analyse-t-il. Autrement dit, il ne conçoit pas autrement l'avancement du projet Renault. Il n'a pas manqué de le faire savoir autour de lui, dans un environnement hautement motivé. « Ce que j'apprécie en Jean-Jacques His, c'est sa conviction de prophète sur les théories qui lui sont chères », avait déclaré, comme ça, Christian Contzen, à Magny-Cours, voici quelques années. Il arrive aux prophètes d'être (parfois) entendus chez eux.

BAR-HONDA

VILLENEUVE-PANIS : DUO AU SOLEIL LEVANT

D'un bureau à l'autre, c'est là que se joue l'avenir d'Olivier Panis. Le premier bureau n'est autre que celui de Didier Cotton, au huitième étage du Gildo Pastor Center, rue du Gabian, à Monaco. Le deuxième, c'est un restaurant *Le Bureau*, au rez-de-chaussée du même immeuble. Cotton y déjeune avec Craig Pollock, en cette première semaine de juin, en conclusion d'une discussion ouverte déjà depuis près de deux heures.

Les deux hommes se scrutent mutuellement à propos du troisième. Pollock a besoin de savoir où en est Panis : peut-il recourir ou continuer dans sa confortable situation d'essayeur chez McLaren-Mercedes ? Cotton, lui, souhaite des précisions sur BAR-Honda, à court et à moyen terme. Tous deux s'éclairent mutuellement, mais certaines zones d'ombre subsistent. Ils se séparent avec un accord verbal sur deux points : garder le contact et s'accorder la

Didier Cotton et Keke Rosberg, de bon conseil pour Panis.

liberté de regarder ailleurs, en comparant les conditions techniques de base, l'environnement, les avantages matériels, etc.

Le week-end du GP de France (30 juin-2 juillet) est décisif. Pollock a, depuis deux semaines, le mandat de Jacques Villeneuve pour engager, pour 2001, Jenson Button, Pedro De la Rosa ou Olivier Panis. Mais ce mandat est encore précaire dans la mesure où le même Villeneuve n'a rien confirmé vis-à-vis de BAR et de Honda. Les Japonais de Honda, discrets mais observateurs, ont fait savoir à Pollock que leur soutien dépendait de la fidélité de Villeneuve. Et Pollock a bien reçu le message, cinq sur cinq.

Maintenant, Villeneuve est à la croisée des chemins. Ses touches, furtives, avec McLaren ne sont que des bulles de savon. L'insistance de Flavio Briatore a été plus pesante et tenace. Dès mars, l'Italien avait anticipé les intentions profondes de Renault en harcelant Villeneuve qui, de par son palmarès, ses qualités et son profil francophone, correspond idéalement à la stratégie de Renault.

Hirotoshi Honda, Bruno Michel, Eddie Jordan, vers le divorce.

Depuis le 16 mars, Villeneuve s'est assis, par deux fois, dans le bureau de Briatore à Endstone. Il a visité l'usine Benetton. Il s'est répandu en compliments de surface. En son for intérieur, il a comparé Benetton avec l'opération Honda. Ses vraies impressions, il ne les dévoile pas. Lors du GP d'Europe (18-21 mai), Briatore s'est trahi. A certains indices, il semblait que Villeneuve avait déjà signé avec Benetton. Au moins une option. A un tarif à couper le souffle. « C'est un champion du monde, Jacques », s'est exclamé Briatore. Avec une joie prématurée.

Pourtant, humainement parlant, Briatore ne met pas Villeneuve à l'aise. L'Ita-

Bar-Honda avait un objectif : devancer Jordan-Mugen-Honda chez les constructeurs. Mission accomplie avec Villeneuve.

Jock Clear, Villeneuve, Craig Pollock, un trio de fer.

lien traite le Québécois comme un jeune pilote avec faconde et, curieusement, trop de familiarité. Villeneuve, rebelle de naissance et entier dans ses aspirations, n'apprécie pas tellement l'onctuosité de Briatore. En un mot, il n'est pas disposé à se plier à ses fourches caudines. Pollock a soigneusement briefé Villeneuve en ce sens.

En cette fin de juin, Villeneuve ne s'est toujours pas prononcé en faveur de Renault, via un passage par Benetton en 2001. Cette indécision, Briatore ne la tient que pour une ultime coquetterie de star courtisée. En plus, il s'est trouvé un allié objectif en la personne d'Eddie Jordan. Donc, Briatore, très optimiste sur Villeneuve, s'impose l'exercice de self-control d'un homme au parfum qui ne doit rien montrer. Il guette les effets secondaires sur Villeneuve, en premier lieu, de l'annonce de l'accord quinquennal Jordan-Honda. Pour lui, le champion du monde 1997 n'a jamais été aussi proche de l'entité Benetton-Renault.

Au plus fort de cette onde de choc qui, en apparence, ne le déstabilise pas, Villeneuve lâche une phrase anodine : « J'ai besoin d'un peu de vacances. » Pollock, qui a accusé le coup Honda-Jordan, acquiesce au deuxième degré : « Moi aussi. » En fait, Pollock affine sa contre-attaque. Trois jours plus tard, Villeneuve, Pollock et l'Anglais Jock Lear, l'ingénieur de Villeneuve, atterrissent à l'aéroport d'Athènes, en pleine chaleur, noyés dans l'anonymat des touristes.

Ils n'ont pas pourtant la tête à la détente. Tous trois montent à bord d'un yacht blanc, *Yf*, en direction de l'île de Rhodes. Ils se sont accordés soixante-douze heures, entre ciel et mer Méditerranée, pour fixer, d'une commune réflexion, l'avenir de Villeneuve. Après avoir écarté les propositions des uns et des autres, le comparatif final oppose Benetton-Renault à BAR-Honda à travers trois têtes de chapitre : le potentiel technique, le marketing et la communication. Villeneuve fait abstraction de son statut. Il s'aligne, de principe, sur la philosophie McLaren, d'une égalité absolue chez les pilotes, plus que sur la méthode Ferrari, articulée autour de Michael Schumacher. On s'en serait douté.

Dans tous les cas de figure – car il a été largement sollicité –, Villeneuve sait que son implication personnelle dans le management de BAR-Honda (actionnariat et liens étroits avec Pollock) n'est pas transposable, tel quel, chez Renault. Ce n'est pas le genre de la maison. Au long de ses échanges de vues avec Briatore, Villeneuve a perçu son particularisme. Ses exigences, fixées et formulées par Pollock, étaient délibérément basiques.

Or donc, sous le soleil de la Grèce, loin de toute agitation, Pollock, Villeneuve et Lear débattent en toute sérénité. Ils se sont promis d'aboutir à une décision, quelle qu'elle soit. Comme prévu, Lear s'en va le premier, en pressentant le choix de Villeneuve. Le suspense s'évanouit au matin du dernier jour en mer quand Villeneuve lance à Pollock : « Allez, tu m'as eu, je continue. » Le soulagement de Pollock lui fait devoir de tout transformer concrètement, sans tarder. Rien ne filtre de cette mini-croisière secrète. En Angleterre, les informateurs de Briatore ont perdu la trace de Villeneuve et Pollock.

Quand ces deux hommes réapparaissent dans leur milieu professionnel, une semaine avant le GP d'Allemagne (28-30 juillet), ils affichent un calme olympien. A Brackley, dans l'ambiance conflictuelle chronique de BAR, Pollock a marqué un point précieux en laissant pressentir l'évolution favorable des négociations avec Villeneuve. Pour l'Écossais, toute fuite serait catastrophique. « Jacques demande assez d'argent pour qu'on respecte son silence », ironise Pollock. Il a, en même temps, réactivé la piste Panis, en harmonie de pensée avec Villeneuve.

A Brackley, le 24 juillet, Pollock informe le conseil d'administration de BAR de l'accord optionnel avec Jacques Villeneuve, pour trois ans et une garantie de l'ordre de 450 millions de francs. Depuis des semaines, British American Tobacco appréhendait de perdre Villeneuve. Pour le garder, il faut y mettre le prix ! Question de principe ou pas, certaines retouches au contrat sont expressément souhaitées par les administrateurs. Bon prince, Villeneuve accepte tout, sans hésitation.

Vingt-neuf jours après Honda-Jordan, la mini-bombe du maintien de Villeneuve chez BAR-Honda rétablit, en plein Hockenheim, un certain équilibre des forces aux yeux de Honda. Villeneuve s'affiche aux côtés de Pollock qui, autre événement, a renoncé à ses traditionnelles chemises bleues pour une tenue d'uniforme Lucky Strike. Depuis quelques mois, Pollock s'est activé en interne pour que des chemises de l'écurie soient coupées dans un tissu de qualité. Il n'a été entendu que très récemment. En vérité, sous des dehors conciliants, Pollock est beaucoup plus tenace qu'on ne le croit.

*
* *

A Magny-Cours, tout comme à Monaco et à Montréal, Didier Cotton s'était aventuré dans différents motor-homes au moins pour indiquer la détermination de Panis à revenir en course. Il avait échangé quelques propos avec Peter Sauber. D'autres, plus longs, avec Tom Walkinshaw, qui tient Panis en grande estime, depuis son succès à Monaco le 19 mai 1996. D'autres, pour le principe, avec Flavio Briatore. Par comparaison, Craig Pollock était le plus intéressé par Panis, en raison de son expérience accumulée chez McLaren-Mercedes. Le 4 juin à Monaco, après l'exploit de Coulthard, Panis avait exposé à Ron Dennis : « Avec Mika, David et moi, nous sommes la seule écurie ayant trois pilotes au palmarès du GP de Monaco. » Et Dennis avait réagi à sa façon, en offrant à Panis un contrat d'essayeur jusqu'en 2003. Cette fois, Panis se voyait mal dans un rôle qui, quelque part, le laissait inassouvi. « Olivier a une furieuse envie de courir, je le comprends », assurait Cotton.

Il ne restait plus, dès lors, à Pollock et à Cotton qu'à s'entendre sur un contrat de deux ans. « Et ça, mon vieux Didier, c'est ton affaire », lança Panis à Cotton, juste avant de rallier l'*Hôtel de l'Île-Rousse* à Bandol pour de brèves vacances familiales en juillet-août. L'accord final fut verbalement conclu le vendredi soir 14 juillet, entre Cotton et Pollock, dans la maison que ce dernier avait louée à 1 km à peine de l'A1-Ring de Spielberg. « Personne n'a encore vu Olivier sous son meilleur jour. Avec Jacques, il est plus motivé que lors de sa première partie de carrière », estimait Pollock, confiant.

Dès lors, tout s'accélérait. Il incombait aux avocats des deux parties de rédiger un contrat de deux ans, garantissant à Panis un traitement et un matériel identiques à ceux de Villeneuve et des avantages financiers conséquents. Un certain secret fut (à peu près) respecté. Le vendredi 2 août, en début de soirée, Craig Pollock ouvrait lui-même la porte de sa suite 801 à l'hôtel *Kempinski*, au cœur de Budapest, à Olivier Panis et Didier Cotton. Un magnum de Champagne Krug était au frais. Panis s'en humecta les lèvres. Dis minutes plus tard, il avait paraphé le document qui validait son grand retour en Formule 1.

Depuis déjà plusieurs semaines, Panis avait averti Ron Dennis de son intention de renouer avec la compétition. L'Anglais l'avait écouté en silence. Une fois que Panis en eut terminé, Dennis soupira : « Aujourd'hui, nous sommes les seuls à connaître ton niveau de performance. Tu quittes McLaren, mais tu ne quittes pas la famille. » Et alors Panis soupira à son tour.

Olivier Panis avec Mario Ilien, du bon travail.

Panis-Pollock : accord scellé.

GRAND PRIX D'AUSTRALIE

1re MANCHE DU CHAMPIONNAT DU MONDE DES CONDUCTEURS 2000

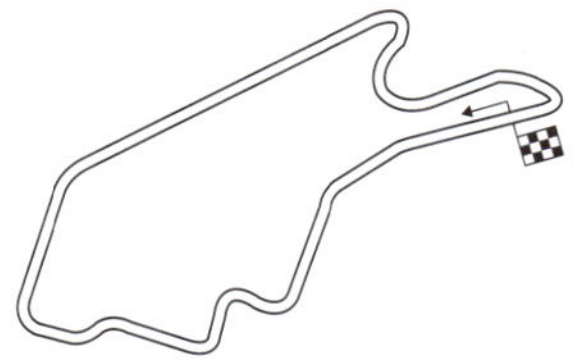

DATE : 12 mars 2000.
CIRCUIT : Albert Park à Melbourne.
DISTANCE : 58 tours de 5,303 km (depuis 1997), soit 307,574 km.
MÉTÉO : beau et chaud.
ENGAGÉS : 22. QUALIFIÉS : 22. PARTANTS : 22. ARRIVÉS : 10. CLASSÉS : 9.
VAINQUEUR : **Michael Schumacher** (Ferrari) en 1 h 34'01''987 à 196,254 km/h.
MOYENNE RECORD : **David Coulthard** (McLaren-Mercedes) en 1997 à 203,926 km/h.
MEILLEUR TOUR : **Rubens Barrichello** (Ferrari) : 1'31''481 à 208,685 km/h.
RECORD DU TOUR : **Heinz-Harald Frentzen** (Williams-Renault) en 1997 : 1'30''585 à 210,710 km/h.

GRILLE DE DÉPART

HAKKINEN (McLaren-Mercedes) à 210,817 km/h	**1'30''556**	1	**Coulthard** (McLaren-Mercedes)	1'30''910
M. Schumacher (Ferrari)	1'31''075	2	**Barrichello** (Ferrari)	1'31''102
Frentzen (Jordan-Mugen-Honda)	1'31''359	3	**Trulli** (Jordan-Mugen-Honda)	1'31''504
Irvine (Jaguar-Ford)	1'31''514	4	**Villeneuve** (BAR-Honda)	1'31''968
Fisichella (Benetton-Playlife)	1'31''992	5	**Salo** (Sauber-Petronas)	1'32''018
R. Schumacher (Williams-BMW) [2]	1'32''220	6	**De la Rosa** (Arrows-Supertec)	1'32''323
Verstappen (Arrows-Supertec)	1'32''477	7	**Wurz** (Benetton-Playlife)	1'32''775
Heidfeld [1] (Prost-Peugeot)	1'33''024	8	**Zonta** (BAR-Honda)	1'33''117
Alesi (Prost-Peugeot) [3]	1'33''197	9	**Gené** (Minardi-Fondmetal)	1'33''261
Diniz (Sauber-Petronas)	1'33''378	10	**Herbert** (Jaguar-Ford)	1'33''638
Button [1] (Williams-BMW)	1'33''828	11	**Mazzacane** [1] (Minardi-Fondmetal)	1'34''705

CLASSEMENT

1. **Michael Schumacher** (Ferrari F1-2000) .... en 1 h 34'01''987 à 196,254 km/h
2. **Rubens Barrichello** (Ferrari F1-2000) .... à 11''415
3. **Ralf Schumacher** (Williams-BMW FW22) .... à 20''009
4. **Jacques Villeneuve** (BAR-Honda 002) .... à 44''447
5. **Giancarlo Fisichella** (Benetton-Playlife B200) .... à 45''165

   Mika Salo (Sauber-Petronas C19) .... (à 45''624) **déclassé** pour dérivé d'aileron avant non conforme (20 mm)

6. **Ricardo Zonta** (BAR-Honda 002) .... à 46''468
7. **Alexander Wurz** (Benetton-Playlife B200) .... à 46''915
8. **Marc Gené** (Minardi-Fondmetal M02) .... à 1 tour
9. **Nick Heidfeld** (Prost-Peugeot AP03) .... à 2 tours

ABANDONS

Johnny Herbert (Jaguar-Ford R1) : embrayage (1 tour), alors 21e / **Eddie Irvine** (Jaguar-Ford R1) : tête-à-queue et accrochage avec De la Rosa (6 tours), alors 11e / **Pedro De la Rosa** (Arrows-Supertec A21) : pb direction et suspension et sortie (6 tours), alors 10e / **David Coulthard** (McLaren-Mercedes MP4/15) : moteur sur défaillance du système de rappel pneumatique des soupapes (11 tours), alors 2e / **Jos Verstappen** (Arrows-Supertec A21) : pb suspension (16 tours), alors 18e / **Mika Hakkinen** (McLaren-Mercedes MP4/15) : casse moteur sur défaillance du système de rappel pneumatique des soupapes (18 tours), alors en tête / **Jean Alesi** (Prost-Peugeot AP03) : fuite hydraulique (27 tours), alors 13e / **Jarno Trulli** (Jordan-Mugen-Honda EJ10) : échappement cassé (35 tours), alors 3e / **Heinz-Harald Frentzen** (Jordan-Mugen-Honda EJ10) : fuite hydraulique de boîte (39 tours), alors 5e / **Gaston Mazzacane** (Minardi-Fondmetal M02) : boîte de vitesses (40 tours), alors 11e / **Pedro Diniz** (Sauber-Petronas C19) : transmission (41 tours), alors 11e / **Jenson Button** (Williams-BMW FW22) : casse moteur (46 tours), alors 6e.

EN TÊTE

Hakkinen : les 18 premiers tours, soit 95 km.
M. Schumacher : du 19e au 29e, du 36e au 44e et du 46e à l'arrivée, soit 175 km.
Frentzen : du 30e au 35e tour, soit 32 km.
Barrichello : au 45e tour, soit 5 km.

A NOTER

Intervention de la voiture de sécurité du 8e au 10e tour, suite à l'accrochage entre De la Rosa et Irvine.

[1] Débutant en Grand Prix : **Heidfeld, Button et Mazzacane.**
[2] **R. Schumacher** part sur la voiture de réserve.
[3] **Alesi :** suite à des problèmes électrohydrauliques de papillons de gaz, prend le départ depuis les stands sur la voiture de réserve dévolue à Heidfeld.

En plein dans le rouge

Michael Schumacher, le ton est donné.

D'une année sur l'autre, tout change et, pourtant, rien ne bouge. C'est le charme de la Formule 1. Entre le samedi 4 et le dimanche 5 mars, une armada aérienne s'est envolée vers Melbourne. Un Jumbo Cargo 747 a avalé, le samedi, à l'aéroport de Stanstead, un terrain militaire désaffecté au nord de Londres, le matériel Arrows, Benetton, BAR et Prost. Le même jour à Malapensa, un des aéroports de Milan, un autre Jumbo a chargé les Ferrari, Minardi et Sauber. Enfin, le dimanche à Stanstead, un Jumbo de plus a récupéré les McLaren, Williams, Jordan et Jaguar.

Ces énormes transporteurs du ciel – longs de 68 m, hauts de 20 m et d'une envergure de 65 m – disposent, avec leur cargaison de 165 tonnes, d'une autonomie de vol de 8 000 km. Sur leur trajet vers les antipodes, ils ont ordre de rester bien en deçà de cette limite : Dubaï, leur première escale, est à 5 475 km de Londres et 4 675 km de Milan. Entre Dubaï et Singapour, il n'y a que 5 849 km et, enfin, de Singapour à Melbourne, Avalon Airport, il ne reste plus que 6 038 km. A chaque escale, un service d'ordre spécial est affecté à ces appareils géants, en liaison avec les autorités aéroportuaires locales. La prime d'assurance d'une telle expédition est réassurée trois fois auprès de la Lloyds et, en plus, chaque écurie contracte des polices spéciales. Ce pont aérien annuel Europe-Australie n'a pas son équivalent dans le sport moderne.

Par contrat, les machines doivent être « livrées » en état de marche, le mardi 7 mars, sur le site d'Albert Park, à Melbourne, cerné comme d'habitude par des manifestations écologiques. Ce matin-là, quatre stands du circuit, Arrows, Benetton, BAR et Williams, restent clos. Ce contretemps est dû à une longue escale technique imprévue à Amsterdam de leurs collaborateurs. Jacques Villeneuve, qui avait rallié Melbourne en pole position pour une raison sentimentale – le plaisir d'une détente de quelques jours avec Danii Minogue, sa fiancée australienne –, est déconfit. Il erre en solitaire en regardant avidement les voitures des autres.

La mise en place des uns et des autres s'effectue calmement. Michael (accompagné de Corinna) et Ralf Schumacher, en Australie depuis une semaine, se sont réfugiés, à l'écart de Melbourne, dans un camp d'entraînement 5 étoiles, animé par un grand spécialiste, Paul Larkin. Avant cette retraite, Michael Schumacher a lâché : « Ferrari reste mon plus grand défi. Il n'est pas seulement important de gagner le titre, la manière entre aussi en ligne de compte. Avec une autre écurie, j'aurais peut-être été deux fois de plus champion du monde depuis 1996. Avec Ferrari, je suis toujours prêt à recommencer. » Mika Hakkinen, en voyage de promotion en Nouvelle-Zélande, s'est imprégné avec sa femme Erja de la fièvre qui entourait, récemment encore, l'America's Cup. A Avalon Airport, sa première phrase est une question : « J'ai cherché en vain des temps Ferrari sur Internet. Vous ne les connaissez pas ? »

Pour la première fois depuis 1994, Olivier Panis ne figurera pas sur la grille de départ du GP d'Australie. A l'escale de Singapour, désœuvré et étrangement décontracté, il s'amusait de son propre sort : « Une grosse charge de travail m'attend à Melbourne. Au moins une dizaine de tours de circuit sur la McLaren-Mercedes à deux places. » Sous les mots, sa mélancolie était perceptible.

A chacun ses activités : Pedro Diniz, en combinaison spéciale, a plongé allègre-

Michael-Corinna : couple heureux.

ment dans l'Aquarium de Melbourne en tant que chasseur de requins. Décidément attiré par les loisirs nautiques, il s'entraîne aussi sur le bassin du lac de l'Albert Park en deux sans barreur avec le rameur australien James Tomkins. Pour sa deuxième saison chez Sauber, Diniz retrouve Mika Salo, son équipier Arrows en 1998. Le Finlandais, qui n'a aucune envie de s'aventurer sur (ou sous) l'eau, joue avec un mini engin motorisé à deux roues. Dans le hall du *Park Royal Hotel*, Salo s'est abandonné à une confidence sulfureuse : « Aucun doute pour moi : Michael Schumacher va détruire Barrichello. » L'intérimaire de l'Allemand chez Ferrari en 1999 s'exprime comme messager d'Eddie Irvine.

Mika Salo avec Mike Greasley.

Rubens Barrichello, quant à lui, attaque sa saison par un sacrifice : il a renoncé à un bref séjour à l'île Maurice, avec sa jeune épouse Silvana, pour perfectionner son programme d'essais à Mugello, en simulant deux GP dans un secret absolu. Après une douzaine de semaines d'apprentissage de la Scuderia, Barrichello est au seuil de l'épreuve de vérité. Michael Schumacher l'a enseveli sous les éloges : « J'ai parcouru 4 000 km d'essais privés, mais Rubens en a fait bien plus que moi. Il a très vite compris notre méthode de travail et nous nous entendons bien ensemble. » A entendre ce discours œcuménique, la naissance du duo Schumacher-Barrichello se présente sous les meilleurs auspices. L'Allemand tient à éradiquer sa période avec Irvine.

Mais le Brésilien – soucieux d'exister par lui-même – définit sans ambages son intégration dans la Scuderia : « J'ai demandé un statut spécial pour montrer que Michael – qui se lance à l'assaut du titre mondial avec Ferrari pour la cinquième fois consécutive – doit avoir un partenaire à son rang. Si je mène les opérations dimanche, Ferrari ne peut pas m'empêcher de vaincre. Avec l'égalité absolue, je veux gagner. » Au premier degré, cette phrase laisse croire à une redistribution des cartes chez Ferrari. Le jeu de l'écurie est très subtil.

Averti, Michael Schumacher riposte avec une indulgence ambiguë : « Rubens a raison de dire qu'il est aligné sur mon statut. J'étais exactement comme lui, lors de mes premiers GP. Tout se jouait dans ma tête. » En tout cas, en représentant Ferrari au Motor Show, à proximité du *Crown Hotel* où il réside, Barrichello s'enivre joyeusement dans un bain de foule. En plus, en s'exprimant en italien, Barrichello séduit les immigrés italiens de Melbourne, tous inconditionnels de Ferrari. Pour se remémorer le tracé au plus exact, il couvre un tour du circuit de 5,303 km sans se presser, en 28' exactement. « Rubens possède un gros potentiel. Il est avec nous

Michael et Jean, solide amitié.

pour l'exprimer », a expliqué Jean Todt, une bonne fois pour toutes. La première.

Une grande campagne de connivence fondée à la fois sur l'image et la mémoire de la marque. Des centaines de panneaux publicitaires alertent toute l'Australie avec la photographie d'une monoplace Jaguar et le thème « The cat is back »[1]. Tout un continent est sensibilisé à l'entrée de Jaguar, sous son identité propre, en Formule 1. En préambule, pour amuser les foules et les médias, Eddie Irvine et Johnny Herbert ont sillonné la baie de Sydney sur des jet-skis en se prêtant à des dizaines d'interview. Non sans emphase. Irvine lance à la face de l'Australie : « Jaguar représente la troisième force de la Formule 1. »

A Melbourne, Irvine se montre plus mesuré. Le héros du GP d'Australie 1999 a fait sensation au *Crown Hotel* en exigeant une suite de 200 m^2 sur trois pièces. Désinvolte, brillant, l'Irlandais se promène dans la ville avec Phil Collins, au volant d'une Jaguar 1955 D-Type. Irvine et Herbert accueillent Jackie Stewart, arrivé en renfort de caution et de communication. Très détendu, le triple champion du monde (60 ans) avance : « J'en ai fini de travailler 18 heures par jour. J'ai le plaisir d'accompagner les jolies invitées chez Ja-

1. « Le chat est de retour. »

David Coulthard-Paul Stewart, complicité.

guar. » De fait, au long de ce premier week-end 2000 de Formule 1, Jackie Stewart se disperse généreusement sur le front des relations publiques de Jaguar pendant que Paul, son fils aîné, se consacre à sa fonction de team-manager.

En provenance spéciale de Detroit, Jac Nasser, le dynamique président de Ford, aborde les événements avec confiance. Lors d'un dîner au *Jac's Bar* (ça ne s'invente pas), il inscrit ce projet Jaguar dans la durée : « Nous sommes en Formule 1 pour toujours. A l'intention des nouvelles générations d'acheteurs et d'usagers de l'automobile. » Pour cette seule année 2000, le budget de Jaguar dépasse le milliard de francs, ce qu'enregistrent sans sourciller deux financiers éminents, invités personnels de Jackie Stewart, les Écossais Peter Muerrer (Merryl Lynch) et Chris Cook (HSBC).

Pour faire diversion autant que pour justifier son standing de leader de Jaguar, Eddie Irvine a montré son nouveau casque, désormais orné d'un fauve. Irvine s'identifie Jaguar au pied de la lettre. « Je veux changer de vie et de style », a proclamé l'Irlandais, qui n'a jamais été à pareille distinction dans sa carrière. Le design tumultueux de son casque est signé Aldo Drudi, un spécialiste du genre qui a travaillé avec de grands pilotes moto comme Mike Doohan, Max Biaggi et Valentino Rossi. « Des types comme moi », insiste Irvine, de peur de ne pas être compris.

En arrivant dans le paddock, Alain Prost, très bronzé, accompagné de son avocat et ami Jean-Charles Roguet, est stoppé, en chemin, par Jean Todt. A peine les deux Français s'entretiennent-ils que Michael Schumacher intercepte verbalement Prost : « Je te fais confiance, ça va marcher. » Prost est interloqué et Schumacher a déjà tourné les talons. En fait, Schumacher avait croisé son compatriote Nick Heidfeld, qui promène sa silhouette dégingandée avec des fourmis dans les jambes. Les deux Allemands ont échangé quelques mots. « Son sang-froid est intéressant », s'émerveille Prost, à propos du quatrième coureur allemand du plateau.

L'entité Prost-Peugeot est fragilisée de l'intérieur. Les apparences ne sont que des apparences. Pourtant, il y a un défi à relever. Mais l'atmosphère est déjà pesante. Le vendredi 10 mars, Peugeot organise un « Peugeot Gala Dinner » au *Sheraton Towers Hotel* à l'intention de ses concessionnaires d'Australie et de Nouvelle-Zélande, en préambule au GP et en profitant du Motor Show. Alain Prost n'y est ni convié ni souhaité. Pas plus d'ailleurs que Jean Alesi.

Eddie Irvine, totalement Jaguar.

Prost, Todt, Me Roguet : concertation.

Bertil Grandet y représente Peugeot Sport, en compagnie de Nick Heidfeld et de Brigitte Schmidt, la collaboratrice de Werner Heinz, l'agent de Heidfeld. Sans avoir disputé un seul GP, Heidfeld est jeté en pâture à une foule de commerciaux désireux d'en savoir plus sur la Formule 1. Pendant ce temps, Corrado Provera, le directeur de Peugeot Sport, est l'hôte d'honneur d'une soirée organisée par l'Alliance française.

En regagnant le *Sheraton Towers Hotel*, Provera croise Heidfeld qui en sort. Le jeune Allemand retourne au circuit et y travaille jusqu'à 23 h 30 avec ses techniciens, tous soudés et rongés par une même inquiétude. Il a mal digéré ses premiers essais libres, complètement ratés. Heidfeld est dernier du lot en 1'35"997 et Alesi, avant-dernier, le devance en 1'35"613. A part ça, le désarroi de l'écurie française est total.

Et Alain Prost, retombé de haut, en est le symbole. Un portable à l'oreille, il est perdu dans un dialogue que l'on espère apaisant. Soudain, Heini Mader, grand préparateur suisse de moteurs, passe devant Prost. Ce dernier referme son mobile. Mader glisse : « Tout retard supérieur à 2", dans des essais, est grave. Mais sur ce circuit qui ne délivre aucun enseignement ultérieur, tout est à relativiser. » Prost approuve son ami suisse d'un petit sourire.

Alesi : débuts en bleu.

En cette veillée d'armes avant les premières qualifications 2000, un Japonais discret s'est installé, non moins discrètement, dans le mince espace BAR à l'extrémité du paddock. Nobuhiko Kawamoto, l'ancien président de Honda, n'aurait pour rien au monde manqué le plein retour, sous un label d'usine, de Honda en Formule 1. En 1997, Kawamoto avait préconisé une monoplace intégralement Honda. Il rêvait même d'une machine claire avec un énorme rond rouge sur les flancs, orgueil de l'industrie japonaise.

Les contingences économiques ont brisé son rêve. Son successeur Hiroyuki Yoshino est revenu au concept technologique d'une fourniture de motoriste. « Mais, cette fois, Honda est totalement impliqué dans l'opération », précise Kawamoto, qui ne cache pas son émotion en ce week-end australien. Hirotoshi Honda, le président de Mugen, s'approche de lui avec autant de vénération que de réserve, voire de gêne. La nuance entre Honda et Mugen-Honda (qui a un contrat avec Jordan) est déjà perceptible : cette dualité est compliquée à gérer. En dépit de leur raffinement relationnel instinctif, tous les Japonais qui gravitent autour de BAR et de Jordan sont soucieux.

Quant à Eddie Jordan, il ne s'embarrasse pas de ces contingences : il arpente le paddock de méchante humeur, le propos menaçant. Il maugrée : « Normalement, c'est moi qui aurais dû recevoir le V10 Honda en prolongement du Mugen. Mais l'argent de British American Tobacco a tout déséquilibré. De toute manière, BAR ne tient que par Jacques Villeneuve... » Même influencé par la rancœur, ce raisonnement se défend. Toutes les parties en cause le savent. Mais elles conservent leur faculté de riposte.

Lors des premiers essais libres, le vendredi 10 mars, le pilote le plus heureux est au volant de la BMW-Williams n° 10 : il se nomme Jenson Button. Ce jeune Anglais de 20 ans (depuis le 19 janvier 2000) vient de passer quatre jours détestables à Melbourne : les Australiens n'autorisent pas des conducteurs de moins de 21 ans à utiliser des véhicules de location. En débarquant l'autre matin à Avalon Airport, Button a trouvé porte close chez tous les loueurs automobiles. Il leur a même brandi – en vain et non sans véhémence ! – sa superlicence de la FIA. Rien n'y a fait. C'est donc son père, John (56 ans), qui lui sert de chauffeur pendant tout ce séjour. Les essais et la course exceptés.

Histoire ou pas de réveiller les uns et les autres, dès ce vendredi à 13 h 25, Michael Schumacher pulvérise sa F-2000 toute neuve dans une spectaculaire sortie de piste. L'homme est intact, la machine est détruite. Dans le paddock, Corinna Schumacher bondit aussitôt sur un portable et, en dépit du décalage horaire avec l'Eu-

Jenson Button, l'attraction du paddock.

Un peu désordonnée, cette photo du peloton 2000. Au premier rang, de g. à dr. : Giancarlo Fisichella, Alexander Wurz, David Coulthard, Mika Hakkinen, Michael Schumacher, Rubens Barrichello, Jean Alesi, Nick Heidfeld. Au milieu : Jos Verstappen, Pedro De la Rosa, Jacques Villeneuve, Ricardo Zonta, Heinz-Harald Frentzen, Jarno Trulli, Marc Gené, Gaston Mazzacane. Au-dessus : Pedro Diniz, Mika Salo, Jenson Button, Ralf Schumacher, Eddie Irvine, Johnny Herbert.

rope, téléphone à Vufflens-le-Château, la résidence familiale suisse. Elle s'explique volontiers : « Il faut empêcher les images de l'accident de Michael de pénétrer dans la maison. » Autrement dit, éviter à Gina Maria (3 ans depuis le 20 février) et à Mick (qui n'a pas encore 1 an) un éventuel traumatisme visuel.

Au même instant, les mécaniciens de Ferrari récupèrent le châssis n° 200 et l'examinent attentivement. De longues heures de travail les attendent. Sur l'accident, Todt a été choqué : « J'ai eu peur exactement comme en Angleterre le 11 juillet 1999. » Un peu plus tard, Jackie Stewart livre un commentaire d'une tonalité différente : « L'agressivité de Michael Schumacher m'a surpris. Il veut montrer qu'il est le premier, au moins dans sa propre écurie. »

*
* *

Nul n'est pressé de s'élancer en piste pour les premières qualifications de la saison. A 13 h 12, Alesi, le premier (et le seul) à rouler sous le soleil, réalise un temps sans signification, 1'56"005. Gommé à 13 h 15 par le même Alesi en 1'34"617. On s'approche de performances significatives. De fait, à 13 h 18, Verstappen tourne en 1'33"303 avant de s'améliorer lui-même en 1'32"749 à 13 h 21.

A 13 h 23, dans la même minute, deux pilotes Supertec se suivent, Fisichella en 1'32"632 et De la Rosa en 1'32"574. Tout s'enchaîne rapidement. A 13 h 24, les frères Schumacher entrent en lice, Ralf en 1'32"220 et Michael, avec éclat, en 1'31"075. A la mi-temps de cette séance, la vraie hiérarchie commence à se dessiner.

13 h 29 : Mika Hakkinen survole les opérations en 1'30"957. Le champion du monde n'est pas invulnérable. Son équipier, David Coulthard, le devance à l'arraché : 1'30"920 à 13 h 31. Réaction instantanée de Hakkinen : 1'30"668 à 13 h 33. Rien n'est considéré comme acquis tant que le baroud d'honneur des Ferrari n'a pas eu lieu. A 13 h 49, Michael Schumacher, encore campé sur 1'31"075, roule sur des vibreurs et n'insiste pas. Il repart néanmoins, avec des pneus neufs, avant d'être freiné par des drapeaux rouges consécutifs à une sortie de Coulthard.

Pour la beauté du coup, Barrichello progresse considérablement, à 13 h 53, en 1'31"102. Mais Hakkinen se ménage, en apothéose, le privilège de se dépasser lui-même, in extremis, à 14 heures, en 1'30"556. Au comble du bonheur, le Finlandais a regagné son stand en esquissant, doigts largement ouverts, le V d'une victoire qu'il anticiperait volontiers. Chez McLaren-Mercedes, le climat est au beau fixe : Hakkinen et Coulthard, qui ont changé de moteur entre le matin et l'après-midi, se sentent en confiance maximale. « Si ça pouvait repartir comme ça s'est terminé... » espère Didier Cotton, les doigts croisés dans la poche de son pantalon.

Morosité chez les Bleus. Nick Heidfeld, 1'33"024, et Jean Alesi, 1'33"197, végètent amèrement dans le dernier tiers de la grille. « Cette hiérarchie est dépourvue de la moindre surprise », soupire Alain Prost, moins en allusion au duel McLaren-Ferrari qu'aux places de Heidfeld et Alesi. « Nous n'avons pas assez tourné, nous payons donc l'addition », reprend Prost dans un stand muet de déception et tétanisé d'ambiguïté relationnelle.

Ils étaient beaucoup, chez Jaguar, à attendre gros de ces qualifications, autour de Jac Nasser et de Paul Stewart. La désillusion n'est pas bonne conseillère. « Nous avons besoin de résultats assez tôt », a murmuré Nasser, qui parle peu et laisse travailler les autres. « Avec Irvine et Villeneuve sur la même ligne, c'est mieux pour Ford que pour Honda », ironise, en écho, Eddie Jordan, en insistant plus sur Ford, la maison mère, que Jaguar. Mais Jordan indique mieux, ainsi, que ses machines – des Mugen-Honda évidemment – dressent une muraille jaune derrière le carré d'as Hakkinen-Coulthard-Michael Schumacher-Barrichello.

En définitive, en cette première veillée d'armes du championnat 2000, la sérénité, ce samedi soir, n'est pas la donnée la mieux répandue dans toutes les équipes. Au

Mazzacane, Button, Heidfeld : les débutants 2000.

contraire. A part McLaren-Mercedes, un peu partout la frustration domine. « Les premières qualifications servent toujours d'examen de passage. On ne s'en souvient pas assez quand recommence une saison », commente, avec un rare bon sens, l'ingénieur Vincent Gaillardot, chez Prost. Ils ne sont que trois, au fond, l'Allemand Nick Heidfeld (22 ans), l'Argentin Gaston Mazzacane (25 ans) et l'Anglais Jenson Button (20 ans), à s'endormir la tête pleine des rêves d'un débutant. « Au réveil, il sera toujours temps d'aviser. C'est ce que je me suis dit en m'endormant. Assez facilement d'ailleurs », révèle Heidfeld, que l'on ne soupçonnait pas aussi réfléchi, en survenant très tôt, le dimanche matin, dans son stand.

Ce même dimanche commence mal, par contre, pour Michael Schumacher. Il arrive, avec Corinna et Balbir Singh, son soigneur personnel, à l'entrée du circuit, au volant d'une Maserati GT 3200 rouge et se faufile jusqu'au paddock. Il veut se garer sur un emplacement réservé à Bernie Ecclestone. « Mais Bernie m'a autorisé à utiliser son parking », assure l'Allemand à des contrôleurs australiens, totalement hermétiques à toute explication logique, non suspecte d'être inventée. De guerre lasse, les Schumacher s'extirpent de la Maserati et confient à Singh la mission d'aller héberger la voiture dans un secteur plus accueillant.

Peu avant le départ du GP, Olivier Panis n'y tient plus : il se dirige à grandes enjambées vers les machines en ordre de bataille et, en s'en approchant, il ralentit subitement le pas. Il échange quelques signes amicaux avec certains pilotes. Il cherche – en vain – Jean Alesi. In extremis, ce dernier a dû emprunter le mulet, aux mensurations de Heidfeld. Mais tellement tard qu'il attaque son cent soixante-huitième GP de son stand. C'est désolant.

Panis n'a pas vu cette malheureuse péripétie car il a rejoint, entre-temps, son environnement McLaren-Mercedes dans le stand de piste. Le regard figé, noyé dans ses pensées, le Français s'est placé devant un des écrans. Dans le vacarme du départ, Panis et quelques dizaines de millions de spectateurs et téléspectateurs répartis à travers le monde applaudissent l'envol parfait de Hakkinen et Coulthard. Derrière, Michael Schumacher résiste à une offensive de Frentzen qui a surpris Barrichello. A l'inverse de Villeneuve, Irvine s'est empêtré dans le peloton.

Premier désastre Jaguar : Herbert ne boucle qu'un tour. Moins d'un quart d'heure plus tard, Irvine s'évanouit en tête-à-queue, pour éviter De la Rosa. A 14 h 14, Jac Nasser s'éclipse, les dents serrées. Le matériel Jaguar du bord de piste est démonté. Le stand est fermé. A l'intérieur, ils sont une trentaine à tout empaqueter, dans un silence de mort. Les 21 tonnes de cargaison de l'écurie seront prêtes pour le réembarquement dans les avions cargos bien avant l'arrivée du GP. Herbert est parti sans demander son reste. Irvine, lui, s'attarde sur place, ni meurtri ni irrité. Faussement indifférent. En parieur invétéré, il a joué gros, auprès des bookmakers anglais, sur un doublé Michael Schumacher-Barrichello.

Premier départ 2000 : comme en 1999, Hakkinen en tête.

D'emblée, Michael Schumacher aux trousses de Hakkinen.

Pour Hakkinen, la course tourne court.

Les événements donnent raison à Irvine. La fatalité accable Coulthard puis Hakkinen en un bref délai. A 14 h 35, les McLaren-Mercedes ont quitté la scène. La Ferrari n° 3 de Schumacher zèbre de rouge ce GP. Avec un bref intérim au commandement de Frentzen mais, surtout, deux belles remontées, l'une de Barrichello et l'autre de Ralf Schumacher, qui s'est débarrassé de Villeneuve, très mordant. A 15 h 42, sur un podium en délire, Michael Schumacher donne deux accolades chaleureuses à Barrichello et à Ralf. «J'ai rarement été aussi heureux», s'exclamera le leader de Ferrari en tombant dans les bras de Corinna.

Dans l'euphorie du moment, Barrichello se confie au grand jour : «J'aimerais bien voir cet ordre changer au Brésil.» Silvana approuve son mari, on s'en doute, et s'amuse avec tous les Brésiliens du paddock. Ron Dennis se montre cinglant :

Michael Schumacher en tête, les rouges en fête.

« Ferrari a sacrifié Barrichello pour faire vaincre Schumacher. » Effectivement, le Brésilien s'est arrêté une deuxième fois sur ordre de Ross Brawn. Ce dernier a justifié sa décision par la nécessité tactique d'anticiper une contre-attaque de Frentzen. Dans le même temps, Michael Schumacher a conforté son avance, à 25", sur Barrichello. Il suffisait d'y penser.

Tout à sa joie du jour, Barrichello rigole sans fin avec tous ses amis. Ce dimanche soir, Ferrari a retenu la discothèque du *Crown Hotel* pour une fête improvisée. Corinna et Michael Schumacher n'y assistent pas : à 20 heures, ils s'envolent déjà pour l'Europe. Silvana et Rubens Barrichello y apparaissent brièvement : leur avion pour le Brésil, via Johannesburg et Buenos Aires, n'appareille qu'en fin de soirée. Peu après 22 heures, Eddie Irvine, toujours disponible dès que la bière coule à flots quelque part, arrive, le sourire aux lèvres, et se congratule avec Luca Baldisseri, son ingénieur personnel en 1999 maintenant affecté à la monoplace de Michael Schumacher. « Toi et moi, nous gagnons ici tous les ans », s'exclame Irvine. Son pari de Londres lui a rapporté près de 90 millions de francs. Sa nuit de Melbourne sera agitée.

Le lundi matin, à Tullamarine, l'autre aéroport de Melbourne, à 11 h 10, Jacques Villeneuve et David Coulthard se présentent à un comptoir Quantas en devisant tranquillement. « Cette fois, je pense que ça va bien mieux pour nous », assure le Canadien. « Je t'envie », rétorque l'Écossais, en éclatant de rire.

Deux Schumacher, une même joie.

Barrichello, un podium pour commencer.

SAUBER : 8 MILLIONS DE FRANCS POUR RIEN

Ce soir-là, le mercredi 2 février 2000, le vélodrome d'Oerlikon, près de Zurich, accueillait 7 000 spectateurs et invités tous captivés à l'idée de découvrir, en grandeur nature, les 220 collaborateurs de l'écurie Red Bull-Sauber autour de leur nouvelle-née, la C 19 à moteur Petronas-Ferrari.

De fait, c'était la première fois qu'une équipe dévoilait ses machines dans le cadre d'une soirée publique, au long d'un spectacle son et lumière de grand style. En vedettes américaines, au côté de Peter Sauber, les pilotes Mika Salo et Pedro Diniz s'étaient comportés avec aisance, en saluant allègrement la foule suisse.

Un peu plus d'un mois après, à Melbourne, Salo arrachait une précieuse sixième place et obtenait son premier point 2000 pour lui comme pour l'écurie. Hélas ! les commissaires détectaient une irrégularité sur l'aileron avant. Déclassé, Salo était, en plus, extrêmement déçu. Peter Sauber ne jugeait pas utile de faire appel.

Le bilan chiffré était impitoyable : l'écurie avait déplacé 55 personnes et transporté 20 tonnes de matériel et 3 monoplaces pour environ 8 millions de francs. Tout avait été ruiné pour 20 mm, pas plus.

GRAND PRIX DU BRÉSIL

2e MANCHE DU CHAMPIONNAT DU MONDE DES CONDUCTEURS 2000

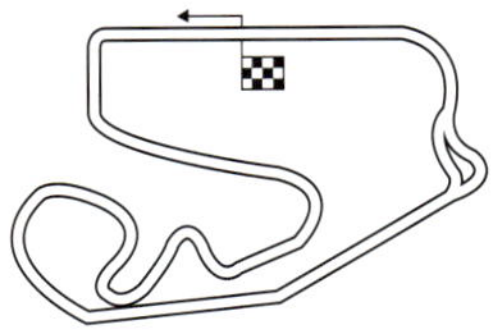

DATE : 26 mars 2000.
CIRCUIT : Carlos Pace à Interlagos (São Paulo).
DISTANCE : 71 tours de 4,309 km (depuis 2000), soit 305,939 km.
MÉTÉO : nuageux et sec.
ENGAGÉS : 22. QUALIFIÉS : 22. PARTANTS : 20. ARRIVÉS : 11. CLASSÉS : 10.
VAINQUEUR : **Michael Schumacher** (Ferrari) en 1 h 31'35"271 à 200,403 km/h (nouveau record).
RECORD DU TOUR : **Michael Schumacher** (Ferrari) : 1'14"755 à 207,509 km/h.

GRILLE DE DÉPART

Coulthard (McLaren-Mercedes)	1'14"285	1	**HAKKINEN (McLaren-Mercedes) à 209,313 km/h**	**1'14"111**
Barrichello (Ferrari)	1'14"636	2	**M. Schumacher** (Ferrari) (2)	1'14"508
Irvine (Jaguar-Ford)	1'15"425	3	**Fisichella** (Benetton-Playlife)	1'15"375
Zonta (BAR-Honda)	1'15"484	4	**Frentzen** (Jordan-Mugen-Honda)	1'15"455
Villeneuve (BAR-Honda)	1'15"515	5	**Button** (Williams-BMW)	1'15"490
Trulli (Jordan-Mugen-Honda)	1'15"627	6	**R. Schumacher** (Williams-BMW) (2)	1'15"561
Verstappen (Arrows-Supertec)	1'15"704	7	**Wurz** (Benetton-Playlife) (1)	1'15"664
De la Rosa (Arrows-Supertec)	1'16"002	8	**Alesi** (Prost-Peugeot)	1'15"715
Gené (Minardi-Fondmetal)	1'16"380	9	**Herbert** (Jaguar-Ford)	1'16"250
Mazzacane (Minardi-Fondmetal)	1'17"512	10	**Heidfeld** (Prost-Peugeot) (2)	1'17"112

FORFAITS

Pedro Diniz : 1'17"178 et **Mika Salo :** 1'18"703 (Sauber-Petronas C19) sur décision de l'écurie pour des raisons de sécurité (problème d'aileron arrière).

CLASSEMENT

1. **Michael Schumacher** (Ferrari F1-2000) .... en 1 h 31'35"271 à 200,403 km/h
   David Coulthard (McLaren-Mercedes MP4/15) .... (à 4"302) **déclassé** pour hauteur d'aileron avant non conforme
2. **Giancarlo Fisichella** (Benetton-Playlife B200) .... à 39"898
3. **Heinz-Harald Frentzen** (Jordan-Mugen-Honda EJ10) .... à 42"268
4. **Jarno Trulli** (Jordan-Mugen-Honda EJ10) .... à 1'12"780
5. **Ralf Schumacher** (Williams-BMW FW22) .... à 1 tour
6. **Jenson Button** (Williams-BMW FW22) .... à 1 tour
7. **Jos Verstappen** (Arrows-Supertec A21) .... à 1 tour
8. **Pedro De la Rosa** (Arrows-Supertec A21) .... à 1 tour
9. **Ricardo Zonta** (BAR-Honda 002) .... à 2 tours
10. **Gaston Mazzacane** (Minardi-Fondmetal M02) .... à 2 tours

ABANDONS

Alexander Wurz (Benetton-Playlife B200) : lubrification moteur (0 tour) / **Nick Heidfeld** (Prost-Peugeot AP03) : casse moteur (6 tours), alors 17e / **Jean Alesi** (Prost-Peugeot AP03) : pb électronique (9 tours), alors 9e / **Jacques Villeneuve** (BAR-Honda 002) : pb de sélection de boîte de vitesses (11 tours), alors 13e / **Eddie Irvine** (Jaguar-Ford R1) : sortie (16 tours), alors 6e / **Rubens Barrichello** (Ferrari F1-2000) : pb hydraulique de direction et d'accélérateur (20 tours), alors 8e / **Mika Hakkinen** (McLaren-Mercedes MP4/15) : chute de pression d'huile moteur (27 tours), alors en tête / **Marc Gené** (Minardi-Fondmetal M02) : casse moteur (30 tours), alors 11e / **Johnny Herbert** (Jaguar-Ford R1) : boîte de vitesses (31 tours), alors 10e.

EN TÊTE

Hakkinen : le 1er tour et du 23e au 29e tour, soit 34 km.
M. Schumacher : du 2e au 20e tour et du 31e à l'arrivée, soit 263 km.
Barrichello : les 21e et 22e tours, soit 9 km.

(1) **Wurz :** s'élance en dernière position pour n'avoir pas démarré lors du tour de formation.
(2) **M. Schumacher :** suite à une sortie le samedi, part sur la voiture de réserve. **R. Schumacher :** utilise la voiture de réserve pour la course. **Heidfeld :** utilise la voiture de réserve pour la course.

A l'aise, Schumacher...

Rubinho et Ferrari : ça fait chaud au cœur pour les Brésiliens.

Pour un peu, ils éclateraient de rire en se rencontrant, inopinément, à des milliers de kilomètres de leurs résidences respectives, dans cette réputée churrascaria *Porcão*, rue Baron de Torre[1] à Rio de Janeiro. L'effet de surprise passé, le lundi 20 mars, les Hakkinen et les Schumacher se répandent en civilités réciproques. Mika et Michael ont tendance à parler (un peu) travail. Erja et Corinna échangent (d'abondance) leurs préoccupations de shopping. Bref, en route vers São Paulo, les Hakkinen et les Schumacher se sont ménagé une escale de détente sous le soleil de Rio.

Une coïncidence en cachant une autre, les deux mêmes couples se croisent une deuxième fois, le lendemain mardi, en se rendant vers la plage d'Ipanema. Cette fois, ils partent d'un rire généreux. Chemisette Club Med, bermuda blanc, lunettes de soleil, Hakkinen est un touriste anonyme. Chemise Versace, chaussures Nike, bermuda bleu ciel, lunettes de soleil blanches, Michael Schumacher ne l'est pas. Corinna s'éclipse en direction du Barrashopping. « Pour les enfants », sourit-elle. Quoi qu'il en soit, tous quatre s'orientent vers São Paulo pour une fin de

1. En français, rue du Baron-de-la-Tour.

semaine qui, sportivement, s'annonce aussi chaude que ces trois jours de Rio.

Ni l'un ni l'autre des deux champions du monde n'a fourni un gros effort de mémoire pour se rappeler avoir chacun enlevé deux fois ce GP du Brésil, Schumacher en 1994-1995 et Hakkinen en 1998-1999. Avide de ces rendez-vous qui jalonnent l'histoire d'un grand pilote, l'Allemand a noté que la dernière victoire Ferrari au Brésil remontait au 25 mars 1990 avec Alain Prost. « On me la rappelle fréquemment », précise-t-il. Sur la lancée du GP d'Australie, Schumacher, qui mène par 10-0 devant Hakkinen, se garde bien de tout triomphalisme. A l'inverse des Brésiliens, spécialement des Paulistes, les compatriotes de Rubens Barrichello, tous en plein délire euphorique.

En dépit du décalage horaire, ils étaient 30 millions de téléspectateurs à suivre, en pleine nuit, les débuts de Barrichello à Melbourne sur Ferrari. « Il n'y a que 20 millions d'habitants à São Paulo », observe Barrichello, avec une malicieuse satisfaction. Par comparaison, Ayrton Senna drainait, pendant sa période de splendeur, 35 millions de téléspectateurs et la Seleção, l'équipe nationale de football, culmine à 40 millions. Dans le mouvement, un sondage express à São Paulo accorde 65 % de chances de succès à Barrichello contre 20 % à Michael Schumacher et 5 % à Hakkinen. En ce 21 mars 2000 – qui aurait pu voir Senna devenir quadragénaire –, c'est la première fois depuis le 1er mai 1994, jour de la disparition de Senna, que le Brésil se redécouvre une ferveur pour la Formule 1.

L'image de Barrichello sur le podium de Melbourne a ramené le Brésil à l'époque de Senna. Comme Barrichello a toujours extériorisé sa filiation de cœur avec son illustre aîné, le phénomène affectif se densifie. Reste pour Rubens à affronter au quotidien les excès générés par cette situation. Il a commencé par se replier, au secret, dans son hacienda personnelle, à

Barrichello harcelé.

Jacarei, à une centaine de kilomètres de São Paulo. Son ami et agent Federico Della Noce réceptionne (imperturbablement) et décourage (inlassablement) toutes les sollicitations.

Barrichello ne revient dans la tentaculaire mégalopole que pour se réfugier – toujours en grand secret – dans la résidence familiale du quartier de Morumbi, à quelques centaines de mètres de la tombe d'Ayrton Senna. C'est là que, fort civilement, Silvana et Rubens Barrichello invitent à dîner les Schumacher, le mercredi 22 mars, autour d'une *feijoada* et de divers autres plats brésiliens. En guise d'apéritif, Barrichello et Schumacher ont emprunté un hélicoptère pour aller au parc São Jorge assister, devant une nuée de médias, à l'entraînement des Corinthians, le meilleur club de football du Brésil.

Au-dessus des gratte-ciel, Barrichello s'amuse à rappeler qu'il a pratiquement passé tout son après-midi en hélicoptère. Pour la chaîne Rede Globo, il a survolé le circuit (en principe resurfacé) d'Interlagos en commentant tous les points chauds à l'intention des téléspectateurs. Rubens se plaint aussi près de Michael de devoir changer de téléphone mobile tous les deux jours. « Je ne sais plus comment me protéger », soupire-t-il. L'Allemand lui prodigue quelques conseils d'expert.

Au *TransAmerica Hotel*, José Melo, le chef barman, n'a pas craint de proposer à Michael Schumacher deux cocktails inédits, le *Rubinho*, qui est le diminutif de Rubens, à base d'orange, de lait, de liqueur de mandarine, de champagne et de gin, entre autres, et le *Ferrari*, qui comprend jus d'ananas, vodka, liqueur de mandarine, vin blanc, etc. Le double champion du monde les a poliment déclinés. Ce n'est qu'une péripétie à l'intérieur de la *rubinhomania* qui a dynamisé le GP avec des conséquences instantanément perceptibles : les hôtels paulistes sont remplis à 85 % (contre 40 % en 1999), tous les billets d'Interlagos (65 000) sont vendus, la recette circuit doit atteindre 80 millions de dollars (soit 560 millions de francs) et l'agglomération de São Paulo s'attend à 75 millions de dollars (soit 525 millions de francs) de retombées directes. En contrepartie, la municipalité a subventionné la réfection de la piste à hauteur de 70 millions de francs.

Cette avalanche de chiffres épargne les Barrichello et les Schumacher. En fait, l'Allemand sait gré au Brésilien de ne pas s'être égaré, depuis Melbourne, dans des déclarations à double sens susceptibles de nuire à sa primauté au sein de la Scuderia. Par exemple, lors d'une réception donnée par Bridgestone, Barrichello s'est montré souple : « Je ne subis aucune pression chez Ferrari. Je sais que je vais gagner un jour, ce qui ne me semblait pas possible auparavant. » Il évite même de se prononcer sur une comparaison intemporelle entre Ayrton Senna et Schumacher. A propos de ce dîner, pourtant strictement privé, Schumacher ne manquera pas de confier : « C'est la première fois dans ma carrière que mon équipier est un ami et, de surcroît, le plus fort partenaire que j'ai eu avec moi. »

Le décodage spontané de cette déclaration est significatif. D'abord, Schumacher ne déterre pas la moindre hache de guerre vis-à-vis de Barrichello. Ensuite, il neutralise en personne les accusations australiennes de Ron Dennis sur le « mauvais

Barrichello, au nom de Schumacher.

Flavio Briatore entre Fisichella et Wurz : « Salut, les amis ! »

traitement » réservé au Brésilien. D'ailleurs, l'Allemand en remet : « Rubens me maintient sous pression et, en plus, il me traite en équipier, pas en ennemi. » Ce qui déclenche, par réflexe, une mâle réponse de Barrichello : « Je ne suis pas le second de Michael. » Ce qui, enfin, permet à Federico Della Noce de craindre : « Pour la première fois de sa carrière, Rubens est attendu chez les siens en vainqueur potentiel. » Premier pilote brésilien – des temps modernes – à tirer parti de l'aura du Cavallino, Barrichello est imbu de la mystique Ferrari.

Frank Williams avec deux Piquet, père et fils.

Les deux autres coureurs brésiliens, Pedro Diniz et Ricardo Zonta, pâlissent de leur confrontation médiatique avec Barrichello. En cette churrascaria *Jardineiras*, Diniz a convié une cinquantaine d'invités, tout le personnel (sur place) de Sauber. Seul Peter Sauber, le patron, manque à l'appel. En son absence, l'ambiance devient débridée. Avec des concours de consommation de caïpirinha et de caïpiroska, les deux boissons alcoolisées brésiliennes les plus répandues. Diniz veillera à ce que ses amis regagnent le *TransAmerica Hotel* dans un état acceptable.

Quant à Zonta, il est extrêmement tendu. Il avait manqué son premier GP du Brésil, en 1999, sur accident. Maintenant, il redoute le mauvais sort. « Ce qui me plairait, ce serait de confirmer Melbourne », rêve-t-il à voix haute. Installé au *Gran Hotel Melia*, avec Craig Pollock et Jacques Villeneuve, il y tombe sur Nick Heidfeld, qu'il a connu dans la filière Mercedes. Zonta n'en croit pas ses yeux : Heidfeld, qui découvre le Brésil, porte une chemise bariolée du pire effet. « J'en ai acheté une dizaine », balbutie le jeune Allemand. Ron Dennis, qui survient alors, demande sur un ton mordant : « Nick, es-tu en vacances ici ? » Au gré de son séjour, Heidfeld s'est quand même aventuré à Interlagos pour y couvrir un tour du circuit à pied.

Altier, soigneusement décontracté, Flavio Briatore ne manque pas son retour. Son apparition dans le hall du *TransAmerica Hotel* crée l'événement. Il serre beaucoup de mains et parle simultanément, en italien, en français et en anglais. « Flav is back »[2], lance Tom Walkinshaw en allusion à la campagne Jaguar. Briatore et Walkinshaw s'attardent, ensemble, au bar du huitième étage. Le patron d'Arrows se préoccupe (déjà) de l'avenir de son Supertec. « Même en démarrant nos discussions ici, nous ne sommes pas forcément les premiers et les mieux placés », observe, à l'écart, Daniele Audetto, le directeur commercial d'Arrows, qui prédit, quelque part, de grosses turbulences.

*
* *

Sans céder à la panique, Norbert Haug et Mario Ilien, le duo de Mercedes, attendent une prompte réhabilitation de leurs pilotes. Depuis Melbourne, Panis a roulé 400 km avec le moteur F1 110 J, sans aucun ennui. Ici, en 1'14"159, Hakkinen a

2. « Flavio est de retour. »

Barrichello à Interlagos : c'est dur.

survolé les essais libres. Pour les qualifications, Zonta tire, à 13 h 2, une salve d'ouverture en 1'17"134. Mais, à 13 h 7, Michael Schumacher est en 1'14"955 et Hakkinen, à 13 h 14, en 1'14"434. Coup de théâtre à 13 h 29 : un panneau Marlboro, surplombant la piste, s'est décroché tout seul. Avec un intermède de 5', le silence tombe sur le site.

A 13 h 33, tout repart. Surtout Hakkinen qui, à 13 h 36, signe 1'14"111, immédiatement suivi par Michael Schumacher, 1'14"508, lui-même dépassé dans la seconde par David Coulthard, 1'14"374 puis 1'14"285. Un deuxième panneau Marlboro s'étant détaché, toujours sur la ligne droite, le silence revient à 13 h 40. Ces qualifications sont perturbées. Le ciel, en plus, devient menaçant. 13 h 50 : les essais redémarrent, mais les temps et les positions restent acquis. A 13 h 57, nouvel incident, Alesi évite de justesse un... troisième panneau Marlboro. Encore un feu rouge. La machine du Français est abîmée.

Il reste plus d'un quart d'heure d'essais officiels. A 14 h 8, la pluie arrive. Aucune performance n'est améliorée. Barrichello tourne encore, au moins pour enthousiasmer ses compatriotes. Quatrième en 1'14"636, le Brésilien de Ferrari est vraisemblablement désappointé. Il n'en montre rien. Tous autant qu'ils sont, dans les étroites cellules qui servent de stands, ils s'entendent sur un point : la piste est détestable. « A croire qu'ils ont ajouté des bosses », ironise Gerhard Berger, à l'adresse de Tamas Rohony, le directeur d'International Promotions, chargé des maudits panneaux.

Lors de ces essais, Salo et Diniz ont perdu leurs ailerons arrière à très haute vitesse. Peter Sauber en a tiré une conclusion sans appel : le forfait de son écurie pour le GP. Blême, Sauber en informe ses pilotes. Diniz, accablé, s'attarde devant sa machine. Deux coureurs le réconfortent : Zonta et Alesi. Au premier, Diniz dit : « Un drôle de chassé-croisé. » Au second, il confie son désarroi à l'oreille.

En quittant le circuit, vers 20 h 30, les techniciens croisent les premiers Brésiliens qui vont former une file de 7,5 km toute la nuit, pour envahir les tribunes d'Interlagos à partir de 8 heures. Dans toutes les écuries, on a travaillé sur les attaches (en carbone) des ailerons. Dans la pénombre tiède, Ross Brawn discute devant le stand Ferrari : « Nous devons amé-

Michael Schumacher, très confiant.

Sans tarder, Michael Schumacher devant Hakkinen.

liorer nos départs. » Pendant que Salo se rend à Guarulhos, l'aéroport de São Paulo, en quête du premier vol pour Londres, Diniz et Sauber dînent en tête à tête au *TransAmerica Hotel*. « J'en aurais été à mon sixième GP ici », se lamente Diniz, privé de son quatre-vingt-quatrième GP depuis 1994.

A 10 h 4, le dimanche matin, Prost et Alesi s'enferment dans le petit bureau pour un tête-à-tête exploratoire. Un quart d'heure plus tôt, au warm-up, le pilote de la Prost-Peugeot n° 14 a perdu, à son tour, son aileron arrière. L'examen de la situation se présente comme un cas de conscience pour Prost. En conclusion, Alesi ne partira qu'après renforcement d'une pièce litigieuse. Diniz, qui traîne mélancoliquement par là avec son manager, Daniele Morelli, envie son ami Jean. Et ne le cache pas.

En très peu de temps, l'affaire est pliée. En dépit d'un bon départ, Hakkinen est doublé au bout de la ligne droite à la fin du premier tour par Michael Schumacher.

Hakkinen sous la menace croissante de Barrichello.

Hakkinen, fatigué, déçu, silencieux.

Le Finlandais, qui n'y a vu que du rouge, concède une dizaine de secondes en autant de tours à l'Allemand. Barrichello se faufile entre les deux hommes. Pas pour longtemps car, trahi par son hydraulique, il n'atteint pas la mi-course. A 14 h 38, l'idole des Brésiliens met pied à terre. Le nez bas, Barrichello se réfugie dans son stand. Peu après, à 14 h 42, Hakkinen l'imite, de fort méchante humeur.

Michael Schumacher mène bon train devant Coulthard, avec une avance culminant à 58" et réduite à 4" au drapeau à damier. Fisichella, fustigé par Briatore, arrache une belle troisième place. Barrichello a suivi la fin de la course, avec Silvana, devant un moniteur chez Ferrari. La victoire de son partenaire ne le console pas de ses propres déboires. Il se répand généreusement dans les micros et devant les caméras des médias brésiliens. Après coup – les sondages l'auront confirmé –, l'abandon de Barrichello est la plus forte déception collective du Brésil depuis la finale de la Coupe du monde, le 12 juillet 1998 au Stade de France.

Même vainqueur à 15 h 31, Michael Schumacher n'est pas au bout de ses peines. Dans un premier temps, il téléphone, avec Corinna, à ses enfants, en Suisse. Il analyse ensuite sa course avec calme : « Dans l'ensemble, je ne peux pas être mécontent. » De Melbourne à São Paulo, il a fait le plein et relégué Hakkinen, son rival déclaré, à 20 points. « Je ne demande rien de plus », répond-il en quittant le circuit, vers 17 heures, avec Corinna. A ce moment-là, Hakkinen a déjà rallié le *Gran Hotel Melia*, la rage au cœur, au volant d'une Mercedes Classe A. Comble de malchance : il a été chronométré en excès de vitesse sur la Marginal Pinheiros !

A Interlagos, des rumeurs d'irrégularité flottent dans l'atmosphère. Les voitures n° 3 (Michael Schumacher), n° 2 (Coulthard), n° 5 (Frentzen), n° 6 (Trulli) et n° 9 (Ralf Schumacher) sont suspectes. Sur la piste bosselée, devant les stands, des traces blanches zèbrent la bitume. Les patins en bois des fonds plats ont manifestement frotté le sol. Todt ne semble pas inquiet. Pas plus que Ron Dennis, Eddie Jordan ou Frank Williams. Seul Mansour Ojjeh ose parler : « Coulthard a redressé la situation pour l'écurie. Au fond, ça aurait pu être pire. »

A 18 heures, son traditionnel vieux sac en cuir à la main, Todt monte en hélicoptère vers Guarulhos, où il a rendez-vous avec Michael Schumacher. Les événements se précipitent. A 18 h 40, Todt et Schumacher sont de retour. Les commissaires de la FIA, sous la direction de Jo Bauer, multiplient les contrôles. Tenu au courant de tout, Fisichella, en route vers Guarulhos, envisage une victoire… sur tapis vert. « Ce serait un drôle de coup », a rigolé Briatore dans le paddock.

Justement, l'ambiance du paddock s'alourdit. Les stands Ferrari et McLaren sont devenus des camps retranchés. A 19 h 10, Michael Schumacher s'en va, souriant et silencieux. Une demi-heure plus tard, la foudre tombe chez McLaren-Mercedes : la machine de Coulthard est offi-

Michael Schumacher, geste de vainqueur.

Pelé serre la main de Coulthard en regardant… Michael Schumacher.

ciellement soumise à des vérifications supplémentaires. A 19 h 55, le verdict tombe : la MP 4/15 de Coulthard est déclarée irrégulière. L'Écossais est rentré au *Gran Melia Hotel*. Jean Todt, lui, repart pour Guarulhos. La confusion est extrême. Les polémiques naissent.

A 20 h 55, la McLaren-Mercedes n° 2 est exclue du classement du GP du Brésil. Les grands bénéficiaires du jour sont Fisichella (deuxième), Frentzen (troisième) et le tout jeune Jenson Button (20 ans) qui, dès son deuxième GP, marque 1 point. En plein ciel, dans le jet Alitalia São Paulo-Milan, Fisichella pendu au téléphone de bord exulte de joie. La seconde d'après, il donne des interviews, toujours par le même moyen, à des médias romains.

Les dents serrées, Norbert Haug s'insurge : « Nous ne sommes pas des tricheurs. » L'aileron avant de la machine de Coulthard était à 43 mm du sol. Le règlement demande 50 mm, mais accepte une tolérance à 45 mm. Pour 2 mm, Coulthard a tout perdu. Et McLaren-Mercedes aussi. A 22 heures, McLaren décide de faire appel et le confirme à 23 heures (soit 3 heures du matin en Europe). Les explications fournies aux commissaires par Adrian Newey et Dave Ryan (sur le profil tourmenté d'Interlagos) ne sont pas retenues.

Un peu plus tôt, à 21 h 15, Rede Globo a officialisé, dans un flash spécial, la disqualification de Coulthard. Dans le salon VIP Varig, à Guarulhos, quelques éminents passagers pour Londres, les frères Schumacher, Craig Pollock et Tom Walkinshaw, entre autres, ont réagi devant cette information en fonction de leurs intérêts. Pollock et Walkinshaw ont lâché, d'une même voix : « C'est incompréhensible. Ils devraient être cinq pilotes sanctionnés ! »

Dans sa résidence de Morumbi, avec Rubens, son père, Renata, sa sœur, Silvana, sa femme, Rubens Barrichello, attentif à ces événements, s'est revu en différé en train de prononcer une phrase terrible : « Sur la panne, je me suis senti mourir, plus encore pour les tifosi que pour moi. » Il s'accorde quarante-huit heures de détente avant de s'envoler, le mardi soir, vers l'Europe.

David Coulthard, quant à lui, atterrit à Nice, le lundi 27 mars, les traits moroses et las. Il espérait bien fêter son vingt-neuvième anniversaire autrement qu'en état de frustration.

MOTEURS : LA COURSE AU POIDS

Dans cette confrontation technologique permanente entre les grands motoristes qu'est devenue la Formule 1, plus encore en 2000 que dans un récent passé, l'évaluation du rapport poids/puissance des moteurs devient une sorte de chasse au trésor caché.

Néanmoins, en procédant par recoupements et en puisant auprès de certaines sources très sûres, on peut établir une hiérarchie des poids qui, après tout, ne correspond pas toujours au verdict de la piste. Ces dernières années, tous les motoristes ont considérablement allégé leurs moteurs respectifs, et à peu près tous ont nettement progressé en termes de puissance à tous les régimes.

Voici, en ce GP du Brésil, un classement des moteurs par le poids. Avec, naturellement, avantage au moins lourd de tous, le F0 110 conçu par Mario Ilien, chez Ilmor, pour Mercedes : il ne dépasse pas 95 kilos.

Derrière, on trouve le Cosworth (sur les Jaguar) 97 kilos, le Ferrari 100 kilos, le Supertec 104 kilos, le Peugeot 109 kilos, le Honda 110 kilos, le BMW et le Cosworth (sur les Minardi) 115 kilos, le Mugen-Honda 122 kilos.

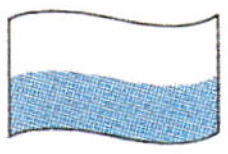

GRAND PRIX DE SAINT-MARIN

3e MANCHE DU CHAMPIONNAT DU MONDE DES CONDUCTEURS 2000

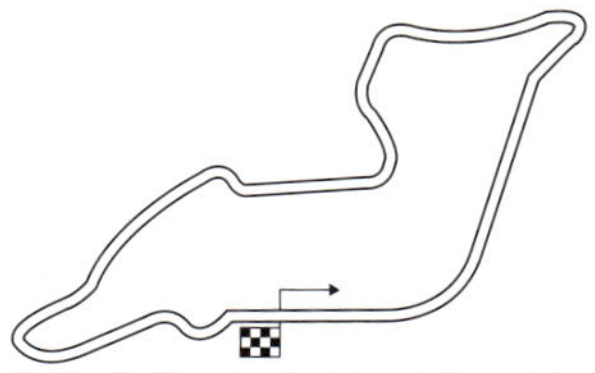

DATE : 9 avril 2000.
CIRCUIT : Enzo-e-Dino Ferrari à Imola.
DISTANCE : 62 tours de 4,933 km (depuis 2000), soit 305,609 km.
MÉTÉO : couvert et froid, mais sec.
ENGAGÉS : 22. QUALIFIÉS : 22. ARRIVÉS : 14. CLASSÉS : 15.
VAINQUEUR : **Michael Schumacher** (Ferrari) en 1 h 31'39''776 à 200,043 km/h.
MOYENNE RECORD : **Heinz-Harald Frentzen** (Williams-Renault) en 1997 à 201,509 km/h.
MEILLEUR TOUR : **Mika Hakkinen** (McLaren-Mercedes) : 1'26''523 à 205,249 km/h.
RECORD DU TOUR : **Heinz-Harald Frentzen** (Williams-Renault) en 1997 : 1'25''531 à 207,503 km/h.

GRILLE DE DÉPART

HAKKINEN (McLaren-Mercedes) à 209,632 km/h	**1'24''714**	1	**M. Schumacher** (Ferrari)	1'24''805
Coulthard (McLaren-Mercedes)	1'25''014	2	**Barrichello** (Ferrari)	1'25''242
R. Schumacher (Williams-BMW) [1]	1'25''871	3	**Frentzen** (Jordan-Mugen-Honda)	1'25''892
Irvine (Jaguar-Ford)	1'25''929	4	**Trulli** (Jordan-Mugen-Honda)	1'26''002
Villeneuve (BAR-Honda)	1'26''124	5	**Diniz** (Sauber-Petronas)	1'26''238
Wurz (Benetton-Playlife)	1'26''281	6	**Salo** (Sauber-Petronas)	1'26''336
De la Rosa (Arrows-Supertec)	1'26''349	7	**Zonta** (BAR-Honda)	1'26''814
Alesi (Prost-Peugeot)	1'26''824	8	**Verstappen** (Arrows-Supertec)	1'26''845
Herbert (Jaguar-Ford)	1'27''051	9	**Button** (Williams-BMW)	1'27''135
Fisichella (Benetton-Playlife) [1]	1'27''253	10	**Mazzacane** (Minardi-Fondmetal)	1'28''161
Gené (Minardi-Fondmetal) [1]	1'28''333	11	**Heidfeld** (Prost-Peugeot) [2]	1'28''361

CLASSEMENT

1. **Michael Schumacher** (Ferrari FI-2000) .... en 1 h 31'39''776 à 200,043 km/h
2. **Mika Hakkinen** (McLaren-Mercedes MP4 / 15) .... à 1''168
3. **David Coulthard** (McLaren-Mercedes MP4 / 15) .... à 51''008
4. **Rubens Barrichello** (Ferrari FI-2000) .... à 1'29''276
5. **Jacques Villeneuve** (BAR-Honda 002) .... à 1 tour
6. **Mika Salo** (Sauber-Petronas C19) .... à 1 tour
7. **Eddie Irvine** (Jaguar-Ford R1) .... à 1 tour
8. **Pedro Diniz** (Sauber-Petronas C19) .... à 1 tour
9. **Alexander Wurz** (Benetton-Playlife B200) .... à 1 tour
10. **Johnny Herbert** (Jaguar-Ford R1) .... à 1 tour
11. **Giancarlo Fisichella** (Benetton-Playlife B200) .... à 1 tour
12. **Ricardo Zonta** (BAR-Honda 002) .... à 1 tour
13. **Gaston Mazzacane** (Minardi-Fondmetal M02) .... à 2 tours
14. **Jos Verstappen** (Arrows-Supertec A21) [3] .... à 3 tours
15. **Jarno Trulli** (Jordan-Mugen-Honda EJ10) .... à 4 tours (abandon)

ABANDONS

Heinz-Harald Frentzen (Jordan-Mugen-Honda EJ10) : boîte de vitesses bloquée en 6e (4 tours), alors 7e / **Jenson Button** (Williams-BMW FW22) : sortie sur l'huile de la rupture de son moteur (5 tours), alors 16e / **Marc Gené** (Minardi-Fondmetal M02) : tête-à-queue sur l'huile répandue par le moteur de Button (5 tours), alors 17e / **Nick Heidfeld** (Prost-Peugeot AP03) [3]: panne hydraulique de l'accélérateur et de la transmission (22 tours), alors 17e / **Jean Alesi** (Prost-Peugeot AP03) : dysfonctionnement de l'accélérateur sur panne hydraulique (25 tours), alors 15e / **Ralf Schumacher** (Williams-BMW FW22) : pression d'essence (45 tours), alors 5e / **Pedro De la Rosa** (Arrows-Supertec A21) : sortie sur un blocage de boîte (49 tours), alors 13e / **Jarno Trulli** (Jordan-Mugen-Honda EJ10) : boîte de vitesses bloquée en 5e (58 tours), alors 7e, classé 15e.

EN TÊTE

Hakkinen : les 44 premiers tours, soit 217 km.
M. Schumacher : du 45e tour à l'arrivée, soit 89 km.

[1] Partent sur la voiture de réserve : **R. Schumacher, Fisichella et Gené**, suite à une voiture endommagée le samedi.
[2] **Heidfeld :** part des stands après que son moteur a calé sur la grille.
[3] Pénalité de 10'' : **Verstappen :** pour non-respect des drapeaux bleus, **Heidfeld :** pour s'être élancé en retard dans le tour de formation.

Schumacher : ... Et 3 !

Michael Schumacher en triomphateur, du déjà vu.

Depuis le dimanche 26 mars, jour du déclassement de David Coulthard à Interlagos, les mines sont restées sombres et allongées à Woking comme à Unterturckheim. Maintenant, sur la demande du RAC, l'autorité sportive de McLaren, le tribunal d'appel de la FIA s'est saisi de l'affaire. Une sourde irritation agite l'écurie anglo-allemande. « Il est inimaginable d'arriver en Europe avec 26 points de retard sur Ferrari et zéro à notre compteur », avait dit Norbert Haug à son retour en Allemagne. Le lundi 3 avril, le bilan en est là : Ferrari mène devant McLaren-Mercedes par 26-0. C'est la première fois depuis 1994 que McLaren (alors avec le moteur Peugeot) débarque à Imola sans le moindre point.

A 9 h 45, costume sombre, chemise grise, cravate à pois, David Coulthard émerge d'une limousine bleue devant l'ACF, place de la Concorde, à Paris, en compagnie de l'avocat Tim Murnan et de Martin Witmarsh, le bras droit de Ron Dennis. Quarante-huit heures plus tôt, à Woking, lors d'une réunion autour de Ron Dennis et Adrian Newey, la plaidoirie de la défense s'est fondée sur un principe évident : les différences millimétriques (5 mm) ne sont dues qu'à l'état de la piste et ne sont qu'un effet de hasard. Depuis l'affaire de Sepang (17 octobre 1999) et la réhabilitation de Ferrari, il existe une jurisprudence de tolérance. Ce système étant validé par les juristes de Mercedes, la confiance est revenue à Woking.

Les trois juges qui écoutent Coulthard, Witmarsh et l'avocat Murnan, dans cette salle lambrissée de l'ACF, se montrent très attentifs. Inquisiteurs, même. Ils posent une foule de questions. En milieu d'après-midi, Coulthard, Witmarsh et Murnan repartent pour le Bourget, où un appareil de la flotte privée de TAG les attend. Un voile de silence enveloppe les délibérations des cinq juges internationaux. Tout pronostic est impossible.

En la circonstance, la FIA a adopté une communication minimale : un simple bulletin portera le verdict, le mardi 4 avril, à la connaissance des médias. Ron Dennis et Me Murnan seront informés directement, un quart d'heure plus tôt, en milieu d'après-midi. Une douche glaciale. L'appel de McLaren est repoussé sans nuance. « Pour nous, c'est tolérance zéro. McLaren est une grande équipe, mais nous sommes lâchés dans les règles de l'art », grommelle Haug, avec l'assentiment de Mercedes. « Si nos voitures étaient rouges, nous serions mieux traités », surenchérit Dennis.

Quant à Coulthard, il s'efforce de garder sa sérénité : « Je ne suis pas surpris. J'aborderai Imola avec l'esprit dégagé. Après tout, j'y ai déjà gagné en 1998. » Son moral est en acier trempé. En arrière-plan du jugement, McLaren a dû accepter le déclassement de Coulthard à Interlagos. Cette démarche formaliste était indispensable, sous peine de voir les MP 4/15 mises sous séquestre au contrôle technique d'Imola. Rien n'est épargné à l'amour-propre du tandem anglo-allemand.

Pour autant, à Maranello, on n'exulte pas. Jean Todt prêche inlassablement la mesure à un environnement transalpin qui a déjà programmé le « tiercé 2000 » de Michael Schumacher pour ce deuxième dimanche d'avril. De Londres, en voyage, Ross Brawn rappelle : « La crise McLaren ne va pas se prolonger à l'infini. Nous devons nous concentrer sur deux points : améliorer la compétitivité aux essais et mieux utiliser la voiture en course. » Une bonne nouvelle : Ferrari n'a pas retouché sa machine, pour ce rendez-vous d'Imola, comme souvent dans le passé. Une mauvaise nouvelle : Michael Schumacher qui a récupéré sa monoplace avec le châssis n° 200, le mercredi 29 mars, n'a même pas pu couvrir un tour à Fiorano. Il en faudrait plus pour rafraîchir le moral des tifosi.

Le jeudi 6 avril, aucune poussée de fièvre n'est décelée dans le paddock. Rubens Barrichello est fêté par le Rubens Fan Club, fondé en 1994 par son ami Gianni Mezzetti. Il commercialise une casquette spéciale siglée Barrichello-Ferrari pour 30 000 lires (100 francs), au bénéfice des gamins des favelas de São Paulo. Harcelé de questions, Barrichello se tire bien d'affaire : « Je dois être à 100 % pour gagner un GP. » Michael Schumacher, à quelques mètres de là, expose : « Il est encore trop tôt pour évoquer une stratégie pour le championnat. » Traduit en clair : « Je veux et je dois vaincre dimanche à Imola. »

Toujours semblable à lui-même, Eddie Irvine, qui en est à son premier GP européen post-Ferrari, fête sa centième apparition en Formule 1 (depuis le GP du Japon 1993) en arborant un polo floqué Jordan-Ferrari-Jaguar et en se répandant en éloges sur Ferrari (normal) et sur Michael Schumacher (très insolite). Le discret Heinz-Harald Frentzen, qui en est aussi à sa centième course en Formule 1 (depuis le GP du Brésil 1994), se réjouit

Heinz-Harald Frentzen, cap 100.

Eddie Irvine en famille.

d'avoir interprété, ces derniers jours, un film publicitaire dans les studios de Télé-Monte-Carlo pour Deutsche Post, le nouveau sponsor allemand de Jordan, avec, en prime, un chèque de 2 400 000 francs. Il est, par ailleurs, préoccupé par l'accouchement imminent de son épouse Tanja, au repos dans leur appartement de Monaco.

Les trois motor-homes McLaren, Mercedes et West forment une citadelle grise au milieu du paddock. Mika Hakkinen est arrivé de Monaco en hélicoptère, avec Pedro Diniz et Alexander Wurz, en ruminant une morosité qu'il ne dissimule même pas. Le champion du monde est précédé ici par un article décapant dans un hebdomadaire finlandais : « Je savais que ce serait une saison difficile, mais je n'imaginais même pas un pareil scénario. Je me sens sous la même pression qu'en 1999 avec, en plus, un sentiment d'impuissance. Je suis réellement stressé. » Ces propos, traduits en allemand, Norbert Haug les lit et les relit dans son bureau. Hakkinen le rejoint.

Tous deux s'enferment pour un long tête-à-tête (une heure) de vérité. Problème moteur ou pas, ils cherchent à comprendre et à guérir le malaise de l'écurie. La tonalité aggravée des confidences de Hakkinen interpelle Haug qui, en ancien journaliste, nourrit un grand respect pour la chose écrite. Il ne reproche rien à Hakkinen, il veut aller au fond des choses avec lui. « Je n'ai pas encore eu une vraie confrontation avec les Ferrari », se plaint le Finlandais. Faut-il en incriminer le F0 110 J ? Haug s'en défend : « Sur 1999, il a perdu du poids, mais pas de la puissance. » Hakkinen ne demande qu'à le croire. Haug reprend : « Est-il vrai que tu as offert une Ferrari 360 Modena à Erja ? » Surpris, Hakkinen acquiesce. Et Haug poursuit : « Nous te demandons, au moins, de la choisir grise. » Hakkinen, qui se le tient pour dit, revendra ultérieurement cette Ferrari. A chacun ses soucis : David Coulthard n'a pas pu garer son motor-home dans le paddock, pas plus que son ami Jacques Villeneuve.

Coulthard-Villeneuve, soucis de logement.

A chacun ses tensions, aussi. Dans une interview à paraître dans *Le Figaro* (8 avril) sous la plume de Cédric Voisard, et prépubliée par l'AFP, Alain Prost assène ses vérités, notamment à Peugeot. « Un niveau nul. » Curieusement, Prost ne se ménage pas dans cet entretien au vitriol mais, évidemment, on ne retient que ses flèches sur Peugeot. Sur le terrain, Prost cherche à atténuer la portée de ses critiques. Là où une bonne explication Prost-Provera aurait suffi, le phénomène autodestructeur de l'entité Prost-Peugeot s'accélère. Évidence : ce processus de décomposition sert plus les intérêts de Peugeot que ceux de Prost. Conclusion : les dégâts sont irréparables.

Le vendredi matin, en costume droit, Max Mosley est, lui aussi, un homme isolé. A travers les médias, le président de la FIA lance un défi à la Commission européenne avec une formulation audacieuse. Mosley propose une réforme du calendrier annuel de la Formule 1 avec un large brassage des GP : une dizaine (au moins) hors d'Europe, deux dans la Communauté et deux autres (Monaco, Hongrie) en dehors. L'Anglais cible son argumentation spectaculaire sur les opinions nationales européennes. Il joue sur du velours : aucun pays n'accepte de renoncer à un GP national, pour son prestige et ses retombées.

Le retentissement émotionnel qui salue les propos de Mosley le rassure : il a inversé, par effet complémentaire, la tendance négative de la Commission. Dans la foulée, Bernie Ecclestone, qui n'apparaît jamais en première ligne dans ce type de situation, s'empresse de proposer, ici et là, des renouvellements quinquennaux de contrats de GP. Ecclestone dîne, ce vendredi, au restaurant *Naldi*, tout proche du circuit, avec Piero Ferrari. Cette question du calendrier figure à leur menu.

Le même soir, à l'*Osteria del Teatro*, Flavio Briatore raconte une étrange histoire : « En 1993, j'avais rencontré Jean-Pierre Jabouille, directeur de Peugeot Sport, pour avoir le moteur Peugeot pour Benetton. Jean-Pierre m'a un peu trimballé, car il était déjà engagé avec McLaren. Au fond, ça m'a sauvé ! » C'est ainsi que Briatore a pu nouer avec Renault le partenariat que l'on sait. La veille, au *Ristorante San Domenico*, à un dîner de travail qui réunissait les team-managers autour de Mosley et d'Ecclestone, Briatore avait déjà rappelé cette anecdote. Tout en étant évasif sur l'avenir de Supertec. Mais il avait été surtout question, bien avant le dessert, d'électronique (au sujet de la limitation de vitesse dans les stands).

FRANK WILLIAMS : L'INTÉGRISTE

Avec l'arrivée en Europe, la Formule 1 retrouve ses motor-homes. Comme d'habitude, les écuries et surtout les sponsors investissent largement dans ces espaces de convivialité. Ceux de Benetton (un espace fermé genre disco), de BAR (un palace en fibre de carbone), de McLaren-Mercedes-West (trois véhicules opérationnels en gris), de Ferrari Marlboro (un univers entièrement rouge en trois parties) dominaient le lot.

En attendant le motor-home Jaguar, celui de BMW, accolé à celui de Williams, est surprenant de fonctionnalité et de design. En fait, c'est un double motor-home, largement vitré et en bleu-blanc, très accessible et d'une dimension qui évite toute provocation.

Manifestement, les Allemands de BMW et de leur sponsor Compacq ont adopté une élégance discrète et mesurée. Pour sa part, Frank Williams, fidèle à sa conception de la course, confie : « Avec le budget consacré à cette opération, nous aurions pu approfondir certains détails techniques. » Cet intégriste de la Formule 1 ne changera jamais.

*
* *

Après s'être réparti les meilleurs temps des essais libres, 1'26"944 pour Michael Schumacher et 1'24"973 pour Hakkinen, les deux doubles champions du monde s'épient lors des qualifications. A 13 h 8, sur sa Minardi, Marc Gene s'est offert un tour d'exposition en 1'30"330. Dix minutes plus tard, Wurz accroche 1'27"217. Mais, à 13 h 19, Michael Schumacher déclenche le tonnerre : 1'25"677.

Dans une ambiance de feu, à 13 h 24, Coulthard réalise 1'25"425. Une machine grise entre en piste à 13 h 35 : Hakkinen réussit 1'24"830 et Coulthard améliore en 1'25"140. Les écarts se resserrent. Dans le stand Ferrari, tout est prêt pour une ultime offensive. A 13 h 59'15", Michael Schumacher dépasse, enfin, tous ses rivaux en 1'24"805. La Scuderia chavire d'un bonheur incontrôlé, sans remarquer que Hakkinen est entré en piste juste à l'instant où Michael Schumacher bouclait son dernier tour.

De fait, à 14 h 01'14", comme un tueur froid, Hakkinen efface Michael Schumacher en 1'24"714. La démonstration est imparable. Hakkinen guettait sa proie. « Mika n'a pas son pareil pour jouer avec les nerfs des foules. En Italie, ça provoque des drames plus qu'ailleurs. Et pour cause », commente l'Italien Daniele Audetto, un ancien de Ferrari. Flegmatique, Hakkinen ironise : « C'était une situation excitante, tout à fait comme je les aime. » Michael Schumacher, qui a longuement étudié ses temps intermédiaires, soupire : « J'ai perdu à Rivazza. » L'un et l'autre affichent une confiance identique pour la course.

Di Montezemolo et Todt, aux aguets.

Les deux anciens de Ferrari 1999, Eddie Irvine et Mika Salo, ont bénéficié d'un reste de ferveur des tifosi, qui leur font signer, à l'hôtel *Molino Rosso*, des photos de 1999. « Attendez un peu, il y aura du nouveau chez Jaguar dans cinq ou six courses », assure l'Irlandais, qui a conservé son studio à Milan en même temps que ses admiratrices. Salo, toujours aussi froid,

Hakkinen devant Michael Schumacher, duel immédiat.

Barrichello-Coulthard : les Italiens voient rouge.

s'entretient avec Sonia Irvine, qui rédige un article sur le rôle d'intérimaire de luxe chez Ferrari. Le Finlandais de Sauber n'est pas très prolixe.

A son retour dans son motor-home, Mika Hakkinen, chaleureusement félicité, a approuvé, dans un large sourire, Erja qui lui garantissait : « Mika, c'est aussi beau qu'à Monaco en 1999. » Un peu plus tard, le bras sur l'épaule de sa femme, Mika quitte le paddock en devisant tranquillement avec David Coulthard, non moins serein. Dennis et Haug, qui conversaient, les voient s'éloigner pensivement. Tout comme au sein de la Scuderia Ferrari, dimanche est attendu comme « un autre jour ».

Le dimanche matin, à 7 h 45, Jean Alesi gare sa Peugeot 406 dans un emplacement réservé. Le voyant, le conducteur d'une des navettes médias stoppe pile et, sur-le-champ, se fait photographier avec son idole. En rigolant, Alesi propose de conduire la navette. Éclat de rire général. L'espace d'une seconde, Alesi a oublié l'ambiance oppressante de son écurie. « Je ne comprends pas tout », a-t-il coupé, une fois pour toutes, comme un homme qui en sait trop.

A 13 h 40, Rubens Barrichello s'extrait de son cockpit, sur la grille. Il couvre quelques pas et répond, du bras, à tous les tifosi qui, en face des stands, le congratulent. Pour s'amuser, le Brésilien rythme du bras la musique militaire italienne qui évacue le site. Michael Schumacher est très concentré. Curiosité : sur les quatre pilotes des deux premières lignes, Hakkinen est le seul à avoir opté pour des Bridgestone tendres.

Au départ, Hakkinen, immédiatement en action, s'enfuit devant la meute. La Ferrari de Schumacher a coupé la trajectoire de la McLaren-Mercedes de Coulthard, obligé de se rabattre à la corde et de freiner, ce qui permet à Barrichello de la surprendre d'entrée. Au premier passage, Hakkinen mène devant Michael Schumacher avec 2"d'avance et le double sur le duo Barrichello-Coulthard. A leur premier ravitaillement, simultané (7"6 pour

Jacques Villeneuve, opiniâtre mais mal récompensé.

Hakkinen, 9"9 pour Michael Schumacher), le Finlandais préserve son avance sur l'Allemand. Alesi vient d'abandonner. « Ce renoncement nous concerne tous », lâche, laconiquement, Corrado Provera, qui en pense plus qu'il n'en dit.

Tout se joue entre Hakkinen et Michael Schumacher en quatre tours. Hakkinen ravitaille à 15 h 8 (44e tour) et Schumacher à 15 h 13 (48e tour). Entre-temps, sur ordre de Ross Brawn, l'Allemand a attaqué à fond pour se détacher. « Je suis à la limite », hurle-t-il dans sa radio. Mais Brawn et Todt n'en démordent pas.

A 15 h 34, en dépit d'un fulgurant retour de Hakkinen, Michael Schumacher obtient son « tiercé 2000 ». Imola bascule dans un rare bonheur. Sur le podium, l'Allemand apaise les sifflets contre Hakkinen et Coulthard et, mieux, les applaudit os-

Un gant qui sort d'un cockpit rouge, c'est gagné.

Michael Schumacher en chef d'orchestre casqué.

tensiblement. Luca Di Montezemolo a surgi, comme en 1999, au dernier moment dans le stand Ferrari. «J'y prends goût», s'amuse-t-il, en donnant l'accolade à Rory Byrne, trempé de champagne pour cause de mission sur le podium.

Un peu plus tard, Irvine ne décolère pas : « Barrichello est comme Michael Schumacher, il ne m'a pas laissé passer. » Le Brésilien, gêné par une sangle de cockpit mal ajustée, a couru avec les jambes tétanisées par des crampes. « C'est beau, un podium Ferrari en Italie », dit-il, songeur, en revoyant son leader. Coïncidence ou pas, Michael Schumacher tient un langage similaire. « A Imola, je suis comme à la maison. Les Italiens m'ont adopté. » Corinna l'attend, avec patience. «Je la voudrais tout le temps avec moi, mais, avec deux enfants, sa place est aussi au foyer», glisse Michael, sur une pulsion d'intimité.

Hakkinen a rappelé à Dennis et Haug : « Au moins, quand je peux finir, je sais que je ne suis pas loin des meilleurs. » C'est tout à fait ce qu'aime entendre l'environnement de Hakkinen. « Notre saison démarre enfin », estime Haug, qui réintégrera son bureau de Mercedes Motorsport sans raser les murs. Ce dimanche soir, Mika et Erja Hakkinen dînent en tête à tête dans une pizzeria anonyme des environs d'Imola. Le restaurateur présente au Finlandais une monoplace en pâte à pizza. « Si c'est une Ferrari, je la transforme en McLaren d'un coup de main », assure Hakkinen, détendu. A peu près au même moment, Heinz-Harald Frentzen, pas du tout triste d'avoir écourté (pas de sa responsabilité) son centième GP, découvre la petite Leia, dans une clinique de Nice.

Le lundi matin, en poussant la porte de son bureau, à Maranello, Jean Todt y trouve un aquarium avec des poissons rouges et gris. Sur une carte, Luca Di Montezemolo, le président de Ferrari, affirme : « Les poissons rouges mangent toujours les gris. Jamais l'inverse. » Todt sourit tout seul. Au debriefing général, il ne manquera pas de rappeler que la stratégie première de la Scuderia avait prévu de voir Michael Schumacher battre Hakkinen au départ. Ce perfectionniste-né n'est pas pleinement satisfait des événements.

Hakkinen-Michael Schumacher : contrastes.

GRAND PRIX DE GRANDE-BRETAGNE

4e MANCHE DU CHAMPIONNAT DU MONDE DES CONDUCTEURS 2000

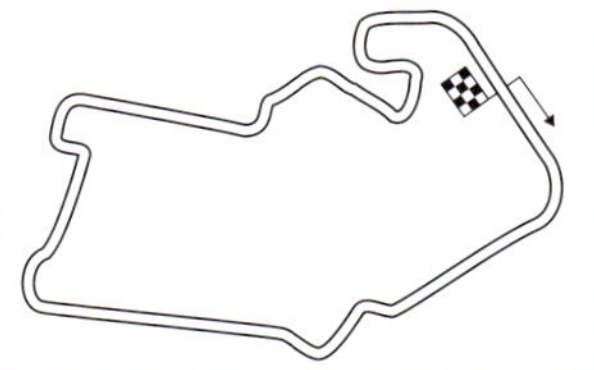

DATE : 23 avril 2000.
CIRCUIT : Silverstone.
DISTANCE : 60 tours de 5,141 km (depuis 1997), soit 308,289 km.
MÉTÉO : humide pour les essais, brumeux mais sec pour la course.
ENGAGÉS : 22. QUALIFIÉS : 22. PARTANTS : 22. ARRIVÉS : 15. CLASSÉS : 17.
VAINQUEUR : **David Coulthard** (McLaren-Mercedes) en 1 h 28'50''108 à 208, 266 km/h (nouveau record).
MEILLEUR TOUR : **Mika Hakkinen** (McLaren-Mercedes) : 1'26''217 à 214,663 km/h.
RECORD DU TOUR : **Michael Schumacher** (Ferrari) en 1997 : 1'24''475 à 219,047 km/h.

GRILLE DE DÉPART

BARRICHELLO (Ferrari) à 215,950 km/h	**1'25''703**	**1**	**Frentzen** (Jordan-Mugen-Honda)	1'25''706
Hakkinen (McLaren-Mercedes)	1'25''741	**2**	**Coulthard** (McLaren-Mercedes)	1'26''088
M. Schumacher (Ferrari)	1'26''161	**3**	**Button** (Williams-BMW)	1'26''733
R. Schumacher (Williams-BMW)	1'26''786	**4**	**Verstappen** (Arrows-Supertec)	1'26''793
Irvine (Jaguar-Ford)	1'26''818	**5**	**Villeneuve** (BAR-Honda)	1'27''025
Trulli (Jordan-Mugen-Honda)	1'27''164	**6**	**Fisichella** (Benetton-Playlife)	1'27''253
Diniz (Sauber-Petronas)	1'27''301	**7**	**Herbert** (Jaguar-Ford)	1'27''461
Alesi (Prost-Peugeot)	1'27''559	**8**	**Zonta** (BAR-Honda)	1'27''772
Heidfeld (Prost-Peugeot)	1'27''806	**9**	**Salo** (Sauber-Petronas)	1'28''110
De la Rosa (Arrows-Supertec)	1'28''135	**10**	**Wurz** (Benetton-Playlife)	1'28''205
Gené (Minardi-Fondmetal)	1'28''253	**11**	**Mazzacane** (Minardi-Fondmetal)	1'29''174

CLASSEMENT

1. **David Coulthard** (McLaren-Mercedes MP4/15) .... en 1 h 28'50''108 à 208, 266 km/h
2. **Mika Hakkinen** (McLaren-Mercedes MP4/15) .... à 1''477
3. **Michael Schumacher** (Ferrari F1-2000) .... à 19"917
4. **Ralf Schumacher** (Williams-BMW FW22) .... à 41''312
5. **Jenson Button** (Williams-BMW FW22) .... à 57''759
6. **Jarno Trulli** (Jordan-Mugen-Honda EJ10) .... à 1'19''273
7. **Giancarlo Fisichella** (Benetton-Playlife B200) .... à 1 tour
8. **Mika Salo** (Sauber-Petronas C19) .... à 1 tour
9. **Alexander Wurz** (Benetton-Playlife B200) .... à 1 tour
10. **Jean Alesi** (Prost-Peugeot AP03) .... à 1 tour
11. **Pedro Diniz** (Sauber-Petronas C19) .... à 1 tour
12. **Johnny Herbert** (Jaguar-Ford R1) .... à 1 tour
13. **Eddie Irvine** (Jaguar-Ford R1) .... à 1 tour
14. **Marc Gené** (Minardi-Fondmetal M02) .... à 1 tour
15. **Gaston Mazzacane** (Minardi-Fondmetal 02) .... à 1 tour
16. **Jacques Villeneuve** (BAR-Honda 002) .... à 4 tours (abandon)
17. **Heinz-Harald Frentzen** (Jordan-Mugen-Honda EJ10) .... à 6 tours (abandon)

ABANDONS

Jos Verstappen (Arrows-Supertec A21) : électronique (20 tours), alors 9e / **Pedro De la Rosa** (Arrows-Supertec A21) : électronique (26 tours), alors 21e / **Rubens Barrichello** (Ferrari F1-2000) : tête-à-queue suite à des pb de pression hydraulique (accélérateur et embrayage) (35 tours), alors en tête / **Ricardo Zonta** (BAR-Honda 002) : sortie (36 tours), alors 11e / **Nick Heidfeld** (Prost-Peugeot AP03) : chute de pression d'huile moteur (51 tours), alors 15e / **Heinz-Harald Frentzen** (Jordan-Mugen-Honda EJ10) : boîte de vitesses bloquée en 6e (54 tours), alors 4e, classé 17e / **Jacques Villeneuve** (BAR-Honda 002): boîte de vitesses (56 tours), alors 6e, classé 16e.

EN TÊTE

Barrichello : les 30 premiers tours et du 33e au 35e tour, soit 170 km.
M. Schumacher : du 36e au 38e tour, soit 15 km.
Frentzen : du 39e au 41e tour, soit 15 km.
Coulthard : les 31e et 32e tours et les 19 derniers tours, soit 108 km.

… Et revoilà Coulthard !

Un Finlandais, de surcroît champion du monde, ça ne craint pas le froid de son pays. De Nice, Mika Hakkinen et Erja se sont envolés pour Kippila, une agglomération de quelques milliers d'habitants perdue dans le nord de la Laponie. Dans le cadre d'une grande opération de communication de West, il s'agit pour les Hakkinen de couvrir quelques tours sur la piste (gelée) de Kippila dans la McLaren-Mercedes biplace. Mika conduit. Erja livrera ses impressions en direct à plusieurs télévisions scandinaves. Le thermomètre est largement au-dessous de zéro (–15°C).

Bridgestone a prévu et transporté deux trains de pneus (très) spéciaux (avec une rainure centrale très profonde). Le projet est séduisant, sa réalisation est ardue. Peu familiarisée avec les sensations de haute vitesse et d'adhérence limite, Erja est soudainement asphyxiée. Le vent lui coupe le souffle. Elle ne peut que balbutier quelques paroles éparses, au gré d'une vitesse pourtant contrôlée par son champion du monde de mari. Trois jours plus tard, Hakkinen arrive à Silverstone dans un épais anorak : « C'est aussi l'hiver ici. »

La veille, le mercredi 19 avril, les Hakkinen pénètrent avec Ron Dennis, Mansour Ojjeh, David Coulthard et leurs épouses dans l'immense Ballroom du *Dorchester Hotel*, à Parklane, au centre de Londres, pour le dîner de gala, en smoking, du cinquantenaire de la Formule 1 organisé par la FOA comme une œuvre de bienfaisance. Chaque table de douze couverts est facturée 500 000 francs aux écuries et aux sponsors. Personne ne s'est dérobé. C'est le genre de manifestation caritative, en strass et paillettes, dont raffolent les Anglais. A une vente aux enchères Luca Di Montezemolo gagne, avec un chèque de 200 000 francs, plusieurs tours de piste, avec Olivier Panis, dans la McLaren-Mercedes biplace. Il remet généreusement son lot en jeu. Le lendemain, le président de Ferrari rencontre Paul Skinner, le président de Shell Oil Products pour une prolongation de contrat jusqu'en 2005 pour 35 millions de dollars.

Hakkinen-Coulthard, enfin…

L'heure est aux commémorations. Pour le premier de tous les GP du championnat du monde, le 13 mai 1950, à Silverstone précisément, ils étaient neuf Anglais au départ (sur vingt et un pilotes) : Reg Parnell (Alfa Romeo), Peter Walker (ERA), Leslie Johnson (ERA), Bob Gerard (ERA), Cuth Harrisson (ERA), David Hampshire (Maserati), Geoffrey Crossley (Alta), David Murray (Maserati), Joe Fry (Maserati). Ces pionniers méritaient bien un coup de chapeau un demi-siècle après, alors qu'en ce week-end humide et venteux du British GP ils ne sont que quatre, l'Écossais David Coulthard, l'Irlandais Eddie Irvine, les Anglais Johnny Herbert et Jenson Button à entretenir la flamme de l'enthousiasme chez les spectateurs anglais.

Au cinquième étage d'Harrod's, à Knightsbridge, Irvine et Herbert animent la présentation d'une ligne de vêtements Jaguar, créée et commercialisée par Harrod's. Tous deux se défoulent. A leur manière. Irvine désacralise Silverstone : « Ici, je ne me considère pas à la maison. C'est plus excitant de vaincre en Italie qu'en Angleterre. » Il ne saurait oublier Michael Schumacher : « Avec lui, il n'y a pas la moindre place pour une parcelle d'amitié. Heureusement, mes années chez Ferrari m'ont amélioré dans tous les secteurs. » Il dévoile : « Avec Ross Brawn, c'est simple : il a un plan pour chaque tour de chaque GP. Il ne laisse aucune part à l'imprévu. Il n'est franchement pas romantique. » Bien entendu, il égratigne Herbert : « Johnny est gentil (*sic*), mais il est parfois loin. Ce n'est pas idéal pour Jaguar. » Du coup, Herbert riposte : « Pour information, je suis souvent plus rapide qu'Eddie. Je n'ai d'ailleurs aucune intention de me retirer. » En conclusion, il assène l'argument suprême : « Moi, au moins, j'ai gagné le British GP[1]. »

Pour Jenson Button, Melbourne, São Paulo et Imola n'étaient que des répétitions. Il attend ce rendez-vous de Silverstone avec autant d'impatience que de confiance. En trois GP, il a acquis une dimension exceptionnelle dans l'opinion publique. Avec un soupçon d'humour ironique, Patrick Head dit à son sujet : « C'est un phénomène analogue aux Spice Girls. » Compliment ou pas dans la bouche d'un homme austère, Button s'en moque. Il a enflammé l'Angleterre et il s'accommode au mieux du personnage qu'il est devenu.

Une semaine avant le GP, lors d'essais privés ici même, Humphrey Corbett, l'ingénieur de Prost-Peugeot, qui avait testé Button en décembre 1999 à Barcelone, s'est approché de lui : « Bravo, Jenson. Tu progresses très vite. » Button a remercié Corbett d'une bonne bourrade et ajusté son casque. Détail : Button a judicieusement modifié le design du casque qu'il a porté jusqu'à Imola (et qu'il avait en karting dès 1990, à 10 ans). Désormais, Button s'identifie fièrement avec le motif et les couleurs du drapeau de l'Union Jack. Plus Anglais que lui… Ses parents étant divorcés, Jenson réside à Bicester, avec son père John (56 ans). Pour ce GP, toute la famille formera bloc : Simone, sa mère, viendra à Silverstone avec ses trois sœurs, Natacha, Samantha, Tanya. De son côté, Jenson leur a promis « un petit moment ». En ajoutant : « Je ne sais ni quand ni comment. » La première fois que Jenson était venu à Silverstone, en 1992, il partageait une caravane, garée devant l'entrée du circuit, avec ses parents. « Il rêvait de course », se souvient John Button.

1. Le 16 juillet 1995, sur une Benetton-Renault.

Button : idolâtrie naissante.

En ce mois d'avril 2000 – incroyablement pluvieux –, Button ne s'appartient plus. Depuis le 24 janvier 2000, date de son engagement chez BMW-Williams, ses deux managers, Harald Huysmans et David Robertson, ont poussé les feux. Autant Huysmans gère ses activités sportives (il a obtenu 3 500 000 francs de Frank Williams pour cette première saison), autant Robertson a-t-il transformé son nom, en peu de temps, en une valeur-or du marketing sportif anglais. Outre ses accords directs avec Compaq, Button a signé un contrat personnel avec les rasoirs Braun (pour 3 millions de francs), possède déjà une ligne de vêtements de loisir à son nom (pour une garantie de base de 2 millions de francs), une série spéciale de mobiles (chez Nokia), etc. D'ailleurs, Robertson a garanti tous azimuts, y compris au *Financial Time*, que le marketing de Button vaudrait au moins 6 millions de dollars (42 millions de francs) fin 2000. « Et ce ne sera qu'une première étape », a estimé Robertson. « Quand même, le vrai challenge de Jenson n'est pas de vendre des tee-shirts ou des casquettes, c'est de remporter des courses », grommelle Head.

En attendant, Button, toujours coiffé d'une casquette de base-ball, a poussé, comme d'habitude, la porte de son club de Leicester Square où il s'entraîne assidûment, en dehors des essais et des GP. Son préparateur personnel, Stewart Wilde, s'emploie à lui développer en priorité les muscles du cou. Il ne s'est pas soustrait à une invitation de la BBC pour la première de *Scream 3*, dans un cinéma qui jouxte son club. Pour l'occasion, Jenson, passé chez le coiffeur d'Harrod's, était accompagné de Kimberley Keay (19 ans), son amie de cœur. Sa vie ayant été jetée en pâture à l'opinion par les tabloïds anglais, on a appris que le prénom de Jenson a été choisi par son père en souvenir d'un ami de rallye-cross, Erling Jensen. Il évoque généreusement sa première voiture, une Vauxhall Cavalier bleue et, avisé, ne s'attarde pas sur sa Ferrari 355 jaune.

En 1999, Jenson assistait au British GP, avec son père, dans une tribune à Stowe : « Il ne m'en reste qu'une image. Celle de l'accident de Michael Schumacher qui s'est passé juste devant moi. » Moins d'un an plus tard, Button retrouve Stowe côté piste. Devant cette coïncidence – un cadeau de la destinée, évidemment ! –, les chaumières anglaises fondent en larmes. Plus on s'agite autour de lui, plus, par réaction et contraste, Button garde la tête froide. Head a observé : « Ce garçon a un grand talent, mais il ne faut pas le détruire. » Frank Williams lui a conseillé : « Prends Michael Schumacher comme exemple. » Button a souvent répété ces propos. Peut-être par besoin de s'en persuader.

Entre Birmingham – où il a atterri – et Silverstone, Michael Schumacher, accompagné par Jean Todt, fait un crochet par le Northampton General Hospital. Par réflexe de reconnaissance envers ceux qui, le 11 juillet 1999, l'avaient recueilli et soigné. Il invite quatre d'entre eux, les docteurs et chirurgiens Joan Rumsey, Denise Sweeney, Bill Ribbons et Ian Sears, à passer le week-end dans le stand Ferrari. « C'est un drôle de monde », leur a-t-il annoncé en riant. Impassibles, les quatre praticiens ne perdront rien du spectacle privilégié à eux offerts.

Impassible, Michael Schumacher ne l'est pas resté à son arrivée dans le paddock. Le 13 avril, Ricardo Zonta n'avait pas évité un terrible crash à 300 km/h, compliqué d'une voltige, en essais privés à Stowe. Au nom de ses pairs, l'Allemand se rend sur les lieux, examine les dispositifs de sécurité, pose beaucoup de questions et reçoit autant de réponses. Satisfaisantes, c'est une autre histoire. « Malgré toutes les mesures possibles, on ne peut jamais être sûr à 100 % », relativise-t-il. En une douzaine de mois (Interlagos et Spa 1999, Silverstone le 13 avril 2000), Zonta est passé au travers de trois graves sorties de piste.

Du côté de la météo, rien ne va. Le ciel de Silverstone est obstinément pluvieux. Une camionnette de Météo France s'est garée sur un parking lointain. Avec deux techniciens qui prévoient le temps, à court terme et à la minute près, en exclusivité pour Ferrari. Laura Dondona, une Italienne spécialisée dans la logistique, assure la liaison Météo France-Ferrari en permanence. « Ne comptez pas sur un rayon de soleil, ce week-end », a-t-elle prédit.

Le paddock traîne une morosité de mauvais aloi. Jusqu'à maintenant, le slogan « The cat is back » n'était qu'une déclaration d'intentions. Ce jeudi 20 avril, le Jaguar a pris son envol sous la forme d'un fauve en fibre de carbone bondissant dans les airs, au-dessus d'un motor-home géant, évalué à 220 millions de francs. Effet négatif garanti. En passant devant, Giancarlo Minardi et Gabriele Rumi, les copropriétaires de Minardi, gémissent : « Avec un truc pareil, on pourrait doubler notre budget. » Pierre Dupasquier ne s'étonne pas : « Ford engrange des millions de dollars de bénéfices. Cet engin-là ne coûte pratiquement rien. »

Quand ils prennent la piste, pour les essais libres, les pilotes plongent dans le cauchemar. Aucune adhérence, bordures

Ce Jaguar ne bondira qu'un seul week-end.

boueuses, visibilité déficiente. A quoi bon rouler ? Au briefing des pilotes, en présence de Charly Whitting, Michael Schumacher, avant-dernier, suggère qu'en cas de persistance du mauvais temps les essais aient lieu derrière une voiture de sécurité.

La réunion tourne brusquement à l'aigre quand Jacques Villeneuve, très remonté, interpelle Michael Schumacher à propos de sa manœuvre de départ à Imola. Pris de court, l'Allemand discerne en Villeneuve le porte-parole de Coulthard. Répliquant à Villeneuve, Schumacher n'ose pas se tourner vers Coulthard. La ficelle aurait été trop grosse. Dans ce débat bref et intense, Irvine se joint à Villeneuve et Coulthard. Seul, Jean Alesi adopte ouvertement le parti de Michael Schumacher. Malaise : des lignes de forces se dessinent au sein des pilotes. Ça ne fait que commencer.

*
* *

Au calme sous l'auvent de Gauloises, Jean Alesi regarde le vide. Ses pensées vagabondent ailleurs. Ce maître de la pluie

Michael Schumacher, du rouge sous la pluie.

Zonta, Diniz, Barrichello : jour d'histoire.

LES BRÉSILIENS, 500 ANS APRÈS...

Le 22 avril 1500, le navigateur portugais Pedro Alvarez Cabral posait le pied sur le sol brésilien. Selon une formulation répandue, Cabral avait *découvert* le Brésil, future nation de 165 millions d'habitants.

Pour tous les Brésiliens répartis dans le monde, cette date du 22 avril 2000 était solennelle : ils existaient officiellement en tant que pays souverain depuis cinq siècles.

Dans ces moments humides et glacés de Silverstone, les Brésiliens du British GP étaient heureux et fiers de se retrouver ensemble. Rubens Barrichello (29 ans), Pedro Diniz (30 ans) et Ricardo Zonta (24 ans) se réunirent devant un drapeau brésilien. L'ensemble du paddock leur réserva spontanément ses compliments.

Après tout, le Brésil a tellement donné à la Formule 1, notamment trois brillants champions du monde, Emerson Fittipaldi, Nelson Piquet et Ayrton Senna, qu'il méritait bien de fêter ses cinq siècles, jour pour jour, dans un berceau de la Formule 1.

ne se sent pas au mieux. « Ces qualifications, on devrait les jouer à la loterie. Au moins, on s'en remettrait tous au même hasard », soupire-t-il, en état d'inquiétude personnelle et de doute sur le potentiel de sa machine. Une heure plus tôt, Eddie Jordan a lâché : « Mon grand regret, en Formule 1, ce sera de ne pas avoir travaillé avec Alesi. » Ce dernier enregistre la phrase avec un petit sourire : « Après tout, il aurait pu s'en rendre compte plus tôt. »

Pendant une éclaircie précaire, Ron Dennis avoue : « Je suis anglais et je ne me souviens pas de deux semaines de pluie comme ça. » Jackie Stewart surenchérit : « En 1973, j'avais gagné ici l'International Trophy Daily Express sous la neige. » Un léger vent frisquet repousse les averses. Il n'y a pas une minute à perdre. 13 h 4 : Verstappen entre en piste, 1'34"839. 13 h 5 : Barrichello s'envole, 1'32"639. 13 h 10 : Ralf Schumacher, 1'31"755. 13 h 11 : Heinz-Harald Frentzen, 1'31"510. Après les broutilles, du solide. 13 h 16 : Hakkinen, 1'29"638. Et du plus sérieux, à 13 h 22 avec Barrichello en 1'28"638, une vraie performance de référence.

13 h 40 : Villeneuve attaque à fond, 1'27"965. Désormais, cette grille de départ entre dans le vif de son propre sujet. 13 h 41 : Coulthard tourne en 1'27"874. Les trois champions du monde du peloton enchaînent : à 13 h 42 avec Michael Schumacher, 1'27"304, à 13 h 43 avec Hakkinen, 1'27"209 et, enfin, à 13 h 51 avec Villeneuve, 1'27"025. Néanmoins, rien n'est figé. Les ultimes assauts s'extériorisent. 13 h 56 : Irvine jaillit en 1'26"818. 13 h 57 : Verstappen surgit en 1'26"793. 13 h 59 : Frentzen arrive en 1'25"786, quasiment certain d'une pole qui ne peut plus, en théorie, lui échapper. Sa conviction n'est qu'une fulgurance.

Dans la même minute, à 13 h 59'54", en apothéose, Barrichello, souverain, éclipse tout le peloton en 1'25"703. Une explosion de joie secoue Ferrari. Hilare, Barrichello tombe dans les bras de deux supportrices de charme, sa femme Silvana et sa belle-sœur Renata Galfione, arrivée en droite ligne de São Paulo. Avant le rituel de ses obligations médiatiques, Barrichello lance : « Tu vois, je suis aussi bon que Felipe. » Cette énigme n'en est pas une : en réalité, Felipe Galfione n'est autre que son beau-frère. Lequel vient de monter sur le podium de Long Beach, en Formule Indy.

Barrichello a bien trompé tout le monde, en réalisant un grand exploit à l'état pur. Chez Ferrari, depuis 1996, Michael Schumacher a signé treize pole positions, Barrichello en obtient une à son quatrième GP et, déjà, devance Irvine, immobile à zéro pole en quatre saisons (1996-1999). Après trois pole consécutives, Hakkinen est évidemment déconte-

Frentzen et Eddie Jordan : comme des enfants.

Barrichello devant Frentzen, ça ne va pas durer.

nancé. « Rubens va servir de tampon à Michael », croit-il, sous le regard de Coulthard, à l'affût en deuxième ligne au côté d'Hakkinen.

En moins d'une seconde, Eddie Jordan a vécu la griserie d'une pole, avec Frentzen, et la résignation d'une première ligne, avec le même Frentzen. « C'est du costaud », affirme l'Irlandais. Frentzen s'amuse avec une voiture d'enfant, une McLaren à mini-ailerons pour sa fille Leia. Jenson Button n'est pas ému de se situer à côté de Michael Schumacher : « Je n'ai pas le temps d'avoir des états d'âme. » Le mutisme de l'Allemand de Ferrari intrigue. Coulthard donne le mot de la fin : « Avec cette pluie, Barrichello va se sentir stimulé. » C'est, sans doute, ce que redoute Michael Schumacher.

Le paddock se vide prestement. Nul n'a envie de s'y attarder. Coïncidence : Ferrari et McLaren se partagent le même hôtel, le *Whithlebury*, dans un golf qui cerne le circuit. La décontraction de Barrichello est un enchantement, qu'il partage avec Silvana et Renata. Michael Schumacher n'est pas franchement satisfait de son sort. Selon une rumeur, Barrichello ne recevrait pleine liberté de manœuvre – et surtout de gagner – qu'à la seule condition de battre Hakkinen. Ce raisonnement n'est pas dénué de vraisemblance.

Ce dimanche, un brouillard tenace entoure Silverstone. Les hélicoptères ne décollent pas. De gigantesques bouchons obstruent toutes les voies d'accès au circuit. Les automobilistes sont furieux, les policiers sur les dents et les organisateurs accablés par les circonstances. Le warm-up a été retardé d'une centaine de minutes. Pour tromper le temps, ils sont trois dans le motor-home Honda à remonter le cours des années : Nobuhiko Kawamoto, l'ancien président de Honda, inconditionnel de la Formule 1, disserte sur l'état des forces 2000 en comparaison avec les années 60 et 80, avec Claude Sage, le président de Honda Suisse, et l'ingénieur Ron Tauranac. Villeneuve a respectueusement salué Nobuhiko Kawamoto.

Aucune hésitation pour les pneus : sur la grille de départ, ils sont tous en Bridgestone pour piste sèche. En théorie, la pluie épargne le GP. Barrichello, lui, n'épargne personne à l'extinction des feux. Le Brésilien part droit devant Frentzen, Coulthard, Hakkinen, Button, Villeneuve, Ralf

Jacques Villeneuve, encore une belle démonstration... pour rien.

et Michael Schumacher, etc. En cinq tours, Barrichello possède 13"d'avance sur son équipier allemand. Les deux Ferrari sont, quand même, séparées par Frentzen, Coulthard, Hakkinen, Button, Ralf Schumacher, Villeneuve, les mêmes six qu'au premier tour.

Les ravitaillements aidant, Coulthard s'empare, brièvement, du commandement à la mi-course, peu avant un tête-à-queue fatal de Barrichello, avant de s'abriter ensuite derrière Michael Schumacher et Frentzen. Son option d'un unique ravitaillement porte ses fruits. Quand Coulthard revient en tête, il ne lâche rien. A 15 h 29, en enlevant son deuxième British GP consécutif, Coulthard est sorti de la tempête pour égaler Nigel Mansell, double vainqueur 1991-1992. «Je n'en demandais pas plus. En 1999, j'avais déjà usé mon rêve de vainqueur du British GP. De là à penser que je pourrais recommencer... » se réjouit-il, en félicitant Mika Hakkinen. Le Finlandais n'a eu aucune peine à contenir Michael Schumacher, à distance respectueuse, en train de se frotter sans ménagement avec son frère Ralf pendant quelques tours.

En bon Allemand, dans le parc fermé, Norbert Haug s'empresse d'aller féliciter les deux Schumacher. En pensant qu'après tout leur opposition pourrait faire le jeu de McLaren-Mercedes. A peine descendu du

Coulthard, le plus heureux de ce trio d'élite.

podium, Coulthard reçoit sur son mobile un appel de Jurgen Hubbert. L'Écossais révélera ensuite : « Il m'a dit de ne surtout pas me tracasser pour mon avenir dans l'écurie. » C'est une réponse ferme (et circonstanciée) aux sollicitations externes qui convergent sur Coulthard, en fin de contrat. Deuxième du championnat du monde, il figure en priorité dans les plans 2001 de BAR, Jordan, Benetton et surtout Jaguar.

Dans un coin du motor-home Ferrari, Barrichello remâche sa déception. Il ne comprend ni son erreur de dérapage ni ses problèmes de pression hydraulique. Jean Todt l'a réconforté. Pour la première fois cette saison, l'ambiance est plutôt mesurée. « Un dimanche de calme, j'avais oublié ce que c'était », confie Sabine Kehm, l'attachée de presse personnelle de Michael Schumacher, lequel affiche une sérénité à toute épreuve. Pour un peu, à quelques mètres de là, chez BMW-Williams, on aurait sorti les magnums de champagne. « Ce n'est pas encore le genre de la maison », tempère Gerhard Berger, directeur sportif comblé. « Avec Ralf et Jenson, nous avons parié sur la jeunesse. Pour une écurie en devenir, c'est le choix le plus intéressant », reprend-il. Pendant que Ralf, intarissable, s'épanchait avec des médias allemands, Jenson, plus flegmatique, racontait son départ pour la dixième fois. Au moins. « Je n'ai pas tourné une seule fois la tête vers Michael. Mais je le surveillais totalement. Mon ambition, c'était de passer à Stowe devant lui. J'y suis parvenu tellement facilement que j'ai failli me déconcentrer. »

Le 11 juillet 1999, à Stowe, Button avait vu, de sa tribune, la Ferrari de Michael Schumacher en perdition. Le 23 avril 2000, toujours à Stowe, Button avait la Ferrari de Michael Schumacher dans son rétroviseur. En cet endroit, l'Anglais s'accomplissait. L'Allemand, lui, exorcisait ses maléfices passés. Pour tous deux, Stowe était un cap de carrière.

Norbert Haug-Coulthard : grand soulagement.

David Coulthard comblé : le trophée et Heidi.

GRAND PRIX D'ESPAGNE

5e MANCHE DU CHAMPIONNAT DU MONDE DES CONDUCTEURS 2000

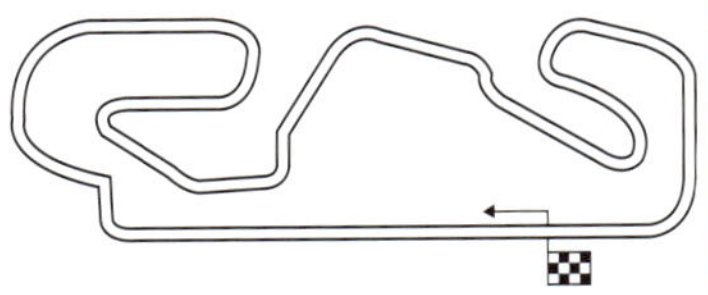

DATE : 7 mai 2000.
CIRCUIT : de Catalogne à Montmelo (Barcelone).
DISTANCE : 65 tours de 4,730 km (depuis 1995), soit 307,323 km.
MÉTÉO : beau et chaud, bien que nuageux.
ENGAGÉS : 22. QUALIFIÉS : 22. ARRIVÉS : 16. CLASSÉS : 17.
VAINQUEUR : **Mika Hakkinen** (McLaren-Mercedes) en 1 h 33'50"390 à 196,324 km/h.
MOYENNE RECORD : **Jacques Villeneuve** (Williams-Renault) en 1997 à 200,314 km/h.
MEILLEUR TOUR : **Mika Hakkinen** (McLaren-Mercedes) : 1'24"470 à 201, 586 km/h.
RECORD DU TOUR : **Giancarlo Fisichella** (Jordan-Peugeot) en 1997 : 1'22"242 à 206, 960 km/h.

GRILLE DE DÉPART

M. SCHUMACHER (Ferrari) ❶ **à 210,289 km/h**	**1'20"974**	1	**Hakkinen** (McLaren-Mercedes)	1'21"052
Barrichello (Ferrari)	1'21"416	2	**Coulthard** (McLaren-Mercedes)	1'21"422
R. Schumacher (Williams-BMW)	1'21"605	3	**Villeneuve** (BAR-Honda)	1'21"963
Trulli (Jordan-Mugen-Honda)	1'22"006	4	**Frentzen** (Jordan-Mugen-Honda)	1'22"135
Irvine (Jaguar-Ford)	1'22"370	5	**Button** (Williams-BMW)	1'22"385
Verstappen (Arrows-Supertec)	1'22"421	6	**Salo** (Sauber-Petronas)	1'22"443
Fisichella (Benetton-Playlife)	1'22"569	7	**Herbert** (Jaguar-Ford)	1'22"781
Diniz (Sauber-Petronas)	1'22"841	8	**Zonta** (BAR-Honda)	1'22"882
Alesi (Prost-Peugeot)	1'22"894	9	**Wurz** (Benetton-Playlife)	1'23"010
Heidfeld (Prost-Peugeot)	1'23"033	10	**Gené** (Minardi-Fondmetal)	1'23"486
Mazzacane (Minardi-Fondmetal) ❶	1'24"257	11	**De la Rosa** (Arrows-Supertec) ❷	1'22"185

CLASSEMENT

1. **Mika Hakkinen** (McLaren-Mercedes MP4/15)	en 1 h 33'55''390 à 196,324 km/h
2. **David Coulthard** (McLaren-Mercedes MP4/15)	à 16''066
3. **Rubens Barrichello** (Ferrari F1-2000)	à 29''112
4. **Ralf Schumacher** (Williams-BMW FW22)	à 37''311
5. **Michael Schumacher** (Ferrari F1-2000)	à 47''983
6. **Heinz-Harald Frentzen** (Jordan-Mugen-Honda EJ10)	à 1'21''925
7. **Mika Salo** (Sauber-Petronas C19)	à 1 tour
8. **Ricardo Zonta** (BAR-Honda 002)	à 1 tour
9. **Giancarlo Fisichella** (Benetton-Playlife B200)	à 1 tour
10. **Alexander Wurz** (Benetton-Playlife B200)	à 1 tour
11. **Eddie Irvine** (Jaguar-Ford R1)	à 1 tour
12. **Jarno Trulli** (Jordan-Mugen-Honda EJ10)	à 1 tour
13. **Johnny Herbert** (Jaguar-Ford R1)	à 1 tour
14. **Marc Gené** (Minardi-Fondmetal M02)	à 2 tours
15. **Gaston Mazzacane** (Minardi-Fondmetal M02) ❸	à 2 tours
16. **Nick Heidfeld** (Prost-Peugeot AP03)	à 3 tours
17. **Jenson Button** (Williams-BMW FW22)	à 4 tours (abandon)

ABANDONS

Pedro Diniz (Sauber-Petronas C19) : tête-à-queue (0 tour) / **Pedro De la Rosa** (Arrows-Supertec A21) : accrochage avec Alesi (1 tour), alors 18e / **Jean Alesi** (Prost-Peugeot AP03) : accrochage avec De la Rosa (1 tour), alors 17e / **Jacques Villeneuve** (BAR-Honda 002) : pb d'accélérateur hydraulique et début d'incendie (21 tours), alors 6e / **Jos Verstappen** (Arrows-Supertec A21) : pb électronique de BV (25 tours), alors 8e / **Jenson Button** (Williams-BMW FW22) : casse moteur (61 tours), alors 6e, classé 17e.

EN TÊTE

M. Schumacher : les 23 premiers tours et du 27e au 41e tour, soit 180 km.
Hakkinen : du 24e au 26e tour et les 24 derniers tours, soit 127 km.

❶ **M. Schumacher :** part avec le mulet et **Mazzacane**, sur la voiture de réserve préparée pour Gené.
❷ **De la Rosa :** rétrogradé en fond de grille, suite à un prélèvement d'essence non conforme.
❸ Pénalité de 10'' : **Mazzacane :** pour non-respect des drapeaux bleus.

Hakkinen dans son jardin

Lyon-Satolas : l'épave du Lear Jet 35, peu après le crash.

Ce samedi soir 29 avril, David Coulthard a les yeux fixés sur un carré de lumière au milieu du Madison Square Garden. A côté de lui, sa fiancée Heidi Wichlinski est tout aussi captivée. Coulthard s'est offert un voyage éclair à New York pour le championnat du monde des poids lourds entre l'Anglais Lennox Lewis et son challenger, l'Américain Michael Grant. De l'autre côté du ring, la chevelure argentée de Giovanni Agnelli, le patriarche de l'empire Fiat, est aisément repérable. Quelques heures d'avion Londres-New York-Londres pour un spectacle de moins de 2', Coulthard n'en a cure.

Le mardi 2 mai, à 12 h 40, Coulthard s'embarque à Farnborough dans un Lear Jet 35 avec Heidi et son soigneur Andy Matthews. Cet appareil appartient à son ami et compatriote David Murray, le président des Glasgow Rangers. Coulthard serre la main des deux pilotes, David Saunders et Dan Worley, qu'il ne connaissait pas. Le plan de vol prévoit un atterrissage à Nice en début d'après-midi. Tout se présente bien. Coulthard aspire à une brève récupération, avant le GP d'Espagne, dans sa résidence *Le Raphanel*, à Monaco, qui abrite aussi Rubens Barrichello et Alessandro Nannini.

En apprenant, à 14 h 30, en plein vol, que le Lear Jet doit faire une escale technique à Lyon-Satolas, en raison d'un incident moteur, Coulthard ne se trouble pas. La brutale décélération de l'avion, dans la seconde qui suit, l'alerte aussitôt. Il y a urgence à bord et, aussi, au sol.

A 14h40, c'est le crash, dans toute son horreur. Le Lear Jet percute le sol, le nez en avant, la cabine en flammes. Les copilotes sont tués sur le coup. Le premier à jaillir de la carlingue disloquée a été Moody, le fox-terrier d'Heidi, expédié dehors sans ménagement. Heidi Wichlinski, David Coulthard et Andy Matthews ont bondi sur le bitume de Satolas. Un commando de secouristes et de pompiers attendait l'avion en perdition. Imperturbable, les traits altérés, Coulthard ouvre son mobile et téléphone, en premier, à ses parents, Joyce et Duncan, en vacances en Espagne. Il leur raconte, par le menu – « Je suis sorti par la fenêtre » –, un accident qu'ils ignoraient. L'Écossais appelle ensuite Ron Dennis.

Dès lors, les médecins français entrent en lice. Coulthard et ses compagnons de voyage veulent rallier, au plus tôt, la Principauté par la route. Ils sont transportés, au préalable, en ambulance à l'hôpital Édouard-Herriot pour une série d'examens cliniques et de radiographies. Pendant ce temps, à Woking, chez McLaren, et à Unterturckheim, chez Mercedes, l'émotion le dispute au soulagement et à la stupéfaction. A Vufflens-le-Château, Michael Schumacher s'est immédiatement manifesté. En cherchant d'abord à joindre Coulthard sur son mobile, obstinément saturé, puis en téléphonant directement à Norbert Haug. A 18h20, Coulthard, Matthews et Heidi Wichlinski quittent l'hôpital Édouard-Herriot. Cap sur Monaco.

Ce soir-là, sur la Côte d'Azur, Coulthard savoure le prix de l'existence avec une intensité accrue. Après quatre-vingt-quatorze GP depuis 1994, il n'avait jamais encore frôlé la mort d'aussi près. Ni surtout éprouvé cette dramatique sensation d'impuissance que détestent, dans l'absolu, les pilotes, tous avides de maîtriser leur

Coulthard, quelques mots, rien de plus.

destinée. Premier à réagir, Jackie Stewart a promis : « David, tu seras un homme neuf à Barcelone. » Rubens Barrichello avoue : « J'ai frissonné devant l'épave de l'avion. »

En gros, une évidence élémentaire prend forme : Coulthard doit impérativement courir à Montmelo. Il faut susciter au plus vite en lui la réaction positive qui suit une situation passive devant un accident. Son écurie protège Coulthard. Très discrètement, Norbert Haug a contacté un éminent psychologue du sport, le professeur Henning, qui viendra à Barcelone sans que sa présence ne soit mentionnée. En interne, le professeur Henning explique : « Coulthard doit atténuer les effets du choc dans le travail. Quand un être humain voit la mort de si près, il se donne, tout seul, un surcroît de vie. »

Pour le moment, Ron Dennis envisage prosaïquement avec Martin Brundle et Ian Cunningham, les conseillers de Coulthard, l'acheminement de son pilote vers Montmelo et, surtout, ses contacts avec les médias. La concertation est dense. L'implication du professeur Watkins, au demeurant strictement réglementaire, ne servira que de caution médicale limitée pour Coulthard. Dans ce type de péripétie, le mental est à soigner en priorité. Ce jeudi matin 4 mai, moins de quarante-huit heures après Satolas, Coulthard monte, à Nice, dans un Challenger IV, aux couleurs de TAG. A 12h35, il se pose à Barcelone dans la zone d'aviation d'affaires. Une berline noire Mercedes le transporte vers Montmelo. L'Écossais aborde l'ultime phase de son compte à rebours du GP d'Espagne. « Il s'était bien préparé tout seul », analysera, ensuite, Brundle.

Effectivement, un peu contracté, Coulthard se maîtrise au mieux. Dans une déclaration liminaire aux médias, il explique, en 4', qu'il ne reviendra pas, ce week-end, sur cet accident. Il se soumet ensuite au rituel d'un examen (sommaire) du professeur Watkins qui le définit « apte à courir ». C'est maintenant que s'amorce le travail psychologique de remise en état pour une activité sportive à hauts risques. Coulthard ne quittera sa retraite du motor-rhome McLaren que pour l'ultra aseptisé *Hotel Artz*, dans la zone portuaire de Barcelone.

Tout est entrepris pour « dédramatiser »

Coulthard lui-même. Le professeur Watkins avoue qu'il a pris la température de Coulthard et regardé son fond de l'œil avec une conviction (déjà) établie. Jackie Stewart assure : « Les pilotes sont des animaux étranges avec un cerveau divisé en plusieurs secteurs. David n'oubliera jamais l'accident, mais il le mettra de côté. Il s'interdira, à l'avance, toute excuse de ne pas atteindre son maximum. » Le professeur Henning a recommandé que le personnel de l'écurie se comporte normalement avec Coulthard : « Pour que les automatismes professionnels l'emportent chez lui. »

Curiosité chez Jaguar : l'animal qui bondissait sur le toit du motor-home est resté en Angleterre. Définitivement. A 16 h 5, ce jeudi, négligemment appuyé sur un rebord de bar et, symboliquement, adossé à la paroi du motor-home, Neil Ressler, vice-président Recherche et Technologie de Ford, annonce à la fois le semi-départ de Jackie Stewart, désormais affecté à la coordination des sponsors, le retrait temporaire de Paul Stewart (pour cause de traitement d'un cancer à Boston) et son autonomination comme directeur exécutif de l'écurie. Souriant, Ressler se veut apaisant et fédérateur. Ses collaborateurs de Jaguar sont crispés.

Pourtant, la sécurité de l'emploi existe. L'investissement de Jaguar en Formule 1 repart de plus belle, sur un budget confirmé de 175 millions de dollars (1,225 milliard de francs). Le projet d'une soufflerie et l'augmentation des effectifs (de 290 à 320 personnes) de l'écurie restent acquis. Une Stewart-Ford de 1999 a été livrée à Michelin pour les essais expérimentaux. « C'est un deuxième départ », estime Ressler. Eddie Irvine est passé en coup de vent. Johnny Herbert s'est attardé, les traits figés. Les pilotes se gardent de tout commentaire sur cette restructuration.

Une restructuration, Prost Grand Prix ne paraît pas devoir y échapper, à terme. L'ombre du retrait de Peugeot plane de

Neil Ressler en quelques mots, lui aussi...

plus en plus sur une collectivité bleue minée par le doute. Pour la première fois, Corrado Provera révèle le processus de communication de la décision de Peugeot pour 2001 : « Nous ne ferons pas d'annonce sur un circuit. Nous voulons que toute l'équipe soit réunie. De préférence à Vélizy, au siège de Peugeot Sport. » Cet exposé a le mérite de la clarté. Quelques irréductibles optimistes, à Vélizy ou à Guyancourt, perdent leurs dernières illusions. Treize GP figurent encore au programme 2000. En aparté, Provera, très désabusé, ne s'attend pas à de grandes performances ici (« à cause de l'aérodynamique ») et avoue : « Notre réservoir d'alibis pour expliquer la situation se tarit. » L'allusion est limpide.

Depuis trois semaines, Eddie Jordan était revenu à la charge auprès de Provera. « Au nom de jadis », a rigolé l'Irlandais en rappelant les années 1995 (21 points), 1996 (22 points) et 1997 (33 points). Maintenant, Jordan ne plaisante plus. Le départ (à terme) de son ingénieur Mike Gascoyne chez Benetton (et Renault) paralyse son écurie. Hirotoshi Honda a demandé, aussitôt, des explications. Et Jordan a promis que Gascoyne n'aurait pas accès aux plans de la machine 2001. Simultanément, Benetton est touché, de plein fouet, par « l'effet Gascoyne » dans la

CES MESSIEURS DE TOYOTA...

En janvier 1999, Hiroshi Okuda, le président de Toyota Motor Corporation, annonçait l'entrée de Toyota en Formule 1 en 2002 avec une écurie complète. Depuis lors, on ne savait que peu de chose de ce projet qui valorisait considérablement l'industrie japonaise.

Pour la première fois depuis cette date, le Suédois Ove Andersson, président de Toyota Motorsport, s'aventure sur un GP, en compagnie de quelques hauts dirigeants, le vice-président Shinichi Kato en tête. Il s'agissait pour les Japonais de se forger leurs propres impressions sur la Formule 1, ses exigences et son environnement.

Cette visite dans le paddock, avec Bernie Ecclestone, est assez superficielle. Qu'importe. Ove Andersson, qui fut en 1972 à l'origine de l'écurie Toyota de rallye, tenait à y impliquer l'état-major de Toyota Motor Corporation. Pour obtenir une certaine autonomie dans l'avancement d'un projet élaboré à Cologne et sur lequel Toyota n'a que fort peu communiqué jusqu'à présent.

Le soir du GP d'Espagne, Ove Andersson et ses amis japonais s'envolent pour Tokyo. Pour une évaluation affinée des moyens à consacrer d'ici 2002.

Todt parle, Michael Schumacher écoute.

mesure où les ingénieurs en place, autour de Pat Symonds, se sentent fragilisés. « Les grands techniciens ont des idées et des calculs qu'ils mettent à la disposition de leurs employeurs, quitte à les emporter dans leur tête », a soufflé Jordan à Provera. Côté moteur, Jordan ne compte plus sur le Peugeot.

Retour en arrière. Une semaine plus tôt, en clôture des essais privés quasi permanents qui se déroulent à Montmelo, Michael et Ralf Schumacher s'étaient partagé le premier rang de cette grille (imaginaire). Les deux frères avaient quitté l'Espagne dans le Challenger de Michael qui, sur la route de Genève, avait consenti un détour par Nice pour y déposer Ralf. Curieusement, ce vendredi 5 mai, d'emblée, Michael, 1'21"982, et Ralf Schumacher, 1'22"509, conservent le commandement. Willi Weber, leur agent commun, en remet un peu : « Ils sont frères et pilotes. Michael est relativement patient. Mais Ralf veut tout et tout de suite. Ils ont des intérêts d'image partagés et ne sont pas, entre eux, des adversaires comme les autres. »

Les contorsions de raisonnement de Weber sont partagées par l'entourage de Ralf. Et pour cause. Frank Williams est formel : « Ralf est aussi rapide en course que Michael. Sous peu, nous menacerons Ferrari et McLaren. » Gerhard Berger, qui a affronté les deux frères sur la piste, émet une opinion complémentaire : « Ralf est frais, ouvert et jovial. Michael est fermé et plus compliqué. »

En cette fin de journée du vendredi, comme il le fait fréquemment, Ralf s'installe sous l'auvent Ferrari avec Michael. Ce dialogue en zone rouge (et pas neutre) a été instauré par les deux Schumacher sans que personne ne s'en offusque. Ce soir, Michael dîne dans le motor-home Ferrari. Ralf s'éloigne en direction de l'*Hotel Alpha Vallès.*

Les conditions d'une progression dans leur affrontement en qualifications existent, en grandeur nature. Frères de sang devenus frères de métier, les Schumacher ne s'étaient pas ménagés à Silverstone.

*
* *

En dépit d'un revêtement très abrasif, ce tracé de Montmelo, fréquemment balayé par des vents contraires, est le dénominateur commun des écuries, en raison de la banalisation hivernale des essais privés. Denis Chevrier, l'ingénieur de Renault Sport, prévient : « Les performances ici n'ont de signification comparative qu'en fonction de la température. » Plus clairement, les temps de février ne peuvent pas servir de base pour les qualifications du GP d'Espagne. A se fier aux enseignements antérieurs (et récents), il y a promesse d'un duel acharné entre les deux Schumacher. A vérifier sur le champ.

A 13 h 5, Alesi amuse la galerie en 1'23"516. Dans la foulée entre 13 h 9 et 13 h 13, Frentzen, 1'22"475, et Villeneuve, 1'22"322, se disputent la pole. A 13 h 14, Ralf Schumacher les met d'accord, en 1'21"823. Mais, à 13 h 16, Barrichello sort en trombe de son stand pour signer 1'21"770.

Le chronomètre de Barrichello déclenche une sévère empoignade. A 13 h 20, Hakkinen, discret jusque-là, éclipse ses adversaires en 1'21"367. Depuis quelques instants, Michael Schumacher fourbit ses armes. A 13 h 42, il dégaine, somptueusement, en 1'20"974. Du grand art. Hakkinen n'accepte pas ce verdict. Il enchaîne les tours à haute cadence. En ultime assaut, à 14 h 1, il échoue, néanmoins en 1'21"052, sur la première pole 2000 de Michael Schumacher.

La dualité est diversifiée : Michael Schumacher a réussi cette pole à la régulière, Hakkinen a arraché sa deuxième place à la désespérée, non sans panache. Ralf Schumacher, qui avait bien commencé, a lâché prise sous l'offensive Ferrari-McLaren. En 1'21"605, il est le premier derrière le carré d'as Michael Schumacher-Hakkinen-Barrichello-Coulthard. Mais ça ne lui suffit pas : il est manifestement déçu.

Michael Schumacher traduit sa satisfaction avec euphorie : « Une pole position, c'est mieux qu'une victoire. » L'Allemand de Ferrari se croit plus fort que cette destinée funeste qui, depuis le GP de Belgique 1999, prive les seigneurs de la pole de la plus haute marche du podium. Ce 29 août 1999, Hakkinen, parti en pole, avait fini comme dauphin de Coulthard. Et depuis lors, coïncidence ou pas, la pole du samedi n'apporte pas la consécration du dimanche. Michael Schumacher, mordant et provocant, ajoute : « Mon vrai souci, ici, ce n'est pas plus Mika (Hakkinen) que David (Coulthard), c'est Villeneuve. » Ce dernier se situe à 1" de Michael Schumacher.

Chez Arrows, Pedro De la Rosa lit et relit sa feuille des qualifications, le regard brillant. Comme un enfant. Pour lui, le neuvième temps était inespéré. Pour les commissaires aussi. Dans la soirée, son chrono est invalidé pour cause de non-conformité de carburant. Tom Walkinshaw, Pedro De la Rosa et tous les autres sont très gênés en raison de leur partenariat exclusif avec Repsol, le plus grand pétrolier espagnol, en cours de fusion avec l'Argentin YPF.

Par réflexe, Walkinshaw décide de faire appel. « Notre carburant est acheminé dans des bidons de 50 litres. Comme celle de toutes les écuries, c'est, à 95 %, de l'essence du commerce. Avec une infime différence, la proportion de l'indice d'octane. » La réalité est plus complexe : les bidons sont identifiés Repsol, mais le V10 Supertec exige, par préconisation, un autre carburant. La nuit portant conseil, Walkinshaw retire son appel, après le warm-up. De la Rosa s'y est pourtant classé quatrième.

Réaliste, Walkinshaw explique : « En appel, nous risquons trop gros. Et ça n'en vaut pas la peine. » En plus, dans l'hypothèse d'une collision de l'Arrows n° 18 en course avec une autre machine, des complications juridiques peuvent s'ensuivre. Pedro De la Rosa s'incline, triste et amer, au nom de cette raison d'État qui ménage l'image de Repsol sur son marché. Maria Reyes, sa fiancée, est aussi déçue que lui. Sur la grille de départ, il est bel et bien dernier. A proximité des deux Minardi et des deux Peugeot-Prost. Alesi et Heidfeld ont accumulé les malheurs et les incidents. Ils ne sont pas de meilleure humeur que De la Rosa.

Ce dimanche matin, à 8 h 5, Michael et Ralf Schumacher se sont rencontrés au contrôle électronique du paddock. En marchant de concert, sur quelques mètres, ils ont mis au point leur plan de retour en avion, à partir de l'aéroport de Gérone. En 5', c'est réglé. Leur père, Rolf, se disperse, à peu près équitablement, dans un va-et-vient entre les motor-homes Ferrari et BMW.

Sous un chaud soleil, Flavio Briatore échange quelques mots avec Jarno Trulli sur la grille de départ. Les soucis des Prost-Peugeot intriguent Trulli : « De mon temps, chez Prost, je n'avais jamais été aussi éloigné aux essais. Que se passe-t-il ? » Briatore le coupe en ironisant : « Moi aussi, je vais dans les favelas. » Ce qui n'est pas plus flatteur pour Fisichella (treizième) que pour Wurz (dix-huitième).

Quand les feux du départ s'éteignent, Michael Schumacher s'installe sur sa

Michael Schumacher au commandement, d'entrée, devant la meute.

1 : Nigel Stepney est déséquilibré.

2 : Le même Stepney tombe à la renverse.

3 : Stepney tout de suite soigné par les siens.

rampe de lancement personnel sous le museau de la machine de Hakkinen, très bien parti, quitte à le gêner par deux fois. La Ferrari n° 3 s'engouffre en tête dans le premier virage. Sensation : Ralf Schumacher a adroitement comblé son handicap en se faufilant en troisième position à 2" de son frère, au nez et à la barbe de Coulthard et Barrichello. Derrière, Villeneuve emmène les attardés mais à 10", en quelques tours.

D'emblée, trois pilotes manquent à l'appel. Diniz s'est évanoui tout seul hors de la piste. En revanche, De la Rosa et Alesi disparaissent ensemble sur une percussion de l'Espagnol. « Il m'a attaqué dans un endroit où aucun coureur n'oserait le faire », s'insurge Alesi, noir de colère. Une fois calmés, tous deux dialogueront sans se convaincre.

A 14 h 35, accélérateur bloqué, Villeneuve renonce. Hakkinen harcèle Michael Schumacher depuis le départ, avec des écarts variables (entre 0"4 et 3"2). A son premier ravitaillement, à la suite d'une manœuvre hâtive, Michael Schumacher renverse malencontreusement le solide Nigel Stepney (1,85 m, 100 kilos), empêtré dans ses tuyaux de remplissage. Les arrêts au stand n'influent pas sur les écarts entre les machines de tête, la rouge et la grise. Néanmoins, Hakkinen se montre très pressant. En scrutant intensément la Ferrari depuis le départ, le Finlandais a perçu quelques indices de dégradation de tenue de route. A un peu plus de vingt tours du drapeau à damier, Hakkinen porte l'estocade… dans un ravitaillement éclair. Plus tard, Coulthard double l'Allemand au bout de la ligne droite. Barrichello, opportunément, relaie Michael Schumacher derrière le duo McLaren-Mercedes.

Ce dernier a – il est vrai – une rude bataille à livrer avec son cadet, Ralf. La Ferrari n° 3, handicapée par des pneus dégonflés, paraît une proie toute propice pour la BMW-Williams n° 9. Piqué dans sa fierté, Michael résiste farouchement à Ralf, qui multiplie les attaques des deux côtés de la piste. L'un et l'autre frôlent les limites. Pour « accrocher » 2 points, Michael Schumacher ne recule devant rien. Pour en récolter 3, Ralf ne redoute rien. Ce duel enjolive singulièrement le dernier quart d'heure du GP.

A 15 h 37, Hakkinen et Coulthard signent leur troisième doublé consécutif à Montmelo. L'Écossais intériorise sa joie, sur le podium, en songeant aux deux morts de Satolas. Heidi Wichlinski, invisible depuis mardi, est furtivement apparue dans le stand de piste, sur la fin. Dans le parc fermé, Jurgen Hubbert a dégrafé lui-même Mika Hakkinen, avant de lui donner une franche accolade. Dennis avoue : « Nous avons tous travaillé plus que de coutume, au moins pour aider David à oublier. » Dans le motor-home McLaren, au secret, Coulthard fond en larmes. Une fois

Villeneuve furieux : encore trahi en course.

Coulthard accueilli par Heidi et Jurgen Hubbert.

sa mission accomplie, il a craqué. C'est normal. Maintenant, il est mis au repos jusqu'au GP d'Europe. C'est aussi normal. Il quitte le site, laissant à d'autres les décibels de disco et les torrents de champagne de la fête du motor-home Mercedes. Martin Brundle commente : « David a maintenant besoin d'une issue en avant. Il va penser au titre mondial. »

Les traits des mauvais jours. Michael Schumacher n'a pas regagné son motor-home avec sérénité. Il ne comprend pas la détérioration de ses pneus. Bridgestone lui en avait proposé cinq sortes une semaine plus tôt. Il ne tolère surtout pas le comportement de Ralf : « Ce qu'il a entrepris en piste était totalement irréfléchi. » Le feu couve entre les deux frères.

Ralf n'est pas moins remonté. «Je sens que je vais bientôt vaincre. Pour moi, Michael est un adversaire que je dois battre. Mes sentiments familiaux n'ont rien à voir dans cette affaire. » Le paddock se délecte de cette querelle interne. Rolf Schumacher, leur père, saisit le danger d'une déflagration publique « qui ne serait guère professionnelle ». Chacun de leur côté, les trois Schumacher se rendent dans un motor-home neutre, celui de l'Autrichien Karl-Heinz Zimmermann. Ils y pénètrent en ordre dispersé, à la grande surprise de Marlène ex-Lauda, l'ex-épouse de Niki, en visite privée.

Maintenant, sous l'égide de Rolf, Michael et Ralf s'expliquent. « Moi, j'ai perdu une place sur le podium », attaque Ralf, véhément. Sur le même ton, Michael argumente avec des termes techniques, de pilotage propre, de trajectoires à conserver, etc. Rolf boit moins vite sa bière à petites gorgées que les explications de ses deux fils. Il les interrompt en invoquant la nécessité de respecter l'horaire du plan de vol du Challenger. Tous trois sortent par les cuisines. Un peu plus tôt, Rolf avait soupiré : « Ils se sont battus au millimètre. Du temps du kart, c'était déjà comme ça. » Il convient donc de se le tenir pour dit. Eddie Jordan, qui a dirigé Michael (en 1991) et Ralf (en 1997 et 1998), est moins indulgent : « Cette année, j'ai eu l'occasion d'avertir Michael des difficultés à venir qu'il aurait avec Ralf. »

Depuis le GP du Japon, le 31 octobre 1999, Mika Hakkinen avait perdu le goût de la victoire. Ce premier dimanche de mai 2000, il renaît à une certaine forme de vie : « Je suis heureux, aujourd'hui, comme si j'avais débarqué sur la lune. » Cette image est un considérable aveu de libération. Il sourit devant un rappel historique : les vainqueurs des trois derniers GP d'Espagne, Villeneuve (1997), lui-même (1998, 1999) ont été couronnés champions du monde la même année. Il refuse d'en entendre plus.

Le lendemain matin, à son réveil, dans sa splendide suite de l'*Hotel Artz*, Hakkinen découvre de pleines pages de publicité Mercedes, dans tous les quotidiens espagnols, articulées sur un seul thème : 3-0. Il en éprouve un choc de fierté. Dans quarante-huit heures, avec Olivier Panis, il tournera à Jerez. Dur métier.

Hakkinen-Coulthard : une joie mesurée.

GRAND PRIX D'EUROPE

6e MANCHE DU CHAMPIONNAT DU MONDE DES CONDUCTEURS 2000

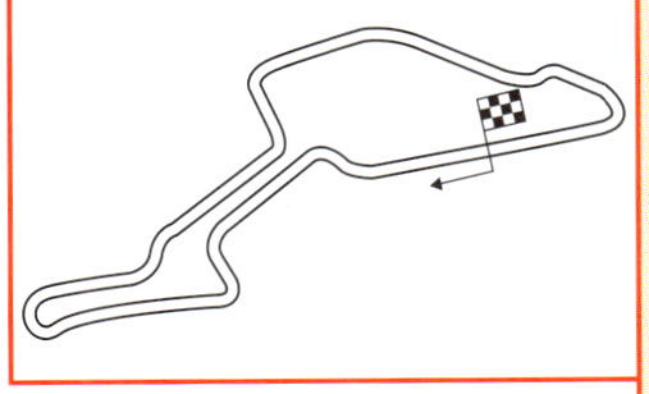

DATE : 21 mai 2000.
CIRCUIT : Nürburgring (Allemagne).
DISTANCE : 67 tours de 4,558 km, soit 305,252 km.
MÉTÉO : froid, départ sur le sec, et très vite pluie continue.
ENGAGÉS : 22. QUALIFIÉS : 21. PARTANTS : 21. ARRIVÉS : 9. CLASSÉS : 12.
VAINQUEUR : **Michael Schumacher** (Ferrari) en 1 h 40'00"307 à 179,540 km/h.
MOYENNE RECORD : **Jacques Villeneuve** (Williams-Renault) en 1997 à 200,232 km/h.
MEILLEUR TOUR : **Michael Schumacher** (Ferrari) : 1'22"269 à 199,365 km/h.
RECORD DU TOUR : **Heinz-Harald Frentzen** (Williams-Renault) en 1997 : 1'18"805 à 208,128 km/h.

GRILLE DE DÉPART

COULTHARD (McLaren-Mercedes) à 211,554 km/h	**1'17"529**	1	**M. Schumacher** (Ferrari)	1'17"667
Hakkinen (McLaren-Mercedes)	1'17"785	2	**Barrichello** (Ferrari)	1'18"227
R. Schumacher (Williams-BMW)	1'18"515	3	**Trulli** (Jordan-Mugen-Honda)	1'18"612
Fisichella (Benetton-Playlife)	1'18"697	4	**Irvine** (Jaguar-Ford)	1'18"703
Villeneuve (BAR-Honda)	1'18"742	5	**Frentzen** (Jordan-Mugen-Honda)	1'18"830
Button (Williams-BMW)	1'18"887	6	**De la Rosa** (Arrows-Supertec)	1'19"024
Verstappen (Arrows-Supertec)	1'19"190	7	**Wurz** (Benetton-Playlife)	1'19"378
Diniz (Sauber-Petronas)	1'19"422	8	**Herbert** (Jaguar-Ford)	1'19"638
Alesi (Prost-Peugeot)	1'19"651	9	**Zonta** (BAR-Honda)	1'19"766
Salo (Sauber-Petronas)	1'19"814	10	**Gené** (Minardi-Fondmetal)	1'20"162
Mazzacane (Minardi-Fondmetal)	1'21"015	11		

Nick Heidfeld (Prost-Peugeot AP03) : 1'19"147 (13e temps) **exclu** pour poids non conforme dû à un nouvel ensemble aérodynamique.

CLASSEMENT

1. **Michael Schumacher** (Ferrari F1-2000) .... en 1 h 42'00"307 à 179,540 km/h
2. **Mika Hakkinen** (McLaren-Mercedes MP4/15) .... à 13"821
3. **David Coulthard** (McLaren-Mercedes MP4/15) .... à 1 tour
4. **Rubens Barrichello** (Ferrari F1-2000) .... à 1 tour
5. **Giancarlo Fisichella** (Benetton-Playlife B200) .... à 1 tour
6. **Pedro De la Rosa** (Arrows-Supertec A21) .... à 1 tour
7. **Pedro Diniz** (Sauber-Petronas C19) .... à 2 tours
8. **Gaston Mazzacane** (Minardi-Fondmetal M02) .... à 2 tours
9. **Jean Alesi** (Prost-Peugeot AP03) (1) .... à 2 tours
10. **Jenson Button** (Williams-BMW FW22) .... à 5 tours (abandon)
11. **Johnny Herbert** (Jaguar-Ford R1) .... à 6 tours (abandon)
12. **Alexander Wurz** (Benetton-Playlife B200) .... à 6 tours (abandon)

ABANDONS

Jarno Trulli (Jordan-Mugen-Honda EJ10) : suspension arrière suite éjecté par Fisichella (0 tour) / **Heinz-Harald Frentzen** (Jordan-Mugen-Honda EJ10) : moteur explosé (2 tours), alors 12e / **Mika Salo** (Sauber-Petronas C19) : sortie sur rupture arrière de transmission (27 tours), alors 13e / **Eddie Irvine** (Jaguar-Ford R1) : accroché par Verstappen (29 tours), alors 7e / **Ralf Schumacher** (Williams-BMW FW22) : touchette sous la pluie avec Irvine en tête-à-queue, perte de l'aileron arrière et sortie (29 tours), alors 9e / **Jos Verstappen** (Arrows-Supertec A21) : touchette avec Irvine, pb direction et sortie (29 tours), alors 8e / **Jacques Villeneuve** (BAR-Honda 002) : soupape (46 tours), alors 7e / **Marc Gené** (Minardi-Fondmetal M02) : accélérateur cassé et sortie (47 tours), alors 13e / **Ricardo Zonta** (BAR-Honda 002) : pb sélection de vitesse et tête-à-queue (51 tours), alors 11e / **Johnny Herbert** (Jaguar-Ford R1) : accrochage avec Wurz et sortie (61 tours), alors 7e, classé 11e / **Alexander Wurz** (Benetton-Playlife B200) : accrochage avec Herbert (61 tours), alors 8e, classé 12e / **Jenson Button** (Williams-BMW FW22) : pb électrique (62 tours), alors 8e, classé 10e.

EN TÊTE

Hakkinen : les dix premiers tours, du 36e au 45e tour, soit 91 km.
M. Schumacher : du 11e au 15e tour, du 17e au 35e tour et les 22 derniers tours, soit 210 km.
Barrichello : le 15e tour, soit 4 km.

(1) Pénalité de 10" : **Alesi** pour vitesse excessive dans les stands, le limiteur n'ayant pas fonctionné sur le volant déficient.

Schumacher, roi sur l'eau

De Cologne au Nürburgring, le trajet est court. Une bonne cinquantaine de kilomètres. Ce jeudi 18 mai, sous des trombes d'eau, cet homme qui, à 13 h 10, entre d'un pas alerte dans le paddock du Nürburgring est le personnage central du projet Toyota de Formule 1, en cours d'élaboration à Cologne chez Toyotamotorsports, l'antenne compétition du plus grand constructeur japonais. Les tempes à peine grisonnantes, le regard vif, la silhouette dynamique, l'ingénieur André de Cortanze est un familier de la Formule 1 depuis de longues années. S'il en avait le goût, il pourrait serrer beaucoup de mains amies sur son passage. Auprès de ceux qu'il connaît, il s'esquive prestement : « Vous ne m'avez pas vu, je ne suis pas là. » Il n'interprète pas l'homme invisible par hasard.

Tel quel, de par sa fonction, André de Cortanze *vaut* 300 millions de dollars (2,1 milliards de francs), soit l'investissement par exercice annuel de Toyota – au minimum sur trois ans –, pour entrer, en 2002, dans le cercle fermé des douze écuries de Formule 1, avec une machine complète (châssis et moteur). Accessoirement, l'ingénieur français anime une cellule technique, à terme, de l'ordre de 400 personnes. Ces évaluations chiffrées sont nécessairement évolutives. En se dirigeant vers le motor-home Minardi, André de Cortanze intrigue.

Michael Schumacher, ça repart.

Car, précisément, ce même matin, Gabriele Rumi, le codirecteur de Minardi avec Gian-Carlo Minardi, son fondateur historique, s'est épanché spontanément. Lui aussi, il a manipulé des nombres. A son niveau. « Notre budget n'atteint que 50 millions de dollars (350 millions de francs). Les autres écuries dépensent, au moins, le double. Depuis plus d'un an, nous sommes en négociations avec les Espagnols de Telefonica. Les discussions continuent », affirme Rumi, sans masquer un scepticisme résigné qui suppose une rupture (momentanée, sait-on jamais ?) des tractations. Il a été demandé, en interne, à l'ingénieur Gustav Brunner de surseoir – toujours provisoirement, en principe – à l'élaboration de la monoplace 2001.

L'arrivée d'André de Cortanze dans le motor-home Minardi déclenche beaucoup de spéculations. La réalité est plus prosaïque. L'ingénieur français s'installe à une table, tout à fait dans le fond du motorhome, avec le courtois Giancarlo Luigetti, président d'honneur de Magnetti-Marelli, consultant très actif pour sa société. L'entretien est ciblé : nouer un partenariat Toyota-Magnetti-Marelli. Aucun obstacle ne se dressant, les deux hommes paraissent également confiants. Toujours pressé, André de Cortanze se lève, prend courtoisement congé et quitte le paddock, toujours pluvieux, aussi prestement qu'il y est entré. Prochaine étape : le circuit du Norisring, près de Nuremberg, pour des essais secrets avec Michelin.

La veille au soir, les deux frères Schumacher se sont revus, en semi-public, à la Kerpen Halle, lors de la soirée que Michael offre traditionnellement à ses amis de la Scuderia Ferrari. Étrangement, Rubens Barrichello brillait par son absence. Le Brésilien s'est justifié : « Je dois rester à Londres pour accompagner à l'aéroport Silvana qui retourne au Brésil pour quelque temps. » Par ailleurs, il n'a pas nié une phrase qui a troublé les esprits à Maranello : « Je rêve d'être champion du monde chez Ferrari avec Michael Schumacher. » La hiérarchie Schumacher-Barrichello est un sujet ultrasensible pour la Scuderia. Le Brésilien n'en tient pas compte.

Il y a plus mordant. A tête reposée, Ralf Schumacher n'a pas ménagé Barrichello : « A Barcelone, Rubens a profité des circonstances pour monter sur le podium. » Et puis le même Schumacher a tiré sur la corde sensible de la famille : « Barrichello ne pense qu'à lui et surtout pas à aider Michael pour le championnat du monde. » En préférant Londres à Kerpen, Barrichello se libère. Sans citer Ralf, il assène : « Il est trop jeune et la vie est trop belle pour que je me préoccupe de ce qu'il peut dire. Ce n'est qu'un garçon qui commet des erreurs. » Un silence. Un smash : « Son problème, c'est de se hisser à la hauteur de Michael. »

A la Kerpen Halle, les Schumacher ont montré bonne figure aux médias. « Je ne suis pas rancunier », a proclamé Ralf. Cinq jours plus tôt, le samedi 13 mai, au gré d'une sortie en Méditerranée, en partant de Monaco, ils avaient accosté à Saint-Tropez avant de passer une soirée aux *Caves du Roi*. Cette image insolite était une aubaine pour les *medias people*.

Avant de revoir le Nürburgring, Ralf et Michael ont passé une nuit sous le toit paternel, à Kerpen. Willi Weber les chaperonnait. Ils s'attendent à subir des rafales de questions sur leur affrontement de Montmelo. Michael considère tout ça avec détachement. Ralf est plus préoccupé. L'incident du 28 septembre 1997 dans ce qui s'appelait le GP du Luxembourg revient à la surface de la mémoire, comme une séquence catastrophe. Ralf avait emmené son aîné dans une collision collective peu après le départ. Les relations entre Ralf et Michael s'étaient terriblement refroidies. Corinna avait refusé l'accès de sa résidence à Ralf pendant six mois.

Diplomate-né, Cesare Fiorio émet une opinion originale : « Le duel de Montmelo entre Michael et Ralf n'est qu'un préambule banal à d'autres passes d'armes, pimentées par l'esprit familial, que nous reverrons en de prochaines occasions. Mais ça ne peut se produire qu'entre frères d'un même niveau. On n'aurait jamais imaginé une confrontation directe entre Emerson et Wilson Fittipaldi. » Avertis de ce commentaire, les Schumacher ne réagissent pas sur la même longueur d'onde. Michael : « Mon frère est rapide, mais pas assez pour gagner. » Ralf : « A Barcelone, je n'ai fait que mon métier sans hargne spéciale ni méchanceté. »

BMW + Williams + Button + Ralf Schumacher : prometteur.

Manifestement, Ralf est surexposé dans les médias car ce GP d'Europe illustre aussi le grand retour de BMW dans un GP sur le sol allemand pour la première fois depuis treize ans, le 26 juillet 1987 à Hockenheim avec Ricardo Patrese et Andrea de Cesaris (sur Brabham-BMW). Jenson Button avait 7 ans et Ralf Schumacher 12 ans. Gerhard Berger et Mario Theissen, le directeur technique de BMW Motorsport, se répandent en références historiques (« BMW a été le premier constructeur allemand champion du monde dans la Formule 1 moderne en 1983 ») et en considérations sur le présent (« Notre début de saison a dépassé nos espérances »).

A un moment ou à un autre, la parole reviendra aux pilotes, Ralf Schumacher, l'enfant du pays, et Jenson Button, le gamin anglais. Devant le *Dorint Hotel*, les fanatiques n'en ont pas cru leurs yeux : Ralf Schumacher descendait d'une somptueuse limousine de service, Button le suivait dans un cabriolet Série 3. Dans le hall, Patrick Head guettait ses deux pilotes, sans impatience mais le regard vaguement songeur.

Avec Button devant Alexander Wurz dans les premiers essais libres, les outsiders se taillent la part du lion. Peu importe la précarité de cette hiérarchie, qui ne résistera qu'une seule journée, elle délivre déjà un message. Frank Williams a laissé filtrer des rumeurs sur son intérêt pour Juan-Pablo Montoya, en exil momentané aux États-Unis. Button, qui se sait menacé par Montoya, ne se démonte pas : « Je me concentre sur ce que je dois faire, course après course. » Il vient d'hériter d'un nouveau surnom dans les médias anglais, *Baby Vroom Vroom*. Depuis un mois, Huysmans et Robertson, ses deux managers, ont engagé deux secrétaires supplémentaires pour la gestion de la *Jensonmania*. Et, aussi, conçu un nouveau slogan : « J&B n'est pas un vieux whisky. » Il suffisait d'oser.

Button attire de plus en plus l'attention sur lui. Et c'est ce que s'efforce de réussir Alexander Wurz, adepte d'une stratégie identique à celle de Button, mais nettement moins bien armé, dans le genre, que le jeune Anglais. Depuis le retour de Flavio Briatore chez Benetton, l'Autrichien se sent vulnérabilisé. « Alexander est en survie. Mais il finira la saison, je vous l'assure », promet Peter Cramer, son manager, à qui veut l'entendre. L'incursion de Wurz au deuxième rang de la grille n'est qu'une péripétie, sans suite ni portée. Sa grande silhouette charrie un désenchantement perpétuel.

Une grande table. Deux places vides avec deux cartons. Button et Ralf Schumacher manquent au rendez-vous de l'Erlebnis Halle, qui jouxte le circuit, où Allianz, n° 1 mondial des assurances, annonce son accord avec BMW-Williams pour une durée indéterminée (avec 100 millions de francs par an à la clé). Tous deux ont été retenus au briefing des pilotes qui a tourné (encore) au règlement de comptes. Villeneuve accuse Michael Schumacher de ne pas avoir gardé sa ligne à Montmelo. Irvine le relaie : « Michael zigzague tout le temps. » Du déjà entendu.

*

* *

Pas de temps à perdre. A l'ouverture des qualifications, Ralf Schumacher, pratiquement le premier en action, réalise 1'20"105 à 13 h 8. Ce n'est qu'un hors-d'œuvre. A 13 h 14, Hakkinen donne le ton en 1'19"041. Mais, à 13 h 15'42", Coulthard devance son équipier en 1'18"619. Comme un éclair rouge, à 13 h 15'59", Michael Schumacher passe en tête en 1'18"091.

La bataille devient très élevée. Yoshino Kaisaki, le président de Bridgestone, est l'invité de Jurgen Hubbert. Le Japonais a

Michael Schumacher : sérénité sous un parapluie.

souri devant une publicité Mobil-McLaren-Mercedes parce que les traces de pneus sont très lisibles sur le bitume. Il ne manque rien de cette fin de séance dans le stand McLaren. Les deux pilotes McLaren-Mercedes vont frapper fort : à 13 h 28, Hakkinen tourne en 1'17"785 et, à 13 h 29, Coulthard lui subtilise la pole en 1'17"529.

Depuis le début des qualifications, les pilotes se sont faufilés entre les grosses et les moins grosses gouttes de pluie. A 13 h 31, devançant des nuages sombres, Michael Schumacher tente un ultime baroud. En 1'17"667, il s'insère entre Coulthard et Hakkinen. Une averse inonde la piste. A l'affût, derrière Barrichello, Ralf Schumacher se propose, dans un cercle d'intimes, comme un vainqueur potentiel. En ayant fait son deuil de la pole, Michael Schumacher, lui, lance : « Je n'ai pas besoin de la pluie pour vaincre. » En riant, Hakkinen a souhaité « bonne chance » à Coulthard pour le lendemain.

Intéressante comparaison : si l'on se rapporte à la grille de 1999, seuls, Gené et Mazzacane, les deux derniers qualifiés n'ont pas battu la pole 1999 de Frentzen, 1'19"910. Eddie Jordan plaide pour lui : « Heinz-Harald conduit mieux qu'en 1999 mais ça se voit moins. Je le regrette pour son talent. Sans un bon moteur, Heinz-Harald n'est pas mieux qu'un autre. » L'Irlandais est toujours en chasse.

Le samedi, après avoir dîné au motorhome Ferrari, Michael Schumacher remonte, avec Corinna, vers le *Dorint Hotel*. Il salue les invités de son ami Klaus Zimmermann. Il est particulièrement détendu. « Corinna est ma meilleure conseillère », dit-il à Zimmermann. « Elle t'a demandé de gagner ? » rétorque ce dernier. Les deux Schumacher, au pied de l'ascenseur, partent d'un large rire.

Hakkinen a jailli au départ, devant Michael Schumacher et Coulthard.

Sans se démonter, sur la grille de départ, Ralf Schumacher demande son prénom à la jeune Allemande qui brandit son nom sur une pancarte, en pleine piste. « Je m'appelle Petra. » Pour un peu, Ralf lui donnerait rendez-vous au pied du podium. Il est très enjoué. Tout comme Michael qui ne cesse de répondre, du bras, à tous ses supporters. Hakkinen et Coulthard sont mieux concentrés.

A la fin des feux, il a entrevu l'ouverture et il s'y est engouffré sans état d'âme. Bref, avant même le premier virage, Hakkinen s'empare du commandement, devant Michael Schumacher, Coulthard, Barrichello, Villeneuve, Ralf Schumacher et Fisichella qui a aimablement balancé Trulli en moins d'un mètre de course. Deux champions du monde sur les trois en activité se partagent les deux premières places en creusant l'écart sur leurs poursuivants. En quelques tours, Coulthard est à 3". Mais Hakkinen n'a pas décramponné Michael Schumacher.

A 14 h 18, l'Allemand de Ferrari dépasse le Finlandais de McLaren à la chicane. Les tribunes en tremblent d'allégresse. Un peu après, Barrichello double Coulthard. Mis à part un intermède de ravitaillement, Michael Schumacher et Hakkinen contrôlent les opérations dans cet ordre. Pour l'anecdote, Barrichello s'arrête à trois reprises (contre deux à son partenaire et à la plupart de ses adversaires). Il a perdu 15" au premier ravitaillement en recevant des pneus secs. Brawn lui a expliqué : « C'est pour mieux contenir Coulthard. » A l'arrivée, le Sud-Américain sera amer : « Avec trois arrêts, j'ai perdu le podium. » En écho, Dennis clamera : « Rubens est encore un pilote sacrifié. »

Sous la pluie, l'émergence de l'Arrows

Renversement de situation : Hakkinen en chasse de Michael Schumacher.

de Pedro De la Rosa se dessine. A vingt tours de l'arrivée, le jeune Espagnol est troisième. Ensuite, il cède sous la poussée du trio Barrichello, Coulthard, Fisichella. A l'avant-dernier tour, il est le sixième des six rescapés de la pluie qui roulent dans le même tour. Dans le motor-home Arrows, une grêle d'appels téléphoniques en provenance de Catalogne monopolise tous les appareils. De la Rosa a vraiment apporté un point « en or » aux siens.

Du côté des gros bras, Michael Schumacher l'a largement emporté. Jean Todt, qui avait regretté d'avoir vu son champion perdre 14 points entre Silverstone et Barcelone, retrouve le sourire. Dans le parc fermé, Michael Schumacher a bavardé amicalement avec Jean Alesi, à bout de nerfs (quatre arrêts dont un sur une pénalité de 10" pour vitesse excessive dans les stands). Ensuite, l'Allemand se retrouve avec Hakkinen dans le motor-home de Karl-Heinz Zimmermann pour une conversation à bâtons rompus dans une ambiance feutrée. L'endroit est hermétiquement clos, au moins pour se protéger des bourrasques humides qui déferlent à l'extérieur. Erja et Corinna, les épouses, s'entretiennent tout aussi paisiblement. Les Schumacher dîneront à Kerpen et ne rejoindront Vufflens-le-Château que le lendemain matin. Après des essais privés à Fiorano, le 25 mai, Michael Schumacher ralliera Rome en hélicoptère pour disputer, au stade olympique, le « match de la paix ». En footballeur, le pilote de Ferrari serrera la main de Yasser Arafat.

L'esprit de paix a déserté, ce soir, le Nürburgring. Furieux d'avoir été éjecté dès le départ par Fisichella, Jarno Trulli multiplie les accusations sur son compatriote : « Il aurait pu me tuer. La dynamique de l'accident ne se discute pas. » Fatigué, Fisichella a répondu : « Aucun pilote n'aurait agi autrement que moi. » Blême de colère rentrée, pour une disqualification (à la treizième place) qu'il estime hors de sa responsabilité, Nick Heidfeld a murmuré quelques propos cinglants vis-à-vis de son équipe, en mettant Prost et Peugeot sur le même banc des accusés.

Chez Ferrari, Rubens Barrichello, une fois ses obligations médiatiques terminées, ne s'est pas attardé. Il en a très gros sur le cœur. Todt a voulu l'apaiser, en tête à tête. Mais ce même soir, Barrichello s'enfuit vers sa résidence de Morumbi, à São Paulo, par le premier avion à sa portée, à Francfort. Il a deux anniversaires à fêter, d'abord les 50 ans de son père et ses 28 ans, le mardi 23 mai. Ce matin-là, il recevra un message très amical de Luca Di Montezemolo, un bouquet de fleurs pour Silvana et une bouteille de champagne à déguster en famille. « Si j'avais eu le podium au Nürburgring, ç'aurait été un joli cadeau aussi », lance-t-il à sa famille.

Alesi, morosité.

Bien après la fin du GP, Jean Alesi s'est confié aux radio-reporters français. Ceux-ci s'attendaient à rencontrer un pilote déçu. Au lieu de ça, ils recueillent les propos d'un sportif en colère, reprochant à Corrado Provera de ne pas lui avoir serré la main ce week-end, l'accusant d'incompétence, se plaignant des uns et des autres en termes très durs, etc. Dans sa brutalité, ce document devient embarrassant.

Une demi-heure plus tard, tels des conspirateurs, Patrick Grivaz (France Inter), Luc Augier (RTL) et Dominique Bressot (Europe 1) s'enferment avec Corrado Provera dans le motor-home Peugeot. Les paroles cinglantes d'Alesi résonnent amèrement aux oreilles du directeur de Peugeot Sport. En ces minutes tendues, Provera ne cille pas. Il pourrait utiliser son droit de réponse. Mais cette polémique ne le tente pas. « Nous sommes des Italiens tous les deux, Jean est sicilien et moi je suis turinois », dévoile-t-il, avec une indulgence feinte.

Quelques jours plus tard, Corrado Provera avouera : « Il n'était pas question, en répliquant à Jean, d'envenimer une situation déjà en état de décomposition. »

Le lundi 22 mai, les traits sombres, Alain Prost monte dans son vaste bureau de Guyancourt, en fin de matinée. Il ne dit pratiquement rien. Il n'a maintenant qu'une seule nécessité à assumer : donner un signe fort, en externe et en interne, pour sortir du marasme. Une sourde rumeur rampe sournoisement dans toute l'entreprise : les AP 03 de Jean Alesi et Nick Heidfeld arrivent sur les circuits avec certains réglages, soigneusement établis. Mais chaque vendredi matin, les mêmes AP 03 abordent les essais libres avec des réglages différents. Prost connaît l'identité du présumé accusé.

GP D'EUROPE : LA FACE CACHÉE

Avec la présence du chancelier Gerhard Schröder et du président de la Commission européenne Romano Prodi, ce GP d'Europe a amplement justifié son nom. Il a permis à Max Mosley et Bernie Ecclestone, président et vice-président de la FIA, d'avoir des entretiens fructueux avec leurs hôtes, dépassant les problèmes en cours.

En tout cas, entre 11 h 45 et 15 h 30, ces personnalités ont, pêle-mêle, serré la main des quatre pilotes allemands en lice et de leurs team-managers, visité l'écurie McLaren-Mercedes, discuté, au calme, dans une suite du *Dorint Hotel*, avec les représentants des marques de tabac allemandes (comme Reemtsma par West) ou impliquées avec des écuries employant des pilotes allemands (Marlboro avec Michael Schumacher, la SEITA avec Heidfeld, Benson & Hedges avec Frentzen). Sans oublier, juste avant leur départ, un passage par l'établissement médical du circuit.

Ce programme, étalé sur cinq pages et très précisément minuté, a été respecté scrupuleusement. Max Mosley s'en est assez félicité, après la victoire de Michael Schumacher, pour le recommander comme « exemple de base » dans d'autres occasions.

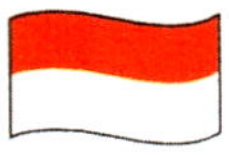

GRAND PRIX DE MONACO

7e MANCHE DU CHAMPIONNAT DU MONDE DES CONDUCTEURS 2000

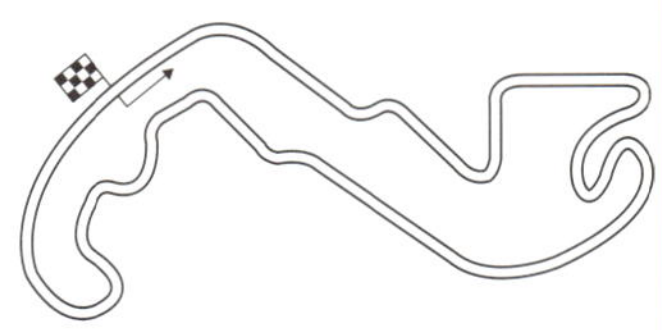

DATE : 4 juin 2000.
CIRCUIT : Monaco.
DISTANCE : 78 tours de 3,370 km, soit 262,860 km.
TEMPS : ensoleillé et chaud.
ENGAGÉS : 22. QUALIFIÉS : 22. ARRIVÉS : 9. CLASSÉS : 10.
VAINQUEUR : **David Coulthard** (McLaren-Mercedes) en 1 h 49'28''213 à 144,072 km/h (nouveau record).
RECORD DU TOUR : **Mika Hakkinen** (McLaren-Mercedes) : 1'21''571 à 148,729 km/h.

GRILLE DE DÉPART

Trulli (Jordan-Mugen-Honda)	1'19''746	1	**M. SCHUMACHER (Ferrari) à 152,651 km/h**	**1'19''475**
Frentzen (Jordan-Mugen-Honda)	1'19''961	2	**Coulthard** (McLaren-Mercedes)	1'19''888
Barrichello (Ferrari)	1'20''416	3	**Hakkinen** (McLaren-Mercedes)	1'20''241
Fisichella (Benetton-Playlife)	1'20''703	4	**Alesi** (Prost-Peugeot)	1'20''494
Irvine (Jaguar-Ford)	1'20''743	5	**R. Schumacher** (Williams-BMW)	1'20''742
Wurz (Benetton-Playlife) ❷	1'20''871	6	**Herbert** (Jaguar-Ford) ❷	1'20''792
Button (Williams-BMW) ❷	1'21''605	7	**Salo** (Sauber-Petronas)	1'21''561
De la Rosa (Arrows-Supertec) ❶	1'21''832	8	**Verstappen** (Arrows-Supertec)	1'21''738
Heidfeld (Prost-Peugeot) ❷	1'22''017	9	**Villeneuve** (BAR-Honda) ❷	1'21''848
Zonta (BAR-Honda) ❷	1'22''324	10	**Diniz** (Sauber-Petronas) ❷	1'22''136
Mazzacane (Minardi-Fondmetal)	1'23''794	11	**Gené** (Minardi-Fondmetal) ❷	1'23''721

CLASSEMENT

1. **David Coulthard** (McLaren-Mercedes MP4/15) ..... en 1 h 49'28''213 à 144,072 km/h
2. **Rubens Barrichello** (Ferrari F1-2000) ..... à 15''889
3. **Giancarlo Fisichella** (Benetton-Playlife B200) ..... à 18''522
4. **Eddie Irvine** (Jaguar-Ford R1) ..... à 1'05''924
5. **Mika Salo** (Sauber-Petronas C19) ..... à 1'20''774
6. **Mika Hakkinen** (McLaren-Mercedes MP4/15) ..... à 1 tour
7. **Jacques Villeneuve** (BAR-Honda 002) ..... à 1 tour
8. **Nick Heidfeld** (Prost-Peugeot AP03) ..... à 1 tour
9. **Johnny Herbert** (Jaguar-Ford R1) ..... à 2 tours
10. **Heinz-Harald Frentzen** (Jordan-Mugen-Honda EJ10) ..... à 8 tours (abandon)

ABANDONS

Pedro De la Rosa (Arrows-Supertec A21) : tête-à-queue et accrochage avec Button, etc., ne prend pas le deuxième départ (0 tour) / **Jenson Button** (Williams-BMW FW22) : fuite d'huile moteur (17 tours), alors 20e / **Alexander Wurz** (Benetton-Playlife B200) : sortie suite à des pb de freins sur la voiture de réserve préparée pour Fisichella (18 tours), alors 17e / **Marc Gené** (Minardi-Fondmetal M02) : pb de boîte de vitesses (21 tours), alors 18e / **Gaston Mazzacane** (Minardi-Fondmetal M02) : sortie dans le rail (22 tours), alors 17e / **Jean Alesi** (Prost-Peugeot AP03) : demi-arbre de roue (29 tours), alors 7e / **Pedro Diniz** (Sauber-Petronas C19) : sortie (30 tours), alors 12e / **Jarno Trulli** (Jordan-Mugen-Honda EJ10) : pb de boîte de vitesses (36 tours), alors 2e / **Ralf Schumacher** (Williams-BMW FW22) : percute le rail après avoir emprunté la partie de la piste la plus sale pour éviter Hakkinen qui sortait des stands (coupure de 7 cm au mollet gauche) (37 tours), alors 4e / **Ricardo Zonta** (BAR-Honda 002) : sortie (48 tours), alors 10e / **Michael Schumacher** (Ferrari F1-2000) : surchauffe due à la rupture de l'échappement gauche entraînant le bris du poussoir de la suspension arrière gauche (55 tours), alors en tête / **Jos Verstappen** (Arrows-Supertec A21) : sortie sur problèmes de survirage et de freins (60 tours), alors 9e / **Heinz-Harald Frentzen** (Jordan-Mugen-Honda EJ10) : percute le rail (70 tours), alors 2e, classé 10e.

EN TÊTE

M. Schumacher : les 55 premiers tours, soit 185 km.
Coulthard : les 23 derniers tours, soit 78 km.

A NOTER

Première procédure de départ interrompue par la casse moteur de **Wurz**, puis drapeau rouge brandi par erreur au deuxième départ mais finalement justifié par un accrochage entre **Button** et **Verstappen**, ayant impliqué **Villeneuve** et **Zonta, Diniz, Gené** et **Mazzacane** ainsi qu'**Heidfeld**.

❶ Seul **De la Rosa** ne peut prendre le troisième départ, ayant détruit sa voiture de course lors du warm-up.
❷ **Herbert**, qui avait endommagé sa voiture au warm-up, et **Diniz, Villeneuve** et **Zonta** prennent ce départ sur la voiture de réserve ainsi que **Button, Gené, Wurz** et **Heidfeld** depuis les stands, ce dernier avec la voiture de réserve préparée pour Alesi.

Coulthard, princier...

En ce milieu d'après-midi du lundi 29 mai, Michel Lepraist, le délégué technique de la FIA, conduit lentement sur la pente assez raide du boulevard du Jardin-Exotique le lourd motor-home de la FIA. Peu avant, en stoppant à l'entrée de la Principauté devant une maison de jadis, *La Paloma*, Lepraist avait téléphoné, de son portable, à Gabriele Cadringher, un de ses homologues techniciens : «Je t'appelle de la FIA.» Éclat de rire et décryptage immédiat. Quand la FIA avait envisagé de s'installer en principauté de Monaco plutôt qu'à Genève, cette bâtisse relativement ancienne, *La Paloma*, avait été retenue, de principe, comme le futur siège de la FIA. L'allusion perdure.

De gigantesques manœuvres encombrent l'étroit paddock de Monaco. Les mastodontes de la Formule 1 remplacent les camions moins volumineux, qui avaient transporté les machines d'antan du deuxième GP historique de Monaco, programmé le 28 mai. En pole position, le motor-home Arrows-Orange patiente, depuis quelques jours, à côté de la nuée des voitures surgies du passé.

En attendant de jouer au football, Michael Schumacher joue avec (et sur) les mots, en évoquant, dans ce petit vestiaire du stade de Menton, son récent transfert. Moins d'une semaine plus tôt, l'Allemand a rendu son maillot du FC Aubonne (troisième ligue suisse) pour signer à Echichens, le club d'un village voisin de Vufflens-le-Château, lieu de sa résidence suisse. «J'ai suivi Roland Schaer, l'entraîneur, écarté du FC Aubonne. Je ne veux que retirer du plaisir du football. Le reste, je m'en moque», a-t-il coupé, sans appel.

Les deux visages de Michael Schumacher : en footballeur célèbre (ci-dessus)

et en motard anonyme (ci-dessous).

Clin d'œil à l'appui, Michael Schumacher ne s'empêche pas d'ajouter : «N'en déduisez surtout rien pour mes autres activités sportives.» Détendu, le quadruple vainqueur du GP de Monaco (1994, 1995, 1997, 1999) enfile son maillot de la Sélection nationale des pilotes qui affronte le Star Team for the Children du prince Albert de Monaco. Le stade Lucien-Rhein déborde d'une foule joyeuse. Pour l'occasion, Michael Schumacher, Albert de Monaco et tous les autres se montrent d'une disponibilité peu habituelle.

Dans la soirée, Michael Schumacher rejoint son «bateau de famille», le *Gina Maria*, qu'il partage avec Corinna, leurs enfants Gina Maria et Mickael, et son frère Ralf. Ce bateau, très confortable, est à quai au fond de la rade de Fontvieille, le plus discrètement possible. Des vigiles anonymes patrouillent régulièrement dans cette zone hyper-protégée pendant le GP. Michael Schumacher ne se déplacera, quatre jours durant, qu'au guidon d'une Harley-Davidson, avec un casque anonyme. Seule caractéristique : sa moto est immatriculée MS 01.

La sérénité de l'Allemand contraste, chez Ferrari, avec la frustration de Rubens

Barrichello, qui a toujours mal assimilé la stratégie du Nürburgring (avec un troisième ravitaillement). Sur le moment, Barrichello a pris sur lui. Il s'est ensuite épanché auprès de ses compatriotes brésiliens : effet boomerang garanti, sur l'Italie. Gros émoi à Maranello. Michael Schumacher lui recommande la patience : « Le Nürburgring, c'est aussi une affaire humaine. Rubens doit s'intégrer encore plus étroitement dans la Scuderia. Nous devons resserrer notre homogénéité. Entre McLaren et nous, il n'y a pas plus que l'épaisseur d'une feuille de cigarette. » D'autres, par contre, se montrent moins tolérants : « Rubens parle trop, ça ne lui rend guère service. » Effet de compensation ou pas, Barrichello a révélé que sa mère, Idely (51 ans), effectuait un pèlerinage à pied de près de 700 km vers Saint-Jacques-de-Compostelle en une trentaine de jours. « Pour m'aider », précise le Brésilien.

Pendant ce temps, le rituel du GP se met en place. Comme d'habitude, 1 235 personnes (permanents et intérimaires) veillent à une organisation qui ne craint pas de se contester elle-même. Il ne manque rien : entre 32 km de rails de sécurité, 14 000 m² de grillage, 530 pneus de protection, 33 caméras de surveillance, 40 ambulances, 8 grues de dégagement des machines immobilisées, 500 extincteurs d'incendie (soit un tous les 9 m), l'arsenal d'un fonctionnement bien rodé est complet.

Michel Boeri, le président de l'AC Monaco, révèle : « Cette année, nous n'avions pas plus de 21 000 places à proposer au public. Nous aurions pu en mettre en vente au moins 50 000, en étant certains de les voir achetées. Au lieu de ça, d'un Grand Prix sur l'autre, nous devons nous restreindre. » Le montage de l'organisation coûte 70-80 millions de francs, les recettes (publicité comprise) atteignent 130 millions de francs et les retombées économiques sont estimées à 600 millions de francs. Bien sûr, la juteuse location de tous les appartements situés sur le tracé nourrit une certaine déperdition de rentabilité, d'ailleurs partiellement compensée par les retombées induites précitées. Enfin, avec 1 000 heures d'images télévisuelles, la notoriété de la principauté de Monaco en est confortablement entretenue.

Hans Snook-Michel Bon-Arrows : symbolique.

CHEZ ARROWS, ORANGE PREND UN GOÛT FRANÇAIS

Ce mardi 30 mai, sur un trottoir de Londres, devant l'hôtel *Waldorf Astoria*, deux hommes se serrent la main en souriant. Tous deux sont assis sur le capot de l'Arrows-Orange n° 18, celle de Pedro De la Rosa. En effet, Michel Bon, PDG de France Telecom, et Hans Snook, le patron d'Orange, scellent l'achat par France Telecom de l'Opérateur Orange, n° 3 de la téléphonie mobile en Grande-Bretagne, pour un montant global de 328 milliards de francs.

Depuis le début de 2000, Orange aide Arrows à hauteur de 200 millions de francs, selon un engagement longue durée. « Hans Snook m'a téléphoné personnellement pour mettre à sa disposition une monoplace. Quand je lui ai demandé s'il tenait plus spécialement à Verstappen qu'à De la Rosa ou inversement, il a éclaté de rire. Il m'a surtout promis de rester attaché à l'écurie. Ce que je souhaite », a commenté Tom Walkinshaw, le propriétaire d'Arrows.

Alain Prost remâche une certaine déception. Il avait eu l'idée de contacter France Telecom, en son temps. Sans succès.

Le mardi 30 mai à Tempelhof, l'aéroport de Berlin, une petite réception se déroule chez Lauda-Air, en présence de Sarah Biasini (29 ans), la fille de Romy Schneider. Niki Lauda a donné le nom de Romy Schneider à un Boeing 737-600. Et puis, dans un micro tendu, Lauda balance : « Mika Hakkinen est démotivé. Après sept ans chez McLaren, il doit s'en aller pour retrouver une nouvelle combativité. C'est ce que j'avais fait, en mon temps, en quittant Ferrari au bout de quatre saisons. »

Prononcés à chaud et sans nuances, ces propos se répercutent en Principauté. Mika Hakkinen tombe des nues. Aussitôt, on soupçonne Ron Dennis d'avoir initié cette opération pour transmettre à Hakkinen un message de remise personnelle en question. Selon d'autres sources, la tension monte, en interne, entre Hakkinen et David Coulthard. Dans cette tempête, Norbert Haug calme le jeu : « Nous sommes très satisfaits de nos deux pilotes. » Erja Hakkinen indique : « Je n'ai rien à dire à ce sujet. » Et Mika déclare : « Il est prématuré d'évoquer mes contrats pour 2001. » En fait, on tourne autour d'une certaine vérité psychologique sans l'amener au grand jour.

Ron Dennis, lui, ne s'embarrasse pas de périphrases. « Rien n'a changé dans mes relations avec Mika », assène-t-il pour commencer. Ensuite, ayant appris que Michael Schumacher va effectuer, le vendredi, un voyage éclair à Fiorano pour de brefs essais privés de la F-2000, le même Dennis se pose en gardien de la réglementation : « Ce genre d'essais n'est pas autorisé durant un week-end de course. » Pour éviter tout autre fâcheux recours, Jean Todt convoque une dizaine de commissaires sportifs italiens pour vérifier que Schumacher ne dépassera pas les 50 km tolérés par la FIA. Ce vendredi 2 juin, à 9 heures, Schumacher, l'ingénieur motoriste Vincenzo Castorio et l'électronicien Ted Czapski s'envolent de l'héliport de Fontvieille et, 85 minutes plus tard, ils sont à Fiorano. Ensuite, Michael Schumacher ne couvre que 42 km, pas un de plus. A 15 heures, l'hélicoptère remet le cap sur Monaco.

Depuis la divulgation de la disgrâce d'Alan Jenkins[1] et les complications médiatiques suscitées, le feu couve chez Prost Grand Prix. Pour éviter l'embrasement, les parties impliquées y mettent du leur. Le jeudi 1er juin, sur une terrasse qui surplombe la chicane de Sainte-Dévote, dans l'immeuble *Castellara*, Alain Prost invite tous les membres de l'écurie, y compris ceux de Peugeot Sport et de Gauloises, à une réception amicale. Très en forme, Jean Alesi en est l'attraction et le personnage central. Sa jovialité communicative déride tout le monde, même Nick Heidfeld.

Le lendemain, vendredi, rebelote. Au nom de Peugeot Sport, Corrado Provera convie les mêmes sur un yacht, le *King Cat*, amarré à la Piscine. Avec le même mot d'ordre que la veille : place à l'apaisement. Les échanges verbaux sont d'une urbanité exquise et sans portée. Il s'agit de dédramatiser une ambiance détériorée. Peu importe l'irréalisme de cette démarche. Sauver ce qui peut l'être, Prost et Provera y songent, chacun sur leur rivage, en chiens de faïence. « Les premiers essais me donnent confiance. Quand on pense bien, tous ensemble et dans le même sens, ça va », lance Prost, sous l'œil tout rond de Provera, avec un optimisme un peu forcé. Mais c'est le jeu.

Le samedi soir, Jean-Dominique Comolli, le président d'Altasis, la nouvelle entité issue de la fusion SEITA-Tabacalera, donne un dîner de dix-sept convives au salon Winston-Churchill de l'*Hôtel de Paris*, en continuité d'un rituel institutionnel de longue date. Naguère, Comolli traitait comme hôte majeur, en face de lui, Guy Ligier, puis Cyril de Rouvre puis Flavio Briatore. Maintenant, il plonge son regard dans celui d'Alain Prost. Le repas est de bon ton, à l'exemple du menu. Les sujets (épineux) qui prêteraient (éventuellement) à discussion ne sont pas abordés, encore moins effleurés. Prost avait vu juste la veille : Alesi est dans le top 10 des qualifications.

Rarissime : Prost et Alesi pleinement souriants.

Ce samedi matin, en quittant son bateau, *Grand Prix*, dans le port de Fontvieille, Jean Alesi se sentait d'excellente humeur. Il émergeait d'une journée de détente avec Kumiko, sa femme, Helena, sa fille, et Giuliano, son neveu. Il était, aussi, réconforté par l'esquisse relationnelle Alain Prost-Corrado Provera. Pour cet affectif, c'était important.

Avant les qualifications, Alesi (qui se rapproche à grands pas de son 36e anniversaire) se retourne sur son passé monégasque : avec dix participations à ce GP – et trois podiums à la clé –, il est le vétéran de ce week-end. « De mes débuts ici, le 27 mai 1990, je suis le seul rescapé en activité, frissonne-t-il sur un drôle de ton. En plus, je n'ai rien marqué depuis 1994 ! » Corrado Provera le reprend immédiatement au mot : « Raison de plus, Jean, pour combler tout ton retard en une seule fois. » Alesi reste songeur. Il est au pied de son défi personnel.

*

* *

Les performances des premiers essais sont très fragiles. Depuis trois jours, la Principauté est baignée de chaleur. A l'heure des qualifications, l'atmosphère atteint 26 °C. Le bitume est en surchauffe. A 13 h 9, Zonta entre en piste avec un temps sans signification, 1'25"736.

En panne de moteur pendant son premier tour, à 13 h 14, Jacques Villeneuve revient en courant à son stand en se faufilant entre les échafaudages. Ce *marathon man* de juin, casqué et en combinaison, tient une bonne cadence. A 13 h 23, Diniz améliore à peine le temps de Zonta, 1'23"947. Et Verstappen, à 13 h 24, n'est guère meilleur en 1'22"909.

A 13 h 26, enfin, David Coulthard secoue un peu la hiérarchie, d'ailleurs inexistante, en 1'21"316. Des exclamations jaillissent des tribunes. Mais, à 13 h 28, ces exclamations concernent plutôt Irvine, chronométré en 1'20"962. Peu à peu, les monoplaces s'installent sur les performances obtenues en essais libres. Irvine, en tout cas, a ouvert une voie.

A 13 h 30, Michael Schumacher frappe relativement fort en 1'20"830. Depuis jeudi, il porte un nouveau casque, à fond rouge (à la place du bleu), pour être mieux identifié par ses adversaires dans le feu de l'action. En plus, ce casque, ultraléger (1 400 grammes), est muni d'un nouveau mini-micro. L'Allemand de Ferrari ne profite pas longtemps de son temps : à 13 h 31, dans un rush impressionnant, Jarno Trulli réussit 1'20"776.

La riposte à Trulli est signée, à 13 h 38, par Coulthard en 1'20"430. Désormais, les tribunes sont haletantes. A 13 h 40, Michael Schumacher reprend son bien en 1'19"843. Le seul capable de battre le double champion du monde, c'est encore et toujours Trulli qui, à 13 h 51, dépasse Michael Schumacher en 1'19"746. L'Allemand qui rêve d'avoir le dernier mot dans ce duel inattendu avec Trulli revient aussitôt en piste pour arracher la pole en 1'19"475. Il est 13 h 52.

1. Voir p. 12.

Eddie Jordan exulte. Trulli aussi. Mais chez Ferrari, le bonheur est encore plus intense dans la mesure où Mika Hakkinen, handicapé par un tenace sous-virage chronique et gêné par le trafic, s'est longtemps cantonné au dix-septième rang. In extremis, à 13 h 56, Hakkinen a entrevu un tour à peu près dégagé : il s'y est engouffré avec une rage froide pour se classer cinquième en 1'20"241. Morose, il se replie dans son motor-home. Il n'a rien à dire. Pas plus sur lui-même que sur une séance de qualifications qu'il veut oublier.

Volubile, Jean Alesi l'est totalement sur le long trajet du stand au motor-home, sur le quai Antoine-Ier. Il est rayonnant. Septième, entre Barrichello et Fisichella, Alesi n'a pas été depuis longtemps à pareille fête. « C'est comme ça que je conçois la Formule 1, avoir une auto pour bien se battre », rigole-t-il, assis face à la baie de Monaco. Il est tellement heureux qu'il n'évoque même pas le contretemps (alternateur défaillant) qui l'a obligé à utiliser le mulet pour se qualifier. Un peu plus tard, en examinant la feuille des temps, son doigt se pointera sur le cinquième, Hakkinen. « J'aurais pu être là », glisse-t-il, entre deux rires.

Autour de Prost, ils sont quelques-uns, chez les sponsors notamment, à poser – et à penser – que le salut de l'écurie ne pourra venir, essentiellement, que d'Alesi. Des Américains de Yahoo! découvrent Monaco avec de grands yeux étonnés et Alesi avec une autre sorte de curiosité. Alesi leur expliquera, avec patience, qu'il se croit revenu « à sa période Ferrari ». D'une certaine manière, en relançant sa carrière sous l'égide d'Alain Prost, Alesi recherchait les sensations et les enseignements d'antan. « Le Professeur est toujours le Professeur », énonce-t-il, avec un accent amusé, au moins pour que nul doute ne subsiste, autour de lui, sur son inconditionnalité à Prost.

En ce samedi d'été (prématuré) de Côte d'Azur, Alesi revit. Il signe plus d'autographes en une fin de journée que depuis le début de la saison. Il s'éclipse de son mieux, peu avant 19 heures, vers son yacht. Auparavant, un long tête-à-tête avec Alain Prost l'aura informé, si besoin en était, de l'importance du GP du lendemain. « Heureusement, il y a de temps à autre des bons moments dans ce métier », soupirera Prost, plus tard, de son côté, dans le hall du *Meridien Beach Plaza*.

Le lendemain matin, à 9 h 15, en pénétrant dans le paddock, Alesi est intercepté par Jackie Stewart. Transi de respect et (peut-être) d'émotion, Alesi est interloqué. Le triple champion du monde lui assure que, sur ses qualifications, il peut envisager un podium ou, au pire, un très bon classement à l'arrivée. « Tu as la voiture qu'il faut pour ici et tu connais ce tracé mieux que beaucoup », lui affirme Stewart. Et ce dernier prend congé d'Alesi en lui serrant fortement la main.

Du coup, Alesi ne traîne plus dans le paddock. Il se replie dans son motor-home. Pour lui, le compte à rebours d'ici la procédure de départ sera très long. Interminable, même. Bref, pour son 174e GP depuis le 9 juillet 1989, sur le Paul-Ricard, Alesi se sent anxieux et ému comme un néophyte. Autour de lui, personne ne remarquera rien. En apparence, du moins.

Ce premier départ du GP était trop beau : Michael Schumacher en tête devant Trulli, Frentzen et les autres. Drapeau rouge après collision générale dans l'épingle du *Loews Hotel*. Tout recommence à 14 h 33. Michael Schumacher commande les opérations devant Trulli, Coulthard, Frentzen, Hakkinen, Ralf Schumacher et Alesi, très à l'aise. Les événements se précipitent un peu plus tard. Avec, notamment, à 15 h 19 l'abandon d'Alesi, transmission cassée. Quand il renonce, la mort dans l'âme, Alesi contenait Barrichello depuis le départ. « Et Rubens a fait le podium, alors pourquoi pas moi ? » interroge-t-il plus tard, sur un ton pathétique, prostré dans son motor-home. Prost et Provera sont saisi d'un même désarroi. « C'est une chance unique que nous avons perdue », avouera Prost ensuite, dans un motor-home, accablé.

Grand chaos monégasque : De la Rosa en travers, les autres bloqués.

Pour Michael Schumacher, devant Trulli, tout avait bien commencé.

Pendant ce temps, la Ferrari n° 3 mène la danse. Avant de s'arrêter, sur une surchauffe de suspension, à 15 h 54. Michael Schumacher se dirige vers Ross Brawn, lui pose une question et s'en retourne la tête basse. Coulthard surgit au commandement, avec Barrichello et Fisichella dans ses rétroviseurs. Et un peu plus loin Irvine, vers ses premiers points 2000, Salo et Hakkinen, qui se surpasse pour arracher un point et le préserver d'un furieux retour de Villeneuve. Quant à Trulli et Frentzen, ils manquent dans le décor, pour des raisons différentes. «J'ai tenu autant que je le pouvais depuis le départ, avec un différentiel défaillant», gémit Trulli.

A une table du gril de l'*Hôtel de Paris*, Joyce et Duncan Coulthard, les parents de David, ont savouré le menu : salade de langouste façon niçoise avec un Chablis premier cru, pièce de bœuf grillée au poivre noir avec un Pomerol Château Saint-Georges. Ils en restent là : leur dessert, c'est la victoire de David, à 16 h 20.

Après avoir salué le prince Rainier sur le podium, Coulthard prend place à sa gauche le soir au dîner de gala du Sporting d'Été. Tout l'état-major de McLaren assiste à cette fête. Seul, Rubens Barrichello représente Ferrari. A une table éloignée, le Brésilien s'entretient longuement avec Hirotoshi Honda. Comme dans une comédie de Blake Edwards, Helen Stewart cherche, avec Neil Ressler, son mari Jackie qui, lui-même, s'approche de Coulthard en même temps que Barrichello qui, l'ayant aperçu dans la pénombre, bondit de sa chaise pour aller retrouver Stewart. En définitive, à l'instant ou ils se rejoignent tous, il est 23 h 15, l'heure du film du GP.

Et ça finit mieux pour Coulthard.

Le montage était manifestement préparé pour une victoire Ferrari. Un document émouvant dévoile Enzo Ferrari, en noir et blanc, adressant un message à la postérité : «La Formule 1 doit survivre après moi.» La salve d'applaudissements qui salue cette prophétie retentit encore lorsque le toit s'ouvre, laissant place à un ciel étoilé prestement zébré par un feu d'artifice des grandes occasions. Très troublé par l'image d'Enzo Ferrari, sortie de nulle part, Barrichello parle à voix basse avec son ami et agent Federico Della Noce. «J'aurais aimé connaître Enzo Ferrari», soupire le pilote de la Ferrari n° 4, qui avait 16 ans lors de la disparition du Commendatore.

GRAND PRIX DU CANADA

8e MANCHE DU CHAMPIONNAT DU MONDE DES CONDUCTEURS 2000

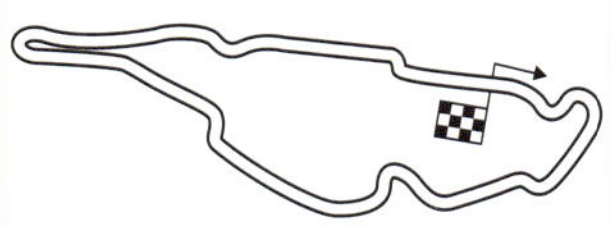

DATE : 18 juin 2000.
CIRCUIT : Gilles-Villeneuve sur l'île Notre-Dame à Montréal.
DISTANCE : 69 tours de 4,421 km, soit 305,049 km.
MÉTÉO : couvert, quelques ondées suivies d'une vraie pluie.
ENGAGÉS : 22. QUALIFIÉS : 22. ARRIVÉS : 13. CLASSÉS : 16.
VAINQUEUR : **Michael Schumacher** (Ferrari) en 1 h 41'12''313 à 180,849 km/h.
MOYENNE RECORD : **Damon Hill** (Williams-Renault) en 1996 à 190,541 km/h.
RECORD DU TOUR : **Mika Hakkinen** (McLaren-Mercedes) : 1'19''049 à 201,338 km/h.

GRILLE DE DÉPART

M. SCHUMACHER (Ferrari) à 202,904 km/h	**1'18''439**	1	**Coulthard** (McLaren-Mercedes)	1'18''537
Barrichello (Ferrari)	1'18''801	2	**Hakkinen** (McLaren-Mercedes)	1'18''985
Frentzen (Jordan-Mugen-Honda)	1'19''483	3	**Villeneuve** (BAR-Honda)	1'19''544
Trulli (Jordan-Mugen-Honda)	1'19''581	4	**Zonta** (BAR-Honda)	1'19''742
De la Rosa (Arrows-Supertec)	1'19''912	5	**Fisichella** (Benetton-Playlife)	1'19''932
Herbert (Jaguar-Ford)	1'19''954	6	**R. Schumacher** (Williams-BMW) [1]	1'20''073
Verstappen (Arrows-Supertec)	1'20''107	7	**Wurz** (Benetton-Playlife)	1'20''113
Salo (Sauber-Petronas)	1'20''445	8	**Irvine** (Jaguar-Ford)	1'20''500
Alesi (Prost-Peugeot)	1'20''512	9	**Button** (Williams-BMW)	1'20''534
Diniz (Sauber-Petronas)	1'20''692	10	**Gené** (Minardi-Fondmetal)	1'21''058
Heidfeld (Prost-Peugeot)	1'21''680	11	**Mazzacane** (Minardi-Fondmetal)	1'22''091

CLASSEMENT

1. **Michael Schumacher** (Ferrari F1-2000) .... en 1 h 41'12''313 à 180,849 km/h
2. **Rubens Barrichello** (Ferrari F1-2000) .... à 0''174
3. **Giancarlo Fisichella** (Benetton-Playlife B200) .... à 15''365
4. **Mika Hakkinen** (McLaren-Mercedes MP4/15) .... à 18''561
5. **Jos Verstappen** (Arrows-Supertec A21) .... à 52''208
6. **Jarno Trulli** (Jordan-Mugen-Honda EJ10) .... à 1'01''687
7. **David Coulthard** (McLaren MP4/15) .... à 1'02''216
8. **Ricardo Zonta** (BAR-Honda 002) .... à 1'10''455
9. **Alexander Wurz** (Benetton-Playlife B200) .... à 1'19''899
10. **Pedro Diniz** (Sauber-Petronas C19) .... à 1'29''544
11. **Jenson Button** (Williams-BMW FW22) .... à 1 tour
12. **Gaston Mazzacane** (Minardi-Fondmetal M02) .... à 1 tour
13. **Eddie Irvine** (Jaguar-Ford R1) .... à 3 tours
14. **Ralf Schumacher** (Williams-BMW FW22) .... à 5 tours (abandon)
15. **Jacques Villeneuve** (BAR-Honda 002) .... à 5 tours (abandon)
16. **Marc Gené** (Minardi-Fondmetal M02) .... à 5 tours (abandon)

ABANDONS

Johnny Herbert (Jaguar-Ford R1) : pb de rétrogradage de la boîte de vitesses (14 tours), alors 15e / **Heinz-Harald Frentzen** (Jordan-Mugen-Honda EJ10) : maître cylindre de frein arrière cassé (32 tours), alors 7e / **Nick Heidfeld** (Prost-Peugeot AP03) : pb moteur et début d'incendie (34 tours), alors 15e / **Jean Alesi** (Prost-Peugeot AP03) : chute de pression hydraulique (38 tours), alors 17e / **Mika Salo** (Sauber-Petronas C19) : moteur cassé (42 tours), alors 13e / **Pedro De la Rosa** (Arrows-Supertec A21) : touchette avec Diniz et sortie (48 tours), alors 12e / **Jacques Villeneuve** (BAR-Honda 002) : accrochage avec R. Schumacher (64 tours), alors 10e, classé 15e / **Ralf Schumacher** (Williams-BMW FW22) [1]: accroché par Villeneuve (64 tours), alors 8e, classé 14e / **Marc Gené** (Minardi-Fondmetal M02) : tête-à-queue (64 tours), alors 14e, classé 16e.

EN TÊTE

M. Schumacher : les 34 premiers et les 27 derniers tours, soit 270 km.
Barrichello : du 35e au 42e tour, soit 35 km.

A NOTER

Pénalité de 10'' : **Coulthard** ayant calé au départ, son équipe n'ayant pas quitté la grille dans les 15'' requises, **Diniz** pour son accrochage avec De la Rosa.

[1] **R. Schumacher** part sur la voiture de réserve.

Au bonheur des Rouges

Dans cette Camry Toyota conduite par Daniel Robin, qui l'emmène vers Montréal, Olivier Panis, assis à la place du passager avant, a le loisir de rêver tout haut. Pour la première fois depuis le 12 juin 1994 – son premier GP du Canada sur une Ligier-Renault –, il revient au Canada sans programme de course. Durant les sept heures entre Roissy et Dorval, dans le vol AF 346 du 14 juin, Panis a discuté intensément avec son voisin de siège, l'ingénieur Vincent Gaillardot, élément majeur de Prost Grand Prix. Leurs confidences n'appartiennent qu'à eux. Panis surveille toujours son ancienne écurie avec autant de curiosité que d'anxiété. Gaillardot se montre exemplaire dans les remous de l'équipe d'Alain Prost.

A 57 ans, Daniel Robin, ancien champion du monde (1967) et double lauréat olympique (1968), s'intéresse toujours de près aux champions actuels. Il invite, subtilement, Panis à lui confier ses objectifs et ses ambitions. A un moment, Panis avoue : « Ce qui me tente, c'est de recourir en 2001. Le reste… » Essayeur d'élite chez McLaren-Mercedes, Panis participe étroitement à l'activité de l'écurie et s'y consacre pleinement. « Tu es privé de l'essentiel, courir ? » le coupe Robin. « Tu as tout compris, mon vieux Daniel », riposte Panis. Ces deux Grenoblois partagent la complicité des sportifs de haut niveau, jamais rassasiés d'efforts et de risques. La

Et 10 points de plus…

Camry de Robin stoppe devant l'hôtel *Vogue*, rue de la Montagne.

Inutile de changer un système qui a amplement prouvé son efficacité. D'une année sur l'autre, Craig Pollock a maintenu autour de Jacques Villeneuve le même dispositif protecteur de son anonymat. Ce dernier et Danii Minogue résident dans la même suite, la 1451, de l'hôtel *Omni Mont Royal*, un cinq-étoiles sur Sherbrooke Ouest. A proximité de leurs proches, Jules Kulpinski, l'attachée de presse australienne de Villeneuve, et Erwin Gollner, son kinésithérapeute autrichien. Et à l'abri d'une muraille humaine composée de trois épais gardes du corps.

Villeneuve a choisi, en accord avec Pollock, de réduire au minimum acceptable ses apparitions publiques à Montréal et ses contacts avec les médias québécois et nord-américains. L'idolâtrie autour de la personne et du nom de Jacques Villeneuve ne se dément pas. Pas plus que la causticité instinctive des Québécois envers lui. A l'occasion de l'annonce d'un contrat qu'il a passé avec Ubi Soft pour le parrainage d'un jeu vidéo de compétition automobile – un projet de 4 millions de dollars (28 millions de francs) sur une cinquantaine de pays avec 500 000 exemplaires initiaux –, Villeneuve est égratigné par les siens.

En fait, le champion du monde 1997 traverse une période équivoque. Le fossé s'est creusé entre les ambitions de l'écurie – prises à la lettre et à court terme par les Québécois – et les résultats enregistrés. Ce décalage énerve les Québécois, très impatients. « Ils prennent ça très mal, je les comprends, mais je ne peux pas bien tout leur expliquer », observe Villeneuve, à mi-voix, assiégé dans son motor-home, regardant de temps en temps ses fanatiques qui montent bonne garde devant à ses pieds, en espérant l'entrevoir.

Les continuelles spéculations sur l'avenir de Villeneuve chez BAR-Honda ou ailleurs volent au ras du sol, uniquement en volumes de millions de dollars. « C'est vexant pour Jacques, car jamais on ne prend en compte sa motivation ou sa classe à l'état pur », s'étonne Craig Pollock, au demeurant affairé à revoir, une énième fois, le fonctionnement interne de l'écurie.

Le partenariat avec Honda permet au constructeur japonais de remonter, à chaque GP, le fil de son histoire. La première victoire ici d'une machine à moteur Honda fut signée par Nigel Mansell, le 15 juin 1986 sur une Williams-Honda turbo. « Je m'en souviens nettement », confie Jacques Villeneuve (15 ans à l'époque) qui ne s'imaginait pas être rattrapé par ce genre d'événement. Il a décliné l'invitation d'animer une parade des splendides S 2000 Honda sur Sainte-Catherine et dans les petites artères voisines.

Pour démontrer son enracinement aux Montréalais, Jacques Villeneuve fait savoir qu'il se prépare à ouvrir un restaurant branché de 400 places, à cuisine internationale, rue Crescent, dans une zone très vivante. Villeneuve, qui sera associé avec Craig Pollock, cherche encore un nom. Son ami Mika Salo lui a expliqué qu'un *Pit Stop Café* venait de s'ouvrir à Zurich, à proximité de la gare centrale, dans un quartier très actif. Et Peter Sauber avait accordé son label à ce *Pit Stop Café* sous la forme d'un accord avec son sponsor principal, Red Bull. « Les GP y sont retransmis en direct, quelle que soit l'heure. Les nocturnes de Formule 1 attirent beaucoup de monde », a précisé Salo. Spécificité du menu : chaque GP a sa pizza attitrée. « Génial ! » a bondi Villeneuve. Maintenant, il ne reste plus qu'à affiner ce concept à l'intention des Montréalais.

Resplendissant de santé, après de longues vacances américaines entre l'Arizona, le Texas, l'Utah, le Kentucky, sur une Harley-Davidson, avec Corinna en passagère, Michael Schumacher affiche une insouciance qui passerait pour de la provocation si elle ne reposait pas sur une appréciation de la situation partagée avec Jean Todt. Au fil de ces dix jours de détente, l'Allemand s'est forgé la conviction que la victoire de Coulthard à Monaco ne changeait pas l'ordre des choses chez McLaren : « Mika Hakkinen est toujours mon rival n° 1. »

Barrichello pensif, Coulthard et Villeneuve souriants.

Sans concertation préalable avec son champion, Todt formule exactement ce jugement à une table *Chez Milos*. En fait, Todt et Michael Schumacher refusent de tomber dans le panneau que leur a tendu Jurgen Hubbert dans une appréciation polémique : « En s'imposant à Monaco, David a magistralement répondu à ceux qui ne le considèrent pas comme le meilleur pilote possible pour nous. » Après une apparition au Salon de Turin, Rubens Barrichello s'est attardé à Miami chez ses compatriotes qui écument les courses américaines, Roberto Moreno, Gil de Ferran, Christian Fittipaldi, etc. « Ce dimanche, je vais disputer mon cent vingtième GP. Je me sens de plus en proche du succès », réfléchit-il tout haut. Pendant tout le week-end canadien, au restaurant *Buena Notte*, à très forte coloration de Ferraristes, on débat chaleureusement des talents comparés de Michael Schumacher et de Barrichello.

Six semaines après sa soirée du Madison Square Garden, David Coulthard a retrouvé New York. Ce mercredi 14 juin, Coulthard affronte David Letterman dans le Letterman Show, sur ABC. L'Écossais n'est pas venu les mains vides : il brandit le trophée du GP de Monaco. Comme d'habitude, l'interview se veut désinvolte et anticonformiste. Letterman a demandé à Coulthard s'il lui arrivait d'éternuer en course, à 300 km/h. Pour définir le tracé de Montréal, Coulthard s'est étrangement tiré d'affaire : « C'est un circuit, entre Monaco et Monza, qui ne ressemble à rien. » Accessoirement, Coulthard a révélé qu'il finirait peut-être sa carrière de pilote aux États-Unis. Il a courtoisement invité David Letterman à Montréal. En vain.

Alain Prost, aussi, a transité par New York, au moins pour changer d'air. Il s'est rendu en touriste désœuvré sur Madison Avenue dans le Nike Town ! Et là, dans un univers visuellement envahi par des posters géants des trois fleurons de Nike, le golfeur Tiger Woods, le cycliste Lance Armstrong et Michael Schumacher, Prost a été reconnu par des visiteurs. Et, sur-le-champ, obligé de signer des dizaines d'autographes, comme lors de ses plus brillantes années. Il se pique au jeu. Ses traits s'éclairent furtivement. Prost est tellement (et intimement) ravi de cette anecdote imprévue qu'il l'évoquera ultérieurement en un cénacle de proches.

Le jeudi 15 juin, au restaurant de l'*hôtel de la Montagne*, Eddie Jordan dîne utile avec Heinz-Harald Frentzen. Les deux hommes ont besoin de se sonder mutuellement. Le bilan 2000 de Frentzen (5 points) n'est pas brillant. Jordan lui propose néanmoins un renouvellement rapide et financièrement confortable. Il veut aussi mesurer le pouvoir attractif de Jaguar sur Frentzen. Depuis quelques semaines, Wolfgang H. Reitzle a fait de Frentzen une priorité avouée pour 2001. En plus, Peter Sauber a, lui aussi, approché Frentzen.

Jordan est le mieux placé pour obtenir les services de Frentzen en 2001. Il ne peut pourtant pas encore dévoiler tous ses plans à l'Allemand. Le lendemain, la température monte brusquement dans le paddock, principalement entre Eddie Jordan, l'Irlandais au sang chaud, et Craig Pollock, l'Écossais flegmatique. Le premier a répandu la rumeur de discussions très avancées avec Honda. Le second, touché, s'est vanté auprès de Jordan d'un statut d'exclusivité.

Ce dialogue à haute tension s'est envenimé. Jordan a attaqué : « Sans Villeneuve, Pollock n'est rien. Je peux revendiquer une expérience de team-manager de quinze ans. Et lui ? » Pollock n'est pas moins mordant : «Jordan n'accepte pas que Jacques puisse rester chez BAR. Il a besoin du moteur Honda pour garder le sponsoring de Benson & Hedges. » En l'occurrence, Pollock vise juste. British American Tobacco, actionnaire de BAR, contrôle aussi Benson & Hedges. La réaction violente de Jordan n'est pas sans raison.

*
* *

Depuis sa victoire du 11 juin 1995, chaque fois qu'il revient en ce cadre Jean Alesi se sent à la fois stimulé et nostalgique. Pour lui qui carbure à l'affectif, cette année 2000 est un cauchemar. «Je ne regrette rien, je pense que l'on va s'en sortir un jour», répète-t-il comme une litanie. A force de remettre les bons moments au prochain GP, Alesi finit par s'interroger pour de vrai. Dans le tourbillon de ses amis canadiens, Alesi s'étourdit de son mieux.

Coïncidence : les quatre Français vainqueurs du GP du Canada, Jacques Laffite en 1981 (Ligier-Matra), René Arnoux en 1983 (Ferrari), Alain Prost en 1993 (Williams-Renault) et Jean Alesi en 1995 (Ferrari) sont à pied d'œuvre. Laffite et Arnoux, les deux anciens, participent même à la course des Célébrités sur des Volkswagen Beetle. Pour sa part, Arnoux n'est pas peu fier d'avoir été reconnu sur le seuil du motor-home Ferrari par une jeune hôtesse italienne. « A chacun ses prouesses », lui dit Laffite, dans un éclat de rire.

Ni Alesi ni Prost n'ont envie de sourire lors des qualifications. A 13 h 17, Heidfeld ouvre les hostilités en 1'23"515. Une minute plus tard, Button, qui tout comme l'Allemand a découvert le tracé ce week-end, tourne en 1'21"252. Les duettistes de McLaren-Mercedes se distinguent, Hakkinen à 13 h 21 en 1'19"579 et Coulthard à 13 h 25 en 1'19"128.

Ils récidivent peu après, toujours dans le même ordre, Hakkinen à 13 h 33 en 1'18"985 et Coulthard à 13 h 36 en 1'18"826. Ce numéro de frères siamois énerve la Scuderia. Car Michael Schumacher n'a pas cessé d'attaquer, mais sans déborder le Finlandais et l'Écossais.

A 13 h 37, Michael Schumacher a échoué de peu en 1'18"840. A 13 h 51, dans une explosion d'enthousiasme chez les siens, l'Allemand se hisse en pole en 1'18"546, emmenant, à 14 h 4, Barrichello dans son sillage en 1'18"801. Mais rien n'est acquis pour Michael Schumacher car, à 14 h 5, Coulthard, rageur et inspiré, le devance en 1'18"537.

Qu'à cela ne tienne. Michael Schumacher, entré en piste derrière Coulthard, lui arrache in extremis, à 14 h 5'51"la pole définitive en 1'18"439. Tous deux se déclarent ravis. L'Allemand lance une boutade : « C'est la pole la plus brève de toute ma carrière. Ainsi, je suis candidat à la victoire qui m'a échappé à Monaco. » L'Écossais est réaliste : «Je pars là où je l'aurais souhaité. » Il est décontracté et déterminé. En caressant une légère barbe naissante, Bar-

Deux Schumacher et un Alesi : trois amis.

Barrichello-Brawn, contrastes.

richello se dit frustré : « Franchement, le drapeau jaune m'a gêné au plus mauvais moment. » Troisième, il s'attendait à mieux. Emerson Fittipaldi, venu vers lui, recueille ses doléances.

Le trio Alesi-Heidfeld-Prost s'attendait, aussi et surtout, à mieux qu'une immersion dans les profondeurs de la grille. Faussement désinvolte – en prenant énormément sur lui pour masquer sa déception corrosive –, Alesi sort du briefing avec ses ingénieurs en s'exclamant : « A moi, le football ! » Casquette bleue vissée sur le crâne, Alesi assiste, en solitaire, dans le motor-home Prost, au match décisif Angleterre-Allemagne (1-0) à Charleroi, en championnat d'Europe des Nations.

A côté, dans l'immense espace McLaren-Mercedes, un public anglo-allemand est massé devant un grand écran. Le but de l'Anglais Shearer déclenche joie chez les uns et tristesse chez les autres. Peu importe. Il y a assez de bière pour rafraîchir tout le monde. Emerson Fittipaldi, champion du monde 1974 avec Marlboro-McLaren-Ford, venu ici pour le cinq centième GP de McLaren, tourne le dos à l'écran et discute avec Ron Dennis. « Ces équipes n'alignent pas de footballeurs brésiliens, ça ne m'intéresse pas », énonce-t-il doctement. Dennis l'approuve en riant.

Entre Frentzen, 1'19"483, Villeneuve, 1'19"544, Trulli, 1'19"581, Zonta, 1'19"742, ce tir groupé des pilotes Mugen-Honda et Honda, juste derrière le carré d'as Ferrari-McLaren, est impressionnant. « C'est le potentiel Honda qui en est valorisé », estime Prost, à la fois admiratif et intéressé. Trulli et son agent Lucio Cavuto soupirent : « Nos moteurs nous causent quelques soucis. » Jordan, curieusement muet, ne verse plus d'huile sur le feu de ses relations avec Pollock. Par contre, le motor-home BAR-Honda, à une extrémité du paddock, n'a jamais drainé autant d'amis et de curieux. Pour les Québécois, à nouveau sous le charme, Villeneuve est « meilleur que jamais ».

Flegmatique, le champion du monde 1997 corrige : « J'ai, en priorité, une course à disputer et, en plus, une mauvaise surprise à effacer. » Cette allusion à son abandon de 1999 le rapproche de ses compatriotes, inconditionnels mais épidermiquement très exigeants. Prudent, Pollock ordonne de renforcer le dispositif de sécurité de l'hôtel *Omni Mont Royal* autour de Villeneuve. Des fanatiques monteront la garde toute la nuit, en dépit de la fraîcheur humide, pour ne pas manquer le départ de leur idole le lendemain matin, peu après 8 heures.

Sur cette grille de départ, Peter Sauber s'approche de son compatriote et ami Ma-

McLAREN 500 : L'AVENTURE CONTINUE

Pour le cinq centième GP de McLaren, depuis le 22 mai 1966 à Monaco, Ron Dennis n'avait, selon ses propos, rien prévu de particulier. Néanmoins, le dimanche, 500 ballons gris étaient accrochés au-dessus des motor-homes et un gigantesque gâteau d'anniversaire trônait dans l'enceinte McLaren-Mercedes.

Distingué peu avant comme « Commander of the British Empire », Ron Dennis avait donc été récompensé avant l'échéance même de ce GP du Canada. D'ailleurs, David Coulthard avait également anticipé sur cette référence historique en remportant le GP de Monaco, à jamais répertorié comme le 499e de l'histoire de l'écurie fondée par cet intrépide Néo-Zélandais qu'était Bruce McLaren, tué en essais privés le 2 juin 1970.

Au soir de son cinq centième GP, McLaren pouvait se réjouir de présenter un palmarès exceptionnel : 11 championnats du monde des pilotes, 8 titres mondiaux des constructeurs, 126 victoires en GP, et, surtout, une aventure en passe de se poursuivre.

Dès le départ, Michael Schumacher au commandement.

rio Ilien. Survient alors Mario Theissen, le directeur technique de BMW Motorsport. Les trois hommes parlent d'abondance. Sauber et Theissen s'intéressent en plus à la MP 4/15 de Coulthard. Ce dernier ne peut s'élancer qu'après une aide in extremis de ses mécaniciens.

Michael Schumacher et Coulthard sont bien partis. Mais Villeneuve, saisissant d'audace, s'est infiltré en troisième position, d'entrée, devant Barrichello, Hakkinen, Frentzen, De la Rosa, etc. A 13 h 6, une enquête est annoncée sur la n° 2 de Coulthard. A 13 h 19, le verdict tombe : une immobilisation au stand de 10" pour l'Écossais. La course change de physionomie. Villeneuve bondit à la deuxième place, à 17" de Michael Schumacher.

Quand Coulthard repart, il est dixième. Michael Schumacher contrôle aisément les opérations. Barrichello, venu à bout de Villeneuve après une superbe passe d'armes, est à 26" et, derrière, le Québécois est aux prises avec Hakkinen. Du grand spectacle. La pluie tombe à point nommé. De Toulouse, soit à 6 000 km, Météo France l'avait annoncé à la minute près à Ferrari. Sur les vingt derniers tours, le duo rouge, Michael Schumacher-Barrichello, survole le lot.

Mauvaise surprise pour Villeneuve : à son ravitaillement, ses mécaniciens lui remettent des pneus secs alors qu'il demandait des pluie ! Pollock s'est pris la tête dans les mains. « Jacques perdait le podium. » Dans les péripéties de la fin du GP, Villeneuve percute Ralf Schumacher et tous deux abandonnent. Coulthard bataille à fond pour se classer septième. « Une course à oublier », maugrée-t-il.

Hakkinen baisse pavillon devant le surprenant Fisichella, aussi heureux qu'à Monaco. « Depuis 1997, je suis un habitué du podium de Montréal », exulte l'Italien, devant Briatore pas mécontent du tour joué à Hakkinen et à McLaren-Mercedes, pour 3". Pas plus. Autre bonne performance pour Supertec : Jos Verstappen qui n'avait pas marqué le moindre point depuis le 7 avril 1996 à Buenos Aires en totalise deux d'un seul coup. Briatore change de personnage et, en tant que directeur de Supertec, s'empresse de féliciter Verstappen et Tom Walkinshaw.

Villeneuve, toujours maudit devant ses compatriotes.

Dans la cohue de l'arrivée, Todt a ordonné à Luca Baldisseri de monter sur le podium. Michael Schumacher est épanoui : « Avec ma quarantième victoire, j'ai déjoué la coïncidence qui, depuis douze courses, empêchait l'homme de la pole de l'emporter. Ce treizième GP m'a porté chance. » Corinna l'attend avec impatience. Tous deux s'envolent en hélicoptère pour Dorval. Leur Challenger est paré pour décoller au plus tôt vers Genève.

Pendant ce temps, Barrichello se défoule : « J'ai eu la tentation de dépasser Michael. J'en avais la possibilité car j'étais très rapide. Mais j'ai reçu des ordres par radio... » Le Brésilien, amer, s'entretient avec Ross Brawn. En sachant qu'on lui demandera toujours de se montrer raisonnable. A un moment, il va à la rencontre des médias brésiliens. Pour des confidences réalistes réservées à ses compa-

Malchanceux, Frentzen n'ira pas jusqu'au drapeau à damier.

LA FIN D'UNE SÉRIE NÉFASTE

Curiosité : Michael Schumacher n'avait pas enlevé de GP en partant de la pole depuis le 13 septembre 1998 à Monza. En plus, en s'imposant à Montréal il interrompt cette néfaste série qui privait le lauréat de la pole de la victoire. En voici le rappel précis.

- Spa, 29 août 1999 :
  p : Hakkinen ; v Coulthard.
- Monza, 12 septembre :
  p : Hakkinen ; v : Frentzen.
- Nürburgring, 26 septembre :
  p : Frentzen ; v : Herbert.
- Sepang, 17 octobre :
  p : M. Schumacher ; v : Irvine.
- Suzuka, 31 octobre :
  p : M. Schumacher ; v : Hakkinen.
- Melbourne, 12 mars 2000 :
  p : Hakkinen ; v : M. Schumacher.
- São Paulo, 26 mars :
  p : Hakkinen ; v : M. Schumacher.
- Imola, 9 avril :
  p : Hakkinen ; v : M. Schumacher.
- Silverstone, 23 avril :
  p : Barrichello ; v : Coulthard.
- Barcelone, 7 mai :
  p : M. Schumacher ; v : Hakkinen.
- Nürburgring, 21 mai :
  p : Coulthard ; v : M. Schumacher.
- Monaco, 4 juin :
  p : M. Schumacher ; v : Coulthard.
  Série terminée...

triotes. Au lieu de regagner l'Europe tout de suite, Barrichello s'en retourne en Floride chez son ami Tony Kanaan. « J'ai besoin de respirer », souffle-t-il. Curieusement, ce même dimanche, Eddie Irvine a relevé : « Barrichello est mieux traité que moi chez Ferrari. »

En cette fraîche soirée de Montréal, *La Gargote*, un restaurant français ouvert sur la place d'Youville, Jean-Pierre Ousset, le directeur, s'efforce de calmer des commerciaux en colère. Depuis quinze ans, une coopérative de la Vallée du Rhône, les Celliers des Dauphins, appose régulièrement ses panneaux sur les GP. Une heure avant la course, ce dimanche matin, ces panneaux ont été déplacés dans des endroits moins exposés au profit de Foster, le géant australien de la bière. Fort avant dans la nuit, les contrats publicitaires seront lus et relus minutieusement.

Une fois de plus, Michael Schumacher royal sous la pluie.

Ce même dimanche soir, le staff technique de Ferrari a dîné au *Delta Hotel*, autour de Nigel Stepney. « Michael, c'est un vrai cadeau », se sont réjouis les Italiens. Trente-six heures plus tard, en débarquant à Roissy du vol AF347, Luca Baldisseri bâille en attendant sa valise, en compagnie d'une poignée d'ingénieurs. Baldisseri explique : « Nous fonçons sur Magny-Cours pour des essais privés avec Michael. C'est le prix à payer pour le championnat du monde. »

Un bleu, Fisichella, pour deux rouges, c'est peu fréquent.

GRAND PRIX DE FRANCE

9ᵉ MANCHE DU CHAMPIONNAT DU MONDE DES CONDUCTEURS 2000

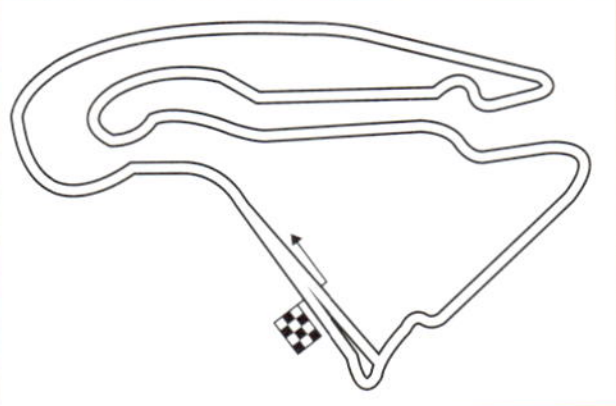

DATE : 2 juillet 2000.
CIRCUIT : Nevers Magny-Cours.
DISTANCE : 72 tours de 4,251 km, soit 305,886 km/h.
MÉTÉO : ensoleillé et très chaud.
ENGAGÉS : 22. QUALIFIÉS : 22. ARRIVÉS : 15. CLASSÉS : 15.
VAINQUEUR : **David Coulthard** (McLaren-Mercedes) en 1 h 38'05"538 à 187,100 km/h.
MOYENNE RECORD : **Michael Schumacher** (Ferrari) en 1998 à 190,963 km/h.
MEILLEUR TOUR : **David Coulthard** (McLaren-Mercedes) : 1'19"479 à 192,548 km/h.
RECORD DU TOUR : **Nigel Mansell** (Williams-Renault) en 1992 : 1'17"070 à 198,521 km/h.

GRILLE DE DÉPART

Coulthard (McLaren-Mercedes)	1'15"734	1	**M. SCHUMACHER (Ferrari) à 202,342 km/h**	**1'15"632**
Hakkinen (McLaren-Mercedes)	1'16"050	2	**Barrichello** (Ferrari)	1'16"047
Irvine (Jaguar-Ford)	1'16"399	3	**R. Schumacher** (Williams-BMW) [1]	1'16"291
Frentzen (Jordan-Mugen-Honda)	1'16"658	4	**Villeneuve** (BAR-Honda)	1'16"653
Button (Williams-BMW)	1'16"905	5	**Trulli** (Jordan-Mugen-Honda)	1'16"669
Salo (Sauber-Petronas)	1'17"223	6	**Herbert** (Jaguar-Ford)	1'17"176
Fisichella (Benetton-Playlife)	1'17"317	7	**De la Rosa** (Arrows-Supertec)	1'17"279
Heidfeld (Prost-Peugeot)	1'17"374	8	**Diniz** (Sauber-Petronas)	1'17"361
Alesi (Prost-Peugeot)	1'17"569	9	**Wurz** (Benetton-Playlife)	1'17"408
Verstappen (Arrows-Supertec)	1'17"933	10	**Zonta** (BAR-Honda)	1'17"668
Mazzacane (Minardi-Fondmetal)	1'18"302	11	**Gené** (Minardi-Fondmetal)	1'18"130

CLASSEMENT

1. **David Coulthard** (McLaren-Mercedes MP4/15) .... en 1 h 38'05"538 à 187,100 km/h
2. **Mika Hakkinen** (McLaren-Mercedes MP4/15) .... à 14"748
3. **Rubens Barrichello** (Ferrari F1-2000) .... à 32"409
4. **Jacques Villeneuve** (BAR-Honda 002) .... à 1'1"322
5. **Ralf Schumacher** (Williams-BMW FW22) [1] .... à 1'3"981
6. **Jarno Trulli** (Jordan-Mugen-Honda EJ10) .... à 1'15"604
7. **Heinz-Harald Frentzen** (Jordan-Mugen-Honda EJ10) .... à 1 tour
8. **Jenson Button** (Williams-BMW FW22) .... à 1 tour
9. **Giancarlo Fisichella** (Benetton-Playlife B200) .... à 1 tour
10. **Mika Salo** (Sauber-Petronas C19) .... à 1 tour
11. **Pedro Diniz** (Sauber-Petronas C19) .... à 1 tour
12. **Nick Heidfeld** (Prost-Peugeot AP03) .... à 1 tour
13. **Eddie Irvine** (Jaguar-Ford R1) .... à 2 tours
14. **Jean Alesi** (Prost-Peugeot AP03) .... à 2 tours
15. **Marc Gené** (Minardi-Fondmetal M02) .... à 2 tours

ABANDONS

Ricardo Zonta (BAR-Honda 002) : sortie dans le bac à graviers suite à des pb de freins (16 tours), alors 17ᵉ / **Johnny Herbert** (Jaguar-Ford R1) : pb de boîte de vitesses (20 tours), alors 12ᵉ / **Jos Verstappen** (Arrows-Supertec A21) : pb de transmission (25 tours), alors 14ᵉ / **Gaston Mazzacane** (Minardi-Fondmetal M02) : tête-à-queue et sortie par manque d'adhérence (31 tours), alors 16ᵉ / **Alexander Wurz** (Benetton-Playlife B200) : sortie dans le bac à graviers sur pb de freins et survirage (34 tours), alors 16ᵉ / **Pedro De la Rosa** (Arrows-Supertec A21) : pb transmission (45 tours), alors 14ᵉ / **Michael Schumacher** (Ferrari F1-2000) : pb de pneus et moteur serré (58 tours), alors 2ᵉ.

EN TÊTE

M. Schumacher : les 24 premiers tours et du 26ᵉ au 39ᵉ tour, soit 161 km.
Coulthard : le 25ᵉ tour et les 33 derniers tours, soit 145 km.

[1] **R. Schumacher** utilise la voiture de réserve en course suite à une sortie au warm-up.

Coulthard, en puncheur

Coulthard, roi en France.

Cet après-midi-là, toujours aussi impoli avec ses deux mains bien enfoncées dans ses poches, l'homme interpelle des techniciens de Prost Grand Prix comme s'ils étaient à ses ordres. A six jours du GP de France, ce vendredi 23 juin, le préfet-président Roland Hodel ne soulève que des ricanements dans le paddock de Magny-Cours. Certains de ses proches l'ont surnommé SSH (Sa Suffisance Hodel) après la lecture de son ouvrage sur le GP de France 1999, détournement abusif à son autoglorification d'une formule créée par Jean Glavany. Adepte du culte de sa personnalité, Hodel se cite d'abondance, évoque «*mes* équipes de maintenance» et focalise ses critiques sur le GP de France 1991, dont l'organisation, pour mémoire, avait été distinguée à l'époque par le pouvoir sportif.

A se gargariser des statistiques optimistes et des contre-vérités qui, depuis des mois, enjolivent le GP de France 2000, Hodel en a perdu toute mesure. Le lundi 26 juin, il s'est énervé tout seul devant le conseil municipal de Nevers en présentant les comptes de la société d'économie mixte du circuit. Il a affirmé avoir dégagé sur l'exercice 1999 un excédent de recettes de 4,9 millions de francs après avoir accueilli sur le site 600 000 visiteurs (sans indiquer la proportion de gratuits). Devant cet optimisme assené «à coup de massue» (selon Daniel Rostein), les questions posées sur «la masse d'argent public» évaluée à 20 millions de francs versée par les contribuables (selon François Labalerry) et sans oublier une centaine de millions de francs réservée pour des travaux annexes, Roland Hodel a répondu : «Les charges ont augmenté, mais on avait d'abord fait une réduction drastique des dépenses.» En plus, il a imperturbablement souligné sa «bonne vigilance rurale» *(sic)*, argument de poids (?) dans les sports mécaniques. Anecdotiquement parlant, au passage, les investissements 2000 du circuit ont été financés, à hauteur de 18 millions de francs, par les contribuables nivernais.

Bref, dans une économie nationale largement ouverte à la concurrence privée, le budget du GP de France se singularise par une large sollicitation des fonds publics. Ce même lundi 26 juin, Bernard Bardin a cautionné auprès du conseil général un complément de 600 000 francs à un versement de 800 000 francs pour inviter gracieusement 4 500 collégiens à vibrer dans les tribunes de Magny-Cours. Sans négliger, toujours le 26 juin, une évaluation supplémentaire de 80 millions de francs pour la construction de la piste-école du circuit et de la réfection du virage du Lycée. L'électoralisme latent qui inspire toutes ces mesures, sous couvert de générosité, fausse toutes les données de rentabilité.

En fait, au fil de cette imbrication financière d'argent public dans le devis du GP de France, le vrai problème qui se pose concerne l'équilibre d'une des deux épreuves automobiles françaises inscrites au calendrier mondial[1]. L'organisation coûte, globalement, plus de 70 millions de francs. Les recettes ne sont pas évidentes, en raison d'un certain laxisme politique. Les bénéfices ne sont pas garantis. Seules, sont assurées les retombées économiques régionales (200 millions de francs) qui financent, par un mécanisme de rétrocession d'impôts, le fonctionnement et l'entretien de circuit. Avec ce processus, la boucle est fermée et le préfet-président peut s'adonner à son plaisir favori, sa valorisation individuelle outrancière.

1. L'autre est le Tour de Corse, fleuron français du championnat du monde des rallyes.

Peter Sauber avec Diniz et Salo : briser la glace.

CES CONTRATS QUE PERSONNE N'A VUS...

En termes ronflants et hyperboliques (« inlassable campagne de promotion », « campagne de modernisation intensive », « engouement exceptionnel, inouï, jamais vu », « renouveau du sport automobile français », etc.), est annoncé, le 19 mai, le contrat d'attribution du GP de France à Magny-Cours jusqu'en 2005.

Le vendredi 26 mai, au café *Auto Passion*, porte d'Orléans à Paris, Jacques Régis, le président de la FFSA, s'étonne dans un cénacle restreint : « Ces contrats qui sont signés pour cinq ans, personne ne les a jamais vus. » Pourtant, le document d'information arbore le sigle de cette même FFSA, impliquée dans l'organisation du GP de France. Le président de la FFSA s'abstient de tout commentaire. Manifestement, il n'en pense pas moins.

D'ailleurs, au fil de la discussion à bâtons rompus, on apprend la hausse vertigineuse du plateau de la Formule France, qui a lieu pendant le week-end du GP de France. Pour information, en 1998 ce plateau coûtait 50 000 dollars (350 000 francs). Il est monté en 1999 à 62 000 dollars (434 000 francs) et a atteint en 2000 les 100 000 dollars (700 000 francs). Les négociateurs de la Nièvre sont des proies idéales. Quel talent !

En ces derniers jours de juin 2000, Hodel s'enivre de politique politicienne. Ayant appris la visite de Jean-Claude Gayssot, le ministre des Transports, il a court-circuité tous les services de communication au ministère, à Magny-Cours comme à Paris, en réglant lui-même les détails du voyage de Jean-Claude Gayssot avec son cabinet. Dans le même ordre d'idées, Hodel est pendu au téléphone des heures durant pour avoir confirmation de la présence du Premier ministre, Lionel Jospin, sur la grille de départ.

Le jeudi 29 juin, à côté du circuit, Dany Snobeck présente son prototype, LM 01, avec plus d'une demi-heure de retard sur l'horaire. Hodel avait exigé de présider cette manifestation. Mais, retenu par ses obligations de liaison avec Matignon, il se fait piteusement excuser exactement 35 minutes après l'horaire. Au grand regret d'Henri Pescarolo qui se ménageait le plaisir de le questionner. « Du temps de Philippe Gurdjian et de Jean Glavany, chaque plot d'héliport coûtait 4 000 francs. Maintenant, ces mêmes plots sont montés à 7 500 francs. C'est incroyable », s'insurge Pescarolo. En fait, Hodel a donné l'héliport en concession, sans réfléchir. Conséquence : comme beaucoup d'usagers d'hélicoptères, Pescarolo pose son Robinson sur le terrain (voisin) de la SODEMO, la société qui fabrique le moteur V-6 de la LM 01 de Snobeck. Une gestion ratée de plus.

D'une semaine sur l'autre, Michael Schumacher retrouve la même chambre, la 218, à l'*Holiday Inn*. Après Montréal, lors d'essais privés ici même, voici six jours, il n'a pas fanfaronné : « Même confortablement placé, je redoute toujours un retour des McLaren. » Il évalue quand même à 55 % ses chances de gagner le titre mondial. En observant : « David Coulthard est peut-être plus dangereux pour moi que Mika Hakkinen. » Cet embarras n'est pas feint.

Une semaine plus tôt, Mika Hakkinen se reposait, à l'*Holiday Inn*, dans la suite Talbot. Il a dû la céder à Bernie Ecclestone et s'installer, à côté, dans la chambre 312. Depuis les essais privés, il s'est offert un week-end pittoresque à Helsinki, au Mid Summer Festival, la plus grande manifestation finlandaise de l'année. « Trois jours de folie, avec une pluie d'enfer et ensuite un ciel pur », sourit Hakkinen qui aurait pu, dans la foule, croiser Mika Salo. Au lieu de ça, Hakkinen est revenu à Monaco en passant par Milan, pour une promotion Boss.

David Coulthard est doublement ravi. Non seulement parce qu'il a garé son motor-home dans une zone de proximité, extérieure au paddock. Mais surtout parce qu'il a obtenu de Ron Dennis une sensible réduction de trente-cinq à vingt de ses journées de relations publiques. Il s'aligne, à sa manière, sur son ami Jacques Villeneuve, son voisin de motor-home. Quand Rubens Barrichello, redevenu imberbe (« je me sens mieux »), retire la clé de sa chambre, la 202, à l'*Holiday Inn*, il est curieusement réservé. Son entourage de la Scuderia lui a donné une double recommandation : se contenter de propos assez neutres et se référer, avec insistance, à l'esprit d'équipe. Barrichello a tout saisi.

A 8 h 30, le jeudi matin, Jean Alesi a quitté Guyancourt dans le coupé Peugeot 406 de fonction, 951 MX 75, d'Alain Prost, en se laissant transporter par Olivier, le chauffeur personnel de Prost. La veille au soir, dans le salon de l'appartement parisien de Prost, Alesi a suivi fébrilement France-Portugal (2-1), en demi-finale de l'Euro. A côté, Prost et Jean-Charles Roguet travaillaient dur sur le dossier de l'écurie.

Tous trois le savent : il ne se passera rien de définitif, entre Prost et Peugeot, ce week-end. Ils s'attendent à des rafales de questions. A 12 h 30, Alesi aborde le paddock par une entrée interdite. Identifié par des contrôleurs compréhensifs, il évite un long trajet à pied pour rallier le motor-home. Il évite aussi des interlocuteurs inquisiteurs. « Je n'ai rien à dire, mais personne ne me croit », soupire-t-il.

Dans la lourde chaleur de la mi-journée, le paddock pourrait verser dans la torpeur. Dans le secret du motor-home Jordan, Giselle Davies ajuste la rédaction d'un bref communiqué, au demeurant prêt depuis la veille mais en attente de validation. Eddie Jordan ne lui a donné son feu vert pour le tirage de ce texte de quelques lignes qu'en fin de matinée. Peu après 14 heures, l'annonce d'un accord Jordan-Honda à partir de 2001 et pour une durée de cinq ans réveille instantanément le paddock. « Eddie avait bien préparé son coup », commente Prost. Chez BAR, cette nouvelle tombe comme la foudre. Craig Pollock, furtivement désarçonné, réagit : « Notre contrat avec Honda n'est pas remis en cause. D'ailleurs, outre le moteur, notre collaboration avec Honda porte également sur le châssis. A tel point que notre voiture peut être aujourd'hui considérée comme Honda à 75 %. »

A ce jour, qui coïncide avec une assemblée générale d'actionnaires Honda à Tokyo, aucun contrat n'est encore signé. Rondement menées en trois jours – mais après un long processus d'approche –, les négociations entre Eddie Jordan et Soichichi Tanaka ont été finalisées le samedi 24 juin à Londres. Tanaka n'ignorait évidemment pas que la monofourniture du V10 Honda à BAR n'était pas une exclusivité. Jordan, qui avait appris ce « détail » en temps utile, avait donc entamé le forcing.

Cela dit, cette entente Jordan-Honda n'aurait pas vu le jour si une certaine tension n'avait pas existé entre Hirotoshi Honda, le président de Mugen, et Honda Motor, la maison mère. Après avoir pendant de longues années assuré la présence Honda en Formule 1 – et plus précisément chez Jordan depuis 1998 avec Damon Hill, Ralf Schumacher, Heinz-Harald Frentzen et Jarno Trulli –, Hirotoshi Honda risquait de faire de l'ombre à Honda Motor, qui aspirait à élargir son influence, en traitant avec une deuxième écurie, en plus de BAR.

Pour l'anniversaire de Ralf, les faux frères ennemis.

Dans cette perspective, le fusible Mugen-Honda était condamné à sauter, du moins sous la forme qui le caractérisait depuis de longues saisons. Convenait-il encore de le valoriser, « à la japonaise », en respectant certaines apparences et la personnalité de l'héritier de Soichiro Honda, l'illustre fondateur de la firme.

Maintenant, une étape est franchie : tout s'étale au grand soleil de la Nièvre. Un seul Français avait été prioritairement et confidentiellement informé : dès le dimanche 25 juin, Claude Sage avait averti Alain Prost de cette opération. Tout au long de ce jeudi, Jordan parade allègrement, dans (et devant) son motor-home, force bières à l'appui. Peu après 20 heures, en se décidant enfin à se rendre à l'*Holiday Inn*, son attaché-case à la main, Jordan conclut joyeusement : « C'est le meilleur

Bien sage, Jordan entre Briatore (à g.) et Dennis…

essai que j'ai marqué en près de dix ans de Formule 1. » Cette allusion au rugby est un cri du cœur.

Le lendemain matin, Gerhard Berger et Eddie Jordan se télescopent (presque) devant l'escalier d'accès à la zone des stands. L'Autrichien ne se démonte pas : « Au fait, sais-tu que j'ai réussi dix-huit podiums entre 1990 et 1992 avec une McLaren-Honda, dont trois victoires ?... » Jordan simule, par réflexe, un étonnement admiratif. Avant de répliquer : « Tant pis pour toi, je n'ai pas besoin d'un consultant Honda. » Et Berger saisit Jordan à la gorge. Dans un éclat de rire.

Néanmoins, le paddock bouge en profondeur. Sans insister outre mesure, Wolfgang Schatling (pour Mercedes), Anna Guerrier et Eleen Kolby (pour McLaren) ont laissé entendre qu'une conférence médias pourrait, éventuellement, avoir lieu ce vendredi en fin de journée dans le motor-home Mercedes. Impossible d'en apprendre plus sur le sujet. Les plus avisés penchent pour une communication technologique.

Depuis le jeudi après-midi, Didier Cotton (pour Mika Hakkinen) et Martin Brundle (pour David Coulthard) savent, des intéressés eux-mêmes, que Ron Dennis et Norbert Haug veulent annoncer ce week-end la reconduction des contrats respectifs de Hakkinen et Coulthard pour 2001. Cette hâte n'est pas spontanée. Dennis et Haug appréhendent, à juste titre, des surenchères venues d'ailleurs sur leurs pilotes. Toutes les tractations ont été secrètement menées ces dernières semaines, en interne. Aucune rumeur n'a transpiré.

David Coulthard avait lancé une phrase intéressante : « Le privilège du n° 1 n'existe pas chez McLaren et, franchement, c'est un avantage pour Mika comme pour moi. » De son côté, Hakkinen, sur ses gardes depuis les commentaires sur sa « démotivation », ne pouvait pas s'exprimer sur un sujet qu'il niait. Le Finlandais

Prost, Alesi, Humphrey Corbett, soucis...

avait besoin d'un signe extérieur. Bref, tout comme Coulthard, Hakkinen était sensible à un effet d'annonce qui le confirmait dans ses prérogatives chez McLaren pour une année de plus, la neuvième consécutive soit dit en passant.

Il ne restait qu'à fixer l'heure et l'endroit. Dennis ayant obtenu le feu vert de Cotton et Brundle pour ce vendredi en fin de journée, Eleen Kolby et Anna Guerrier tirent donc les communiqués en début d'après-midi. De son côté, Haug a reçu carte blanche de Jurgen Hubbert, à Unterturckheim, pour délivrer l'information.

A 17 h 45, par une température tiède, une cohorte dense cerne le motor-home Mercedes. Sans une minute de retard sur l'horaire fixé, Ron Dennis, Norbert Haug, David Coulthard et Mika Hakkinen se présentent ensemble, les traits satisfaits. Dennis s'éclaircit un peu la voix : « Nous avons pris notre décision très tôt en saison... » Bref, l'information est officialisée en quelques minutes. En retrait, un mobile à la main, Didier Cotton ne perd rien du monologue de Dennis, qui insiste sur la fidélité de Hakkinen (neuf saisons) et de Coulthard (six). Le Finlandais ironise gentiment : « Vous ne me demandez pas des nouvelles de ma retraite ? » On le devine rasséréné.

Dans le motor-home McLaren, à quelques mètres de là, Olivier Panis ne dit rien. Seule, Anne, sa jeune femme, pourrait percer ses pensées. Une conclusion s'impose : s'il le veut, Panis se met sur le marché pour 2001. Panis et Cotton conviennent de préserver leurs réflexions par-devers eux.

Chez Prost et Peugeot, deux motor-homes qui se jouxtent tout en étant coupés par une invisible ligne de démarcation, l'ambiance est oppressante. Traits fermés, démarches hâtives et silencieuses, les uns (ceux de Prost) et les autres (ceux de Peugeot) travaillent côte à côte mais pas ensemble. Alain Prost et Corrado Provera se contentent d'un discours conformiste, voire désabusé. Aucune tonalité d'espoir ne résonne dans cette communauté sans enthousiasme. Jean Alesi et Nick Heidfeld ne savent quelle attitude adopter. Ce constat est plus alarmiste pour le Français que pour l'Allemand.

*
* *

A l'heure des qualifications, on guette un soupçon de bataille. De fait, Mazzacane ouvre les hostilités, sur sa Minardi, à 13 h 7 en 1'19"035. Ce n'est évidemment qu'une escarmouche. A 13 h 10, Barrichello lance une grande offensive rouge en 1'16"230, une performance qui devient intéressante. D'ailleurs, la Ferrari n° 4 n'est dépassée que par la Ferrari n° 3. En effet, à 13 h 26, Michael Schumacher s'installe en 1'15"632 en une pole position que l'on croit provisoire.

Mais ce temps présumé provisoire résiste à tous les assauts. Coulthard, qui consent enfin à émerger de son stand, réussit 1'16"170 à 13 h 34, ce qui suffit pour le hisser en première ligne. Heureusement, sur la fin, à 13 h 59, Coulthard améliore en 1'15"734. Trop tard pour inquiéter Michael Schumacher, qui s'est contenté de régler sa machine en laissant ses rivaux échouer dans leur ascension vers la pole.

Seul, l'Allemand de Ferrari s'estime satisfait : «Je me sens très rapide ici. Je ne vois vraiment rien d'autre à signaler.» Il déborde de confiance mais, par raison, il n'ose pas trop le montrer. Coulthard n'est pas mécontent d'avoir Michael Schumacher dans sa ligne de mire. «J'ai envie de jouer le tout pour le tout», avouera-t-il, plus tard, à une table de l'*Holiday Inn*. Il a une revanche à prendre sur Montréal.

Le ciel est tombé sur Alesi. Dix-huitième. Une catastrophe ! Blême d'une colère (mal) contenue, Alesi ne se retient plus. Il lâche des mots très durs sur son moteur, accusé de tous les maux, y compris ceux d'un accélérateur défaillant (pièce qui ne sort pas de Peugeot Sport). Terriblement déboussolé, Alesi repart en solitaire vers la maison, toujours la même, de Saint-Parize où il réside depuis dix ans. Ce même soir, Prost dîne avec Jean-Dominique Comolli, dans un salon particulier de *La Renaissance*. Le repas est pesant. Prost est accablé.

Le dimanche matin, les mécaniciens de

David Coulthard, derniers préparatifs.

Alesi et Lionel Jospin, cours d'électronique.

Michael Schumacher-Barrichello, main rouge sur la course.

Peugeot Sport observent une grève symbolique de 5' au warm-up, en protestation contre les propos incendiaires d'Alesi. Dans la foulée, Provera s'efforce de démontrer que le médiocre rendement de l'AP03 peut découler, éventuellement, de l'aérodynamique.

A 11 h 10, Jean Glavany revient à Magny-Cours après trois ans d'absence. Il abandonne le cortège officiel pour retrouver amicalement Jean-Marie Balestre et Philippe Gurdjian, ses complices des grandes années de Magny-Cours. Il déjeune chez Ferrari avec Jean Todt avant d'aller, en anonyme, dans le virage d'Adélaïde.

Au départ, Michael Schumacher ne fait pas de quartier : il démarre en trombe et oblique sa trajectoire pour bloquer Coulthard, également très bien parti. Résultat : Barrichello se faufile derrière l'Allemand. Les deux Ferrari devancent les deux McLaren. Mais Coulthard, très agressif, finit par dépasser Barrichello pour foncer, comme un aigle, sur Michael Schumacher. Ce dernier tente tout pour contenir Coulthard. Le spectacle est intense, mais peu

Coulthard, assaut décisif et spectaculaire sur Michael Schumacher.

Alesi-Heidfeld, un accrochage mal venu.

correct. A 14 h 56, Coulthard se hisse en tête. A 15 h 22, Hakkinen rejoint Coulthard, sur le podium, dans un magistral rush final. « Ce troisième doublé 2000 est surtout le plus important de l'année pour nous. Maintenant, ça repart pour de bon », exulteront plus tard, ensemble, Dennis et Haug. Le commentaire le plus judicieux sort de la bouche de Gerhard Berger : « Comme Ferrari, McLaren a un pilote de pointe, mais ce dernier change à chaque course et ça complique tout... pour les autres. »

Pour noircir encore plus le tableau de Prost-Peugeot, Heidfeld a accroché Alesi dans l'épingle d'Adélaïde. Tous deux ont fini dans les profondeurs. Après le GP, le motor-home Prost est désert. Il ne s'animera que dans la soirée avec les images de France-Italie (2-1) en finale de l'Euro.

Tous les hommes de Peugeot sont partis ensemble pour dîner avec Corrado Provera au *Forest Hills* de Villejuif.

Michael Schumacher s'est envolé en hâte pour la Suisse, en disant : « Je vais soutenir l'Italie devant mon poste de télévision. » Un mauvais choix. En tee-shirt, David Coulthard n'est pas pressé de quitter ce paddock. Il rigole avec Norbert Haug et son environnement allemand. En gardant dans l'oreille une petite phrase du même Haug : « David, tu as une stature de leader. »

David-Mika, doublé pétillant.

Les élus de la Nièvre qui ont escorté Lionel Jospin sur le circuit tirent, à leur profit, le bilan de ce GP de France et de leurs entretiens avec le Premier ministre. Le sénateur Marcel Charmant s'émerveille, car « le circuit est perçu au plus haut niveau comme un équipement national majeur ». Il néglige délibérément François Mitterrand, Pierre Bérégovoy et Jean Glavany. Deuxième aveu de Marcel Charmant : « L'État va nous aider à hauteur d'environ 30 % pour financer les 80 millions de francs de travaux programmés pour les trois ans à venir. » Les fonds publics, encore et toujours.

Coulthard devant et tous derrière lui.

GRAND PRIX D'AUTRICHE

10e MANCHE DU CHAMPIONNAT DU MONDE DES CONDUCTEURS 2000

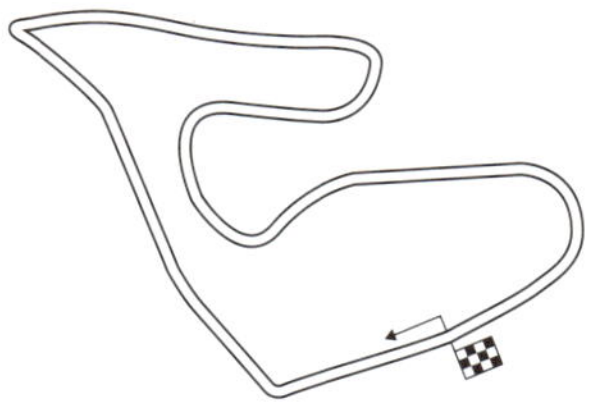

DATE : 16 juillet 2000.
CIRCUIT : A1-Ring de Spielberg (ex-Osterreichring de Zeltweg).
DISTANCE : 71 tours de 4,326 km soit 307,146 km.
MÉTÉO : couvert et frais, mais sec.
ENGAGÉS : 22. PARTANTS : 22. ARRIVÉS : 12. CLASSÉS : 12.
VAINQUEUR : **Mika Hakkinen** (McLaren-Mercedes) en 1 h 28'15''818 à 208,792 km/h (nouveau record).
RECORD DU TOUR : **David Coulthard** (McLaren-Mercedes) : 1'11''783 à 216,953 km/h.

GRILLE DE DÉPART

HAKKINEN (McLaren-Mercedes) à 221,184 km/h	**1'10''410**	1	**Coulthard** (McLaren-Mercedes)	1'10''795
Barrichello (Ferrari)	1'10''844	2	**M. Schumacher** (Ferrari) ❸	1'11''146
Trulli (Jordan-Mugen-Honda)	1'11''640	3	**Zonta** (BAR-Honda)	1'11''647
Villeneuve (BAR-Honda)	1'11''649	4	**Fisichella** (Benetton-Playlife)	1'11''658
Salo (Sauber-Petronas)	1'11''761	5	**Verstappen** (Arrows-Supertec)	1'11''905
Diniz (Sauber-Petronas)	1'11''931	6	**De la Rosa** (Arrows-Supertec)	1'11''978
Heidfeld (Prost-Peugeot)	1'12''037	7	**Wurz** (Benetton-Playlife)	1'12''038
Frentzen (Jordan-Mugen-Honda)	1'12''043	8	**Herbert** (Jaguar-Ford)	1'12''238
Alesi (Prost-Peugeot)	1'12''304	9	**Button** (Williams-BMW)	1'12''337
R. Schumacher (Williams-BMW)	1'12''347	10	**Gené** (Minardi-Fondmetal)	1'12''722
Burti ❶ (Jaguar-Ford) ❷	1'12''822	11	**Mazzacane** (Minardi-Fondmetal)	1'13''419

CLASSEMENT

1. **Mika Hakkinen** (McLaren-Mercedes MP4/15) .... en 1 h 28'15''818 à 208,792 km/h
2. **David Coulthard** (McLaren-Mercedes MP4/15) .... à 12''535
3. **Rubens Barrichello** (Ferrari F1-2000) .... à 30''795
4. **Jacques Villeneuve** (BAR-Honda 002) .... à 1 tour
5. **Jenson Button** (Williams-BMW FW22) .... à 1 tour
6. **Mika Salo** (Sauber-Petronas C19) .... à 1 tour
7. **Johnny Herbert** (Jaguar-Ford R1) .... à 1 tour
8. **Marc Gené** (Minardi-Fondmetal M02) .... à 1 tour
9. **Pedro Diniz** (Sauber-Petronas C19) .... à 1 tour
10. **Alexander Wurz** (Benetton-Playlife B200) .... à 1 tour
11. **Luciano Burti** ❶ (Jaguar-Ford R1) .... à 2 tours
12. **Gaston Mazzacane** (Minardi-Fondmetal M02) .... à 3 tours

ABANDONS

Michael Schumacher (Ferrari F1-2000) ❸: tête-à-queue après avoir été poussé par Zonta et percuté par Trulli (1er virage), alors 3e / **Jarno Trulli** (Jordan-Mugen-Honda EJ10) : percute M. Schumacher (1er virage), alors 5e / **Giancarlo Fisichella** (Benetton-Playlife B200) : tête-à-queue après avoir été percuté à l'arrière par Diniz (1er virage), alors 8e / **Heinz-Harald Frentzen** (Jordan-Mugen-Honda EJ10) : tête-à-queue consécutif à une fuite d'huile due à la rupture d'une canalisation d'huile de son moteur sur son pneu arrière droit (4 tours), alors 7e / **Jos Verstappen** (Arrows-Supertec A21) : perte de puissance de son moteur (14 tours), alors 17e / **Pedro De la Rosa** (Arrows-Supertec A21) : boîte de vitesses (32 tours), alors 3e / **Nick Heidfeld** (Prost-Peugeot AP03) : accrochage avec Alesi qui tentait de le dépasser (41 tours), alors 13e / **Jean Alesi** (Prost-Peugeot AP03) : accrochage avec Heidfeld (41 tours), alors 14e / **Ralf Schumacher** (Williams-BMW FW22) : tête-à-queue suite à des pb de freins (52 tours), alors 14e / **Ricardo Zonta** (BAR-Honda 002) : température d'eau et moteur explosé (58 tours), alors 11e.

EN TÊTE

Hakkinen : les 38 premiers tours et les 29 derniers tours, soit 289 km.
Coulthard : du 39e au 42e tour, soit 17 km.

A NOTER

Sortie de la **voiture de sécurité** durant les deux premiers tours, suite à l'accrochage au premier virage impliquant principalement la Ferrari de M. Schumacher, la Benetton de Fisichella et la Jordan de Trulli.
Pénalité de 10'' pour **Zonta** et **Diniz** suite à leur accrochage avec la Ferrari au premier virage et de **Mazzacane** pour non-respect des drapeaux bleus.
McLaren dépouillé des 10 points de la victoire pour un scellé disparu sur un boîtier électronique, mais **Hakkinen** conserve les siens.

❶ **Luciano Burti**, pilote d'essais chez Jaguar-Ford, dispute son premier Grand Prix en remplacement de Eddie Irvine, victime lors des premiers essais libres de douleurs abdominales.
❷ **Luciano Burti,** suite à un pb de pression d'eau sur la grille, démarre depuis les stands sur la voiture de réserve réglée pour Herbert.
❸ **Michael Schumacher** préfère la voiture de réserve pour le Grand Prix.

Hakkinen, sans souci

Ces adversaires acharnés sont inséparables. Le mardi 4 juillet, pour la première fois de son existence, l'écurie McLaren peut faire rouler une de ses machines au Mugello, le deuxième circuit appartenant à Ferrari (avec Fiorano), en même temps qu'une Ferrari. Olivier Panis et Luca Badoer entrent en piste en éclaireurs pour Coulthard et Michael Schumacher. Sur une inspiration calculée, Ron Dennis est intervenu directement auprès de Luca Di Montezemolo pour avoir accès au Mugello. Flairant le piège à lui tendu, en cas de refus, le président de Ferrari a accepté sans hésitation.

A Maranello, le staff technique est moins conciliant. Il paraît hasardeux d'inviter l'ennemi n° 1 à prendre ses repères sur un tracé étalonné pour Ferrari. A Woking, on s'emploie, à l'avance, à masquer les enseignements que pourrait tirer Ferrari d'une étude à chaud des McLaren. La méfiance est absolue. Le stand Ferrari est strictement protégé, celui de McLaren s'apparente à Fort Knox : des vigiles ne parlant pas un mot d'italien montent une garde serrée devant des panneaux à peine entrouverts et les emplacements sont identifiés « off limits ». Pour ce duel au soleil qui n'ose pas dire son nom, Bridgestone a transporté 960 pneus, ce qui représente 240 trains et permet à chaque pilote d'en utiliser quotidiennement 30 pendant les quatre jours prévus pour ces essais.

Mika, le geste du vainqueur.

Impassibles, ou furtivement narquois, les techniciens de McLaren, qui se savent épiés, travaillent calmement. Une consigne a circulé : les travaux de Panis (du mardi au vendredi) et de Coulthard (le jeudi) consisteront essentiellement en des répétitions de départs. Comme il en va, à peu près, de même dans la Scuderia, cette neutralisation des performances brouille les cartes. Seul enseignement digne d'intérêt : Panis s'est montré le plus rapide de tous, principalement devant Michael Schumacher.

Le mercredi 12 juillet, au gré d'un tournoi de golf avec des sportifs autrichiens, à Murhof, Coulthard ne dédaigne pas d'évoquer le Mugello : « Michael et moi, nous nous sommes salués. Sans plus. Je n'ai pas le temps de polémiquer avec lui. Je veux gagner des courses et le titre. » L'instant d'après, l'Écossais expédie un drive appuyé dans l'objectif d'un cameraman. Il présente ses regrets sur-le-champ. Le lendemain, Coulthard se voit interdit de paddock : il a oublié son pass. Il fait appeler Jo Ramirez, le manager de McLaren. Ce dernier accourt en assurant : « Je ne connais pas ce Monsieur. » Pour un peu, les zélés contrôleurs autrichiens auraient expulsé Coulthard.

A chacun ses occupations. Giancarlo Fisichella et Alexander Wurz passent plusieurs heures en représentation au Shopping City Sud à Spielberg, grand point de vente local d'articles Benetton. Quelques soirs plus tôt, Fisichella figurait, notamment avec Eddie Irvine et Jurgen Schremp, le président de Daimler-Chrysler, parmi les invités de Flavio Briatore et Naomi Campbell à la soirée de réouverture du *Billionnaire*, la discothèque géante de Briatore sur la Côte Esmeralda, en Sardaigne. A un mois de l'expiration de son option chez Benetton, Fisichella a reçu de Briatore tous les apaisements possibles pour 2001. Il se croit même autorisé à dire : « J'attends Villeneuve de pied ferme. »

Descendus – pas du tout fortuitement – au somptueux hôtel *Schlossgabel*, à Foenhsdorf, Michael Schumacher et Coulthard s'ignorent superbement dans le restaurant. Leurs équipiers, Mika Hakkinen, très serein, et Rubens Barrichello, de retour du

Brésil (« au calme à Campo di Jordão », dit-il), se montrent réciproquement courtois et chaleureux. Eddie Irvine est mordant : « Ma première Ferrari en 1996 était la pire voiture de toute ma carrière. » Son manager personnel, Enrico Zanarini, boit ses paroles. « Au moins, comme ça, Eddie ne doit pas être dépaysé cette année », grince un de ses ex-proches de Ferrari.

Comme il le fait ici depuis toujours, Alain Prost est descendu à Odbach au *Groggerhof Hotel*. Il s'efforce d'afficher une certaine assurance. Néanmoins, autour de lui, les visages de ses collaborateurs sont fermés et inquiets. Il a promis, comme ça, une « bonne nouvelle » pour cette fin de semaine. De fait, il a passé un accord, pour 2001, avec la société allemande UFA-Sport pour une grande stratégie marketing. Les Allemands en ont informé, en priorité, les médias français. Les extrapolations qui jaillissent ici et là irritent Prost : « Je n'ai rien cédé ni vendu. Il n'existe qu'une clause optionnelle à valoir dans un certain délai. » Pendant le week-end, Prost aura trois entretiens dans le motor-home Ferrari avec Jean Todt. Les hommes ne dévoileront évidemment rien.

Envisagée par les initiés, l'implosion se produit ce vendredi à 17 h 5 lors du briefing des pilotes. Jean Alesi et Ralf Schumacher avaient prévenu Michael Schumacher. Mais David Coulthard dégaine avec une véhémence insoupçonnée : « A Magny-Cours, Michael a pris un départ dangereux et irresponsable. » Jacques Villeneuve le relaie : « Michael conduit toujours à sa guise, en méprisant le règlement. » Et Eddie Irvine acquiesce bruyamment. Le double champion du monde allemand est désarçonné.

Sa plaidoirie est fondée : « J'ai eu de bonnes batailles avec Mika Hakkinen et, à ce moment-là, David ne s'en plaignait pas. Je ne regrette rien de ma tactique de départ à Magny-Cours et David ne gagne rien à me faire passer pour un méchant et un dangereux. » La discussion générale est

Michael Schumacher et Coulthard, curieuses marionnettes géantes.

très vive. Charly Whitting ne s'en mêle pas. Frentzen et Hakkinen ne disent rien non plus. A 17 h 25, la séance est levée.

Une deuxième séance commence. Restreinte, celle-ci. Pendant une vingtaine de minutes, Alesi s'entretient avec Coulthard, Villeneuve et Irvine. Le Français essaie de prouver que Michael Schumacher n'a rien du hors-la-loi, accusé par l'éternel trio Coulthard-Villeneuve-Irvine. Rien ne sort de cette discussion mort-née. « C'est impossible de se comprendre », constate Alesi, de retour dans son motor-home.

Pendant ce temps-là, de son côté, Michael Schumacher n'est pas resté inactif. Dès lors qu'il n'est ni sanctionné ni averti, il a beau jeu d'exciper de sa bonne foi, en mésestimant peut-être la rancœur de certains pilotes. « D'ailleurs, affirme-t-il, on peut même changer de ligne une fois. » Machiavélique et un peu maladroit, l'Allemand de Ferrari a désigné Jarno Trulli et son frère Ralf comme ses successeurs, à une échéance encore lointaine (selon lui). « Il a besoin de se trouver des alliés », ricane Villeneuve.

Pour son 26e anniversaire, ce jeudi 13 juillet, Jarno Trulli a précisément reçu une mini-patinette en aluminium, offerte par les reporters de Fuji TV, la télévision japonaise spécialisée en Formule 1. Trulli s'amuse dans le paddock dans une série d'arabesques. Il continue le lendemain et fait la sourde oreille à toute question sur l'ambiance du briefing. « Ça ne le concerne pas », estime Lucio Cavuto, son agent. Nick Heidfeld, Pedro De la Rosa et autres Ricardo Zonta n'élèvent pas plus la voix.

*
* *

Depuis trois jours, les spécialistes de Météo France avaient prévu la pluie pour les qualifications. Une brève averse inonde la piste à 12 h 55. Du coup, à la première éclaircie, ils entrent tous en lice. A 13 h 3, Zonta signe 1'13"266 et, 29" plus tard, Barrichello le devance en 1'12"111.

Cette séance est menée à haute cadence. A 13 h 4, Coulthard tourne en 1'11"585, puis 1'11"234 le tour d'après. L'Écossais est néanmoins devancé, à 13 h 10, par Barrichello, crédité de 1'11"118. Le Brésilien prend le meilleur sur Michael Schumacher, étrangement bloqué en 1'11"774. Ce qui n'était pas prévu au programme de la Scuderia. A 13 h 16, Coulthard se déchaîne en 1'10"825. Un temps qu'efface

Coulthard en deuxième position, lors des qualifications.

Hakkinen, à 13 h 17, avec 1'10"597. Pendant que Michael Schumacher, pourtant remonté à 1'11"046, se cantonne encore derrière Barrichello.

Le temps de procéder à quelques réglages, Hakkinen revient en piste, à 13 h 39, en se surpassant en 1'10"410. Il se met à l'abri d'un ultime assaut de Coulthard, à 13 h 54, en 1'10"795. A 13 h 59, les deux hommes de la première ligne se congratulent devant Dennis, Adrian Newey, Mario Ilien, Norbert Haug, etc. Niki Lauda sort du stand en disant : « Mika est plus rapide que David, il n'aura aucun problème en course. » Pour 1 heure, Dennis et Haug doivent résoudre la quadrature du cercle : donner un soutien logistique maximum à Hakkinen et Coulthard pour s'imposer.

Pour alimenter la guerre des nerfs, chez Ferrari, Ross Brawn lâche : « Pour Michael, Magny-Cours n'était qu'une péripétie malheureuse, sans lendemain. On s'en rendra compte ici. » Dennis, qui tient toujours Barrichello pour « sacrifié », se méfie : « Si Rubens cède sa place à Michael, celui-ci sera devant au premier virage. Changer de trajectoire peut être, au départ, une manœuvre défensive, que je respecte sans l'approuver. » Mika Hakkinen réfléchit autrement : « Le plus important, c'est de renverser la tendance et de mettre Ferrari sous pression. »

Au dîner, à l'hôtel *Schlossgabel*, Didier Cotton n'y tient plus : « Mika, je te remercie pour ce que tu as fait cet après-midi. » Surpris, Mika et Erja Hakkinen restent silencieux. Cotton reprend : « Tu ne peux pas savoir combien de fois j'ai dû démentir ta démotivation, voire ta retraite anticipée. » Les deux Hakkinen éclatent de rire. Erja est soulagée. Mika a franchi son cap de la vingt-cinquième pole position avec maîtrise. « Tu n'en resteras pas là, demain ? » interroge Erja. Autre repère chiffré symbolique dans l'écurie : David Coulthard disputera demain son centième GP depuis le 29 mai 1994. « Jackie Stewart m'a déjà félicité : je deviens le recordman écossais des GP », se réjouit Coulthard, qui devance son compatriote triple champion du monde d'un seul GP. Pour un seul dimanche.

A quelques tables de là, deux Brésiliens vivent cette veillée d'armes très particulièrement. Zonta est en troisième ligne, juste devant Villeneuve. « Trulli est peut-être devant nous, mais Frentzen est surtout loin derrière », remarque Pollock, sur un ton acide. Et l'autre Brésilien du soir, Luciano Burti, essayeur Jaguar, remplace Irvine, victime d'une crise d'appendicite et reparti pour Londres depuis la veille au soir. Burti (25 ans) a déjà discuté avec Pedro Diniz et Rubens Barrichello. Avec Zonta, il se sent très complice. Pour un peu, ils ne parleraient qu'à voix basse.

Ce dimanche, à 13 h 25, en pénétrant dans son stand Jordan, Trulli est anxieux : « J'ai surtout peur de tous ceux qui me suivent sur la grille. » Il nourrit un juste pressentiment. A 13 h 50, Hakkinen sautille devant sa monoplace comme un boxeur dans son coin, avant un combat. A 14 h 3, les feux du départ s'éteignent. Hakkinen et Coulthard jaillissent en tête dans le premier virage. Derrière, c'est le chaos. La Ferrari n° 3 de Michael Schumacher, plus ou moins ralentie par la Ferrari n° 4 de Barrichello, a été percutée de plein fouet, à l'arrière, par Zonta, et lancée dans un tête-à-queue terminé par une collision avec Trulli. Par ailleurs, Fisichella a été heurté par Diniz.

Le pace-car entre en piste mais, chez Ferrari, on attendait un deuxième départ. Les commissaires laissent les choses en

Hakkinen et Coulthard s'enfuient. Derrière eux, c'est le chaos.

Pour Michael Schumacher, percussion, tête-à-queue et collision.

l'état. Les duettistes de McLaren-Mercedes vont désormais mener du début à la fin, en voyant Barrichello remonter en troisième position peu après la mi-course en ayant cravaché à fond depuis le départ. La démonstration Hakkinen-Coulthard est magistrale. Adrian Newey révèle : « Nous n'avions pas donné d'ordres aux pilotes. Ils savaient comment gérer leur course pour réussir le doublé. A un moment, Mika possédait une telle marge de supériorité que je lui ai conseillé de réduire sa vitesse pour éviter les risques inutiles. »

ALESI-HEIDFELD : DRÔLE DE DRAME

Après avoir franchi le cap de la mi-course, Jean Alesi et Nick Heidfeld paraissaient, sauf impondérable, en mesure de rallier le drapeau à damier. Mais l'impondérable était en eux, en ce sens que, sur une incompréhension commune, Heidfeld accrocha Alesi en coupant sa trajectoire. La scène était irréaliste.

Alain Prost, sur son muret de commandement, se prit la tête dans les mains. Ce mauvais coup, personne n'aurait osé l'imaginer à froid. En vérité, cet accident ne résultait pas, au deuxième degré, d'une tactique mal saisie par l'un ou par l'autre. Ce n'était que l'illustration, voire la caricature, d'une situation interne irrespirable et angoissante.

L'avant-veille, Jean Alesi avait confié : « Si Alain vend, je m'en vais. » Nick Heidfeld, lui, passait son temps, depuis trois jours, à s'interroger sur son avenir. Son agent, Werner Heinz, battait le paddock de long en large pour lui trouver un volant pour 2001. Cette péripétie de Spielberg était trop démesurée pour ne pas résulter d'une extraordinaire tension interne, aussi corrosive pour Alesi que pour Heidfeld. D'ailleurs, Alain Prost fut le premier à le reconnaître, la fièvre de l'accident retombée.

En regagnant son motor-home, Hakkinen aura un très joli mot : « Nous avons une écurie avec deux n° 1. » Bien sûr, la formule est attrayante. Surtout quand elle consacre le n° 1 de ces deux n° 1, c'est-à-dire le double champion du monde. Coulthard, lui, considère la situation sous un autre angle : « Michael ne me précède au classement que de 6 points. Sans ma disqualification au Brésil, nous serions à égalité. » Chez Ferrari, Jean Todt ne se décourage pas : « En deux GP, McLaren a totalisé le maximum de points, c'est embêtant. L'adversité ne m'effraie pas. Nous nous ressaisirons bientôt. » Barrichello ne cache pas son amertume : « Depuis l'accident du départ, ma voiture était inconduisible. »

Hakkinen-Coulthard, le n° 1 devant le n° 2, beau doublé.

Michael Schumacher, lui, a quitté le site peu après 15 heures, en tee-shirt. Avec Corinna, il a emprunté un hélicoptère pour rejoindre l'aéroport militaire de Zeltweg en quelques minutes. Son Challenger l'attendait. Vers 19 heures, les Schumacher étaient en famille à Vufflens-le-Château. Auparavant, l'Allemand de Ferrari avait accusé, sans circonstance atténuante, Zonta d'une grave erreur et les commissaires de ne pas avoir redonné un deuxième départ. Ses récriminations reçoivent – comme prévu – un large écho dans les médias italiens et germaniques. En s'exprimant sur un ton de procureur, Michael Schumacher instrumente un procès, susceptible, à l'usage, de se retourner contre lui. Pour l'heure, il s'en moque. Le mardi 18 juillet, une télécopie d'excuses signée Ricardo Zonta atterrit chez les Schumacher, en Suisse.

Mais cette affaire n'est rien en comparaison de celle qui a éclaté, dans la soirée fraîche de Spielberg. Un des boîtiers électroniques de la MP 4/15 de Mika Hakkinen ayant perdu un de ses sceaux réglementaires, le classement du GP d'Autriche n'avait pas reçu la validation de la FIA. Une enquête était immédiatement diligentée. « Je n'y comprends rien », soupira Hakkinen.

GRAND PRIX D'ALLEMAGNE

11e MANCHE DU CHAMPIONNAT DU MONDE DES CONDUCTEURS 2000

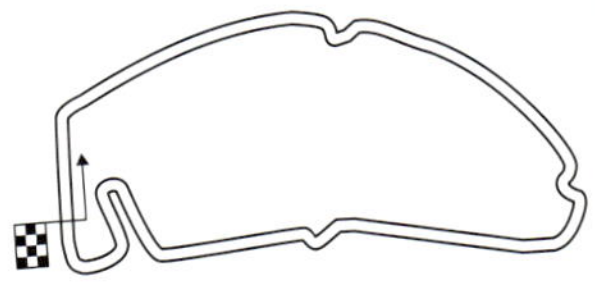

DATE : 30 juillet 2000.
CIRCUIT : Hockenheim.
DISTANCE : 45 tours de 6,825 km, soit 307,125 km.
MÉTÉO : menaçant avec averses éparses à partir du 33e tour.
ENGAGÉS : 22. QUALIFIÉS : 22. ARRIVÉS : 11. CLASSÉS : 12.
VAINQUEUR : **Rubens Barrichello** (Ferrari) en 1 h 25'34''418 à 215,340 km/h.
MOYENNE RECORD : **Mika Hakkinen** (McLaren-Mercedes) en 1998 à 227,997 km/h.
RECORD DU TOUR : **Rubens Barrichello** (Ferrari) : 1'44''300 à 235,570 km/h.

GRILLE DE DÉPART

COULTHARD (McLaren-Mercedes) à 232,456 km/h	**1'45''697**	1	**M. Schumacher** (Ferrari)	1'47''063
Fisichella (Benetton-Playlife)	1'47''130	2	**Hakkinen** (McLaren-Mercedes)	1'47''162
De la Rosa (Arrows-Supertec)	1'47''786	3	**Trulli** (Jordan-Mugen-Honda)	1'47''833
Wurz (Benetton-Playlife)	1'48''037	4	**Herbert** (Jaguar-Ford)	1'48''078
Villeneuve (BAR-Honda)	1'48''121	5	**Irvine** (Jaguar-Ford)	1'48''305
Verstappen (Arrows-Supertec) (5)	1'48''321	6	**Zonta** (BAR-Honda)	1'48''665
Heidfeld (Prost-Peugeot)	1'48''690	7	**R. Schumacher** (Williams-BMW)	1'48''841
Salo (Sauber-Petronas)	1'49''204	8	**Button** (Williams-BMW) (2)	1'49''215
Frentzen (Jordan-Mugen-Honda) (1)	1'49''280	9	**Barrichello** (Ferrari)	1'49''544
Diniz (Sauber-Petronas)	1'49''936	10	**Alesi** (Prost-Peugeot)	1'50''289
Mazzacane (Minardi-Fondmetal)	1'51''611	11	**Gené** (Minardi-Fondmetal)	1'53''094

CLASSEMENT

1. **Rubens Barrichello** (Ferrari F1-2000) .... en 1 h 25'34''418 à 215,340 km/h
2. **Mika Hakkinen** (McLaren-Mercedes MP4/15) .... à 7''452
3. **David Coulthard** (McLaren-Mercedes MP4/15) .... à 21''168
4. **Jenson Button** (Williams-BMW FW22) .... à 22''685
5. **Mika Salo** (Sauber-Petronas C19) .... à 27''112
6. **Pedro De la Rosa** (Arrows-Supertec A21) (5) .... à 29''079
7. **Ralf Schumacher** (Williams-BMW FW22) .... à 30''897
8. **Jacques Villeneuve** (BAR-Honda 002) .... à 47''537
9. **Jarno Trulli** (Jordan-Mugen-Honda EJ10B) (3)(4) .... à 50''901
10. **Eddie Irvine** (Jaguar-Ford R1) .... à 1'19''664
11. **Gaston Mazzacane** (Minardi-Fondmetal M02) .... à 1'29''504
12. **Nick Heidfeld** (Prost-Peugeot AP03) .... à 5 tours (abandon)

ABANDONS

Michael Schumacher (Ferrari F1-2000) : accroché au premier virage par Fisichella devant lequel il vient de bifurquer (0 tour) / **Giancarlo Fisichella** (Benetton-Playlife B200) : accrochage au premier virage avec M. Schumacher qu'il ne peut éviter (0 tour) / **Johnny Herbert** (Jaguar-Ford R1) : soucis de boîte de vitesses (12 tours), alors 6e / **Jean Alesi** (Prost-Peugeot AP03) : énorme cabriole suite à collision avec Diniz (29 tours), alors 17e / **Pedro Diniz** (Sauber-Petronas C19) : perte de contrôle de sa Sauber et accrochage avec Alesi (29 tours), alors 16e / **Alexander Wurz** (Benetton-Playlife B200) : tête-à-queue en raison d'un pb électrique sur le système de sélection de sa boîte (31 tours), alors 10e / **Marc Gené** (Minardi-Fondmetal M02) : moteur explosé (33 tours), alors 11e / **Ricardo Zonta** (BAR-Honda 002) : incident avec Villeneuve et sortie sous la pluie (37 tours), alors 4e / **Heinz-Harald Frentzen** (Jordan-Mugen-Honda EJ10B) (4): pb électriques, batterie (39 tours), alors 3e / **Jos Verstappen** (Arrows-Supertec A21) (5): tête-à-queue et sortie (39 tours), alors 8e / **Nick Heidfeld** (Prost-Peugeot AP03) : panne d'alternateur (40 tours), alors 10e.

EN TÊTE

Hakkinen : les 25 premiers tours et du 28e au 35e tour, soit 225 km.
Coulthard : les 26 et 27e tours, soit 14 km.
Barrichello : les 10 derniers tours, soit 68 km.

A NOTER

Première sortie de la voiture de sécurité du 25e au 28e tour lorsqu'un individu français, un employé licencié de Mercedes-Benz, se promène sur la piste.
Deuxième intervention de la voiture de sécurité du 30e au 31e tour lors de l'accrochage entre Alesi et Diniz.

(1) **Frentzen** a été dépossédé de son meilleur temps pour avoir coupé une chicane.
(2) **Button** s'élance de la fin de la grille pour avoir démarré en retard de la grille de départ lors du tour de formation (moteur calé).
(3) **Trulli**, victime d'un arrêt de pénalité de 10'' pour dépassement sous drapeau jaune.
(4) chez Jordan : nouvelles voitures « EJ10B ».
(5) **Verstappen :** part avec la voiture de réserve ; **De la Rosa** part sur la coque de secours assemblée après le warm-up.

Barrichello, pur exploit

Quand s'ouvre la semaine du GP d'Allemagne, l'attente de la régularisation de la victoire de Mika Hakkinen sur l'A1-Ring est devenue une course aux soupçons, alourdie par des rumeurs incontrôlables. La situation s'est compliquée du manque de disponibilité simultanée des trois commissaires sportifs du GP d'Autriche. Par exemple, Herman Tomczyk, le commissaire autrichien, officiait au GP d'Allemagne moto.

Il faut trancher. La FIA programme la réunion la plus secrète de l'année, ce mardi 25 juillet, dans une salle anonyme de l'hôtel *Hilton* d'Heathrow, entre les commissaires et des représentants de McLaren. La concertation est rapide. Une suggestion est avancée à Max Mosley qui, en juriste, approuve cette demi-sanction qui frappe l'écurie (amende de 50 000 dollars et retrait des points constructeurs du GP d'Autriche). Peu après 17 heures, tout est réglé. Un autre suspense commence.

Compte tenu de ce retard, la FIA avait prévu (confidentiellement) un tribunal d'appel à Paris, le mercredi 26 ou le jeudi 27 juillet. Ce tribunal d'appel dépendait des intentions de Ron Dennis et Norbert Haug. Le mardi, tous deux s'accordent 90 minutes de réflexion pour en référer autour d'eux. Haug s'insurge : « Mercedes attendait une relaxe pure et simple. » Dennis et Haug renoncent à un appel pour lequel leurs avocats étaient néanmoins

Des larmes de joie.

retenus. Le souvenir négatif du 3 avril freine leur ardeur procédurière.

Ce verdict est interprété comme un compromis. En plus, en cette période confuse, une lettre émanant de Ferrari demandait à la FIA des « précisions » sur la mise en délibéré de l'examen de la MP 04/15 de Hakkinen. Cette missive a embrasé Hockenheim. Dennis assène : « La politique Ferrari ne me plaît pas. Avec cette lettre inquisitrice, je n'ai plus aucun respect pour ces gens-là. » Jean Todt réplique : « C'est ridicule. Nous avons tout simplement besoin d'informations complémentaires. » Dennis ricane et affirme tous azimuts posséder une photocopie de la désormais fameuse lettre.

En visite, le 26 juillet, à Rastatt, dans une unité de production Mercedes de la Classe A, Hakkinen, bronzé par cinq jours à Ponte Corvo, et Coulthard, épanoui, se défoulent aussi. Coulthard révèle aux Allemands : « Je me bats avec Michael Schumacher, surtout pas avec ses fans. Je reste chez Mercedes pour gagner. » Hakkinen constate : « Il n'existe pas de front anti-Schumacher. Quand même, Michael devrait se mesurer. » Et Haug provoque : « Ferrari n'a qu'un seul pilote. Nous en possédons deux. Et nous aiderons le meilleur des deux sur la fin. »

Depuis le 20 juillet, Michael Schumacher a intensément travaillé ses départs à Fiorano. « Du stakhanovisme », plaisante-t-il. Pendant ce temps, Barrichello et Alesi tournent en même temps des films publicitaires au Mugello. Pour des clients différents. En ce week-end du 23-24 juillet, Michael Schumacher passe deux jours à Kerpen avec son père et des copains d'enfance. Il se dirige ensuite vers Hockenheim pour une rentrée dans le GP d'Allemagne qu'il espère somptueuse après son absence (forcée) de 1999. A Mannheim, lors d'un match de football de bienfaisance, il soupire : « Je n'ai pas encore remporté mon GP national avec Ferrari. Il est temps d'y penser. » L'Allemagne boit les paroles de Schumi avec extase. Le mercredi 27 juillet, trois Schumacher se présentent ensemble à la réception de l'*Holiday Inn* à Walldorf. Michael et Corinna reçoivent leur chambre habituelle. Ralf a réservé une énorme suite.

Eddie Irvine en blond, avec Jordan et Walkinshaw.

Pour la première fois depuis 1989, ils sont quatre Allemands à disputer ce GP d'Allemagne. Onze ans plus tôt, Christian Danner (Rial-Ford), Bernd Schneider (Zakspeed-Yamaha), Volker Weidler (Rial-Ford) et Joachim Winkelhock (AGS-Ford) avaient figuré à Hockenheim. Cette année, Michael Schumacher donne le ton : « Il faut au moins un Allemand sur le podium. » Il s'accorde plus de chances que son frère Ralf (BMW-Williams), Heinz-Harald Frentzen (Jordan-Mugen-Honda) et Nick Heidfeld (Prost-Peugeot).

Le temps se gâte brusquement pour le double champion du monde. Face à des médias internationaux, le jeudi après-midi, Michael Schumacher se croit devant un peloton d'exécution. Acidement interpellé sur son départ de Spielberg, il perd un calme qui n'était que de façade. « Je n'ai jamais été sanctionné pour mes départs », lance-t-il, en révélant avoir reçu une télécopie d'excuses de Ricardo Zonta. Il mène un long aparté avec David Coulthard. Pour rien. Le menton serré, il se retire vers son motor-home, les traits contrariés. En gros, il tombe de haut. « Pourtant, je voyais Hockenheim comme une fête », s'étonne-t-il.

La veille au soir, à Francfort, lors d'une réception organisée par Beck's, un des sponsors de Jaguar, à la discothèque *Living*, Eddie Irvine, tout blond comme un adolescent, n'a pas ménagé ses prophéties : « Un jour, Michael va payer l'addition de ses départs en zigzag. » La phrase est prestement revenue aux oreilles de Michael Schumacher : « J'ai déjà entendu ça à Spielberg. Je ne prends pas Irvine et Villeneuve au sérieux. » L'étape suivante qui guette l'Allemand de Ferrari est rude.

Au briefing du vendredi, Irvine attaque avec une seule formule : « Michael, démission. Ton rôle à la GPDA[1] ne correspond pas à ton style de pilotage. » Le dossier d'accusation contre Michael Schumacher se fonde sur quatre chefs : Imola (il a poussé Coulthard sur la gauche), Barcelone (il a coupé deux fois la trajectoire de Hakkinen), Montréal (il s'est rabattu sur Coulthard), Magny-Cours (récidive sur le même Coulthard).

Schumacher ne s'accommode pas de cette montée en puissance contre lui : « Nous ne sommes pas dans un salon de thé. Nous sommes payés pour courir dur et vite. Rien de plus. » La grogne des pilotes n'est pas innocente. Villeneuve intervient : « Je regrette l'indifférence de Charly Whitting. Michael va continuer à jouer les Rambo comme si de rien n'était. Un jour, quelqu'un lui dira son fait sur la piste. »

Fidèle à sa nature, la majorité silencieuse des pilotes ne s'exprime pas. Les positions sont de plus en plus tranchées. Les enjeux également. Pour stopper la série noire de son leader, la Scuderia a consenti un effort colossal en déplaçant spécialement un commando de 84 personnes, parmi lesquelles une blonde aérodynamicienne, Antonia Terzi, attachée à la soufflerie de Maranello, mais néophyte intégrale de la Formule 1. Ross Brawn avait émis l'idée d'une évolution aérodynamique spécifique pour Hockenheim. Il tenait à une validation instantanée sur le terrain. Brawn a ostensiblement pris fait et cause pour Michael Schumacher dans la campagne menée contre lui : « Les pilotes ne sont pas

1. Grand Prix Drivers Association.

Villeneuve et Pollock : l'aventure continue.

des anges et Michael n'est pas le pire d'entre eux. Au contraire. »

Par contraste, le calme qui règne chez McLaren-Mercedes est un peu mystérieux. Pour une fois, Coulthard a délaissé son motor-home quatre étoiles pour un authentique quatre-étoiles, le *Walkerhoff Hotel*, à Reilingen. Il y est en bonne compagnie, avec Hakkinen et Ron Dennis. Le Finlandais, qui se tient à l'écart des polémiques entourant Michael Schumacher, laisse Dennis et Coulthard à leur rancœur. « J'ai gardé mes 10 points de Spielberg. C'était le principal », souffle-t-il. En fait, en dépit de son teint hâlé, Hakkinen s'est tracassé pour l'enquête concernant sa machine. « Il en parlait bien plus qu'il ne l'aurait dû. J'aurais aimé qu'il soit détaché puisque, de toute manière, il n'y pouvait rien », confie Erja Hakkinen.

Tornades d'été à Hockenheim, paddock inondé.

* * *

Depuis quarante-huit heures, les averses ont choisi Hockenheim comme cible intermittente. Mais, quelques gouttes tombant juste avant les qualifications, toutes les monoplaces envahissent la piste à 13 h 27 exactement, dans un grondement de tonnerre. A 13 h 3, Frentzen est chronométré en 1'48"819, un temps à lui retiré peu après (pour cause d'effacement de chicane). A 13 h 4, Trulli installe l'autre Jordan-Mugen-Honda en tête en 1'47"833. Dans la même minute, Coulthard l'éclipse, une poignée de secondes après, en 1'45"697. Et reste inabordable jusqu'à l'ultime minute.

Entre-temps, la pluie s'est arrêtée avant de redoubler avec la puissance d'un cataclysme. Cette séance est complètement désorganisée. Barrichello, en plein désarroi, dépasse la fatidique proportion-couperet des 107 % : il passe heureusement en une vingtaine de minutes d'un médiocre 1'56"723 à un honorable 1'49"544, réussi à 13 h 59. Le Brésilien émerge de son cockpit au bord de la crise de nerfs. En tout cas, il ne dit pas un mot plus haut que l'autre. Il accuse la fatalité. Son agent Federico Della Noce veille sur lui. Pour prévenir tout dérapage verbal nuisible pour la collectivité rouge.

A son retour dans son motor-home-discothèque de Benetton, Giancarlo Fisichella est fêté comme lors de son dernier podium à Montréal. A 13 h 22, il avait réussi 1'47"130 et, pendant plus d'une demi-heure, il a partagé la première ligne avec Coulthard. Mais, à 14 heures, Michael Schumacher s'est rapproché, in extremis, de Coulthard en 1'47"063. Bref, Fisichella doit se résigner. Il préfère partir d'un bel éclat de rire. « Tu m'as fait plaisir, Fisico. Je m'en souviendrai », lui glisse Flavio Briatore, en train justement de réviser le contrat 2001 de ce jeune espoir italien, aussi brillant qu'inconstant. Paolo Matteuci, le massif manager de Fisichella, ne lâche pas Briatore d'une semelle. « Recommence ton coup de Montréal », a ajouté Briatore à l'attention de Fisichella.

Pour l'heure, au moment du départ, le ciel est sombre et menaçant. Sur la grille, Irvine se penche sur Villeneuve et lui ménage une confidence amusante, à voir les yeux des deux pilotes. Des gouttes de pluie sont annoncées à l'extrémité du circuit dans la Forêt. Le schéma du départ était prévisible : Coulthard se déporte radicalement sur la droite et obstrue la trajectoire de Michael Schumacher.

A l'affût, Hakkinen s'est enfui sur la

MINARDI VISE LE SUPERTEC

Dans le petit jet qui les transporte d'Heathrow à Speyer, ce jeudi après-midi, Flavio Briatore tend à Bruno Michel un document de quelques lignes : l'officialisation de sa démission de la présidence de Supertec et la promotion de Bruno Michel à cette haute fonction. Ce n'est que la confirmation d'une situation de fait. « Cette décision aurait dû intervenir le 17 mars. J'étais patient », sourit Bruno Michel.

Pendant ce week-end allemand, l'ex-directeur de Ligier multiplie les contacts, y compris avec Alain Prost. En définitive, les perspectives 2001 du Supertec ne paraissent pas en voie d'expansion. Bruno Michel doit plutôt finaliser ce qui a été commencé depuis quelque temps.

Justement, Gian-Carlo Minardi rencontre Bruno Michel avec des demandes d'information sur le Supertec pour la saison prochaine. L'Italien semble bien accroché. Minardi et Supertec se rapprochent d'un contrat définitif. Avant de se retirer, Minardi pose, timidement, une question sur le tarif. Rien n'a changé de ce côté-là : 120 millions de francs. Minardi pousse un soupir à fendre l'âme.

L'instantané du départ.

Moins d'une seconde après, Fisichella heurte la Ferrari n° 3.

Explication Fisichella-Michael Schumacher.

gauche en emmenant Coulthard. Mais, dans cette phase éclair, Fisichella a démarré pour percuter la Ferrari n° 3 de Schumacher. Tous deux s'évanouissent en tête à queue en pleine ligne droite. Leur GP d'Allemagne 2000 n'a duré que quelques secondes. La foule est stupéfaite. Michael Schumacher est livide. Tout comme son environnement rouge. Barrichello s'est déjà remarquablement extirpé des profondeurs pour se classer dixième à la fin du premier tour, à plus de 15" des duettistes McLaren-Mercedes.

Le Brésilien, survolté et investi de la mission de redresser l'honneur de Ferrari, grimpe au classement à une allure inouïe. A 14 h 28, ayant doublé Trulli, il est troisième, toujours à 15" des deux leaders. Comme il a ravitaillé le premier, il est en avance sur le programme de ses rivaux. A 14 h 47, grave incident : un homme traverse la piste au loin, dans la portion de la Forêt, au mépris de la sécurité. Le pace-car intervient et provoque un regroupement, le temps que cet irresponsable, un Français licencié de Mercedes, soit confié aux policiers allemands[2]. Barrichello qui a ravitaillé une deuxième fois est paré pour l'attaque. Il n'est plus, peu après, qu'à 3"7 de Hakkinen. Le pace-car entre en piste une seconde fois.

Mais sur le ravitaillement de Hakkinen, Barrichello surgit au commandement, à une dizaine de tours de l'arrivée. Dans sa radio, Ross Brawn lui ordonne : « Rubens, tu peux accélérer ta cadence, tu vas gagner. Je te le promets. » Effectivement, pour la première fois depuis le 7 novembre 1993, jour de la dernière victoire d'Ayrton Senna à Adélaïde, en Australie, l'hymne brésilien retentit dans une enceinte de Formule 1.

Barrichello, qui a déjà regardé des dizaines de fois le ciel comme pour y entrevoir la silhouette de Senna, fond en larmes à la face de l'univers. Son émotion le valorise et l'humanise remarquablement. Hakkinen et Coulthard lui réservent un hommage très particulier : ils le hissent sur leurs épaules. Entre les larmes de joie et la pluie, Barrichello est une statue d'humidité. Mais son bonheur irradie.

Toute la Scuderia lui fait fête. Michael Schumacher, le premier, l'a félicité sans restriction. Dans la cohue, Barrichello a balbutié quelques mots sur son mobile avec Silvana, sa jeune femme, à Cambridge. Au Brésil, São Paulo chavire dans une allégresse jamais vue depuis la disparition de Senna.

2. Robert Sehli (46 ans) est le premier à s'être aventuré sur une piste pendant une course depuis le 5 mars 1977 à Kyalami. Ce jour-là, un commissaire avait traversé la piste devant le pilote gallois Tom Pryce. Les deux hommes étaient morts sur le coup, pendant le GP d'Afrique du Sud.

Barrichello-Todt : joie et soulagement.

Il s'envole le plus vite possible pour Cambridge, pour se reposer entre Silvana et des proches. Paul et Jackie Stewart, Emerson Fittipaldi, tous les Brésiliens émigrés aux États-Unis, George Harrison et des dizaines d'autres lui ont téléphoné tout au long de sa nuit blanche du 30 au 31 juillet. Il a triplé l'audience au Brésil du GP d'Allemagne. En quarante-huit heures, Shell imprime 40 000 posters à son nom et les répand dans tout le Brésil. Nokia organise également une campagne publicitaire autour de lui. « Au départ, je n'avais qu'une alternative : réussir une course mémorable ou n'être bon à rien », confie-t-il, longtemps après son podium.

D'autres en sont restés sur les images du départ. Briatore accuse : « Michael agit comme s'il était tout seul. » L'Allemand de Ferrari ironise : « Coulthard donne des leçons de correction et se comporte n'importe comment », avant de dédouaner spectaculairement Fisichella : « Il n'est pas responsable de la cause de la collision. » De loin, Luca Di Montezemolo a envoyé un message : « Je préfère la concertation à la lutte intestine. » Deux jours plus tard, Barrichello se rend à Maranello. Une Maserati 3 200 bleu nuit GT l'attend à l'aéroport de Bologne. Sur le siège arrière, un coffret de différents parfums offert par le président de Ferrari à Silvana. Et pour Rubens une montre spéciale, celle de son premier succès en Formule 1 avec Ferrari. « Pour moi, gagner un GP était un rêve. Je me rends compte que j'avais raison », s'émerveille Rubens Barrichello, le regard vers le ciel. Du côté d'Ayrton.

Pour Barrichello, l'hommage des battus.

GRAND PRIX DE HONGRIE

12e MANCHE DU CHAMPIONNAT DU MONDE DES CONDUCTEURS 2000

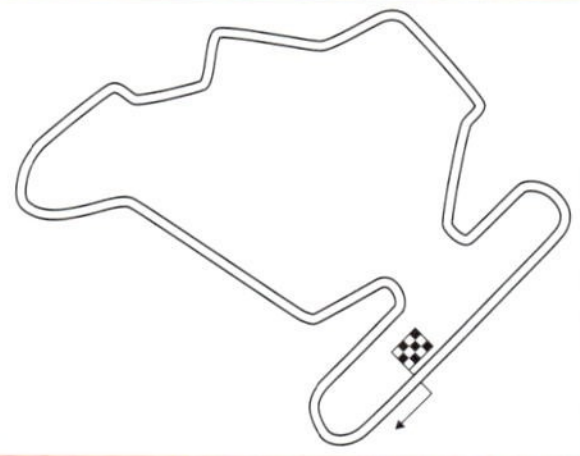

DATE : 13 août 2000.
CIRCUIT : Hungaroring (Budapest).
DISTANCE : 77 tours de 3,975 km, soit 306,075 km.
MÉTÉO : très chaud.
ENGAGÉS : 22. QUALIFIÉS : 22. ARRIVÉS : 16. CLASSÉS : 16.
VAINQUEUR : **Mika Hakkinen** (McLaren-Mercedes) en 1 h 45'33''869 à 173,964 km/h.
MOYENNE RECORD : **Michael Schumacher** (Ferrari) en 1998 à 174,062 km/h.
MEILLEUR TOUR : **Mika Hakkinen** (McLaren-Mercedes) : 1'20''028 à 178,812 km/h.
RECORD DU TOUR : **Nigel Mansell** (Williams-Renault) en 1992 : 1'18''308 à 182,418 km/h.

GRILLE DE DÉPART

M. SCHUMACHER (Ferrari) à 184,611 km/h	**1'17''514**	1	**Coulthard** (McLaren-Mercedes)	1'17''886
Hakkinen (McLaren-Mercedes)	1'17''922	2	**R. Schumacher** (Williams-BMW)	1'18''321
Barrichello (Ferrari)	1'18''330	3	**Frentzen** (Jordan-Mugen-Honda)	1'18''523
Fisichella (Benetton-Playlife)	1'18''607	4	**Button** (Williams-BMW)	1'18''699
Salo (Sauber-Petronas)	1'18''748	5	**Irvine** (Jaguar-Ford)	1'19''008
Wurz (Benetton-Playlife)	1'19''259	6	**Trulli** (Jordan-Mugen-Honda)	1'19''266
Diniz (Sauber-Petronas)	1'19''451	7	**Alesi** (Prost-Peugeot)	1'19''626
De la Rosa (Arrows-Supertec)	1'19''897	8	**Villeneuve** (BAR-Honda)	1'19''937
Herbert (Jaguar-Ford)	1'19''956	9	**Zonta** (BAR-Honda)	1'20''272
Heidfeld (Prost-Peugeot)	1'20''481	10	**Verstappen** (Arrows-Supertec)	1'20''609
Gené (Minardi-Fondmetal)	1'20''654	11	**Mazzacane** (Minardi-Fondmetal) [1]	1'20''905

CLASSEMENT

1. **Mika Hakkinen** (McLaren-Mercedes MP4/15) .... en 1 h 45'33''869 à 173,964 km/h
2. **Michael Schumacher** (Ferrari F1-2000) .... à 7''916
3. **David Coulthard** (McLaren-Mercedes MP4/15) .... à 8''454
4. **Rubens Barrichello** (Ferrari F1-2000) .... à 44''157
5. **Ralf Schumacher** (Williams-BMW FW22) .... à 50''437
6. **Heinz-Harald Frentzen** (Jordan-Mugen-Honda EJ10B) .... à 1'08''099
7. **Jarno Trulli** (Jordan-Mugen-Honda EJ10B) .... à 1 tour
8. **Eddie Irvine** (Jaguar-Ford R1) .... à 1 tour
9. **Jenson Button** (Williams-BMW FW22) .... à 1 tour
10. **Mika Salo** (Sauber-Petronas C19) .... à 1 tour
11. **Alexander Wurz** (Benetton-Playlife B200) .... à 1 tour
12. **Jacques Villeneuve** (BAR-Honda 002) .... à 2 tours
13. **Jos Verstappen** (Arrows-Supertec A21) .... à 2 tours
14. **Ricardo Zonta** (BAR-Honda 002) .... à 2 tours
15. **Marc Gené** (Minardi-Fondmetal M02) .... à 3 tours
16. **Pedro De la Rosa** (Arrows-Supertec A21) .... à 4 tours

ABANDONS

Jean Alesi (Prost-Peugeot AP03) : suspension arrière : biellette de pince de la roue arrière gauche (11 tours), alors 15e / **Nick Heidfeld** (Prost-Peugeot AP03) : problèmes d'alimentation électrique (22 tours), alors 15e / **Giancarlo Fisichella** (Benetton-Playlife B200) : balance des freins et tête-à-queue (31 tours), alors 20e / **Pedro Diniz** (Sauber-Petronas C19) : casse moteur (62 tours), alors 9e / **Johnny Herbert** (Jaguar-Ford R1) : 3 tête-à-queue sur pb de sélection de rapports de boîte de vitesses (67 tours), alors 13e / **Gaston Mazzacane** (Minardi-Fondmetal M02) : moteur explosé, suite surchauffe due à obstruction par une visière (68 tours), alors 16e.

EN TÊTE

Hakkinen : les 31 premiers et les 45 derniers tours, soit 302 km.
Coulthard : le 32e tour, soit 4 km.

A NOTER

Pénalité de 10' : **Gené** pour non-respect des drapeaux bleus (incident vis-à-vis d'Irvine et de Coulthard).

[1] **Mazzacane :** part depuis les stands suite à un pb de BV, sur la voiture préparée pour Gené.

Hakkinen, magnifique

Quand Jean Alesi a découvert la séquence de sa collision avec Pedro Diniz, lors du trentième tour du GP d'Allemagne à Hockenheim, il en a rétrospectivement frémi. « Pedro ne m'avait ni vu ni même pressenti. Il m'a percuté à une vitesse incroyable. Ma machine s'est désintégrée contre les rails de sécurité. Je m'en suis sorti tout seul. » Trois jours après cet accident, Alesi ressent encore, dans tout son corps, des séquelles physiologiques tenaces. Il souffre surtout de maux de tête et d'oreille lancinants et persistants.

Ce dimanche 30 juillet, Alesi avait pourtant rejoint son motor-home d'un pas calme, comme un promeneur du dimanche. Aucun médecin allemand ne l'avait examiné avant qu'il ne s'envole, de Speyer, pour la Côte d'Azur avec, parmi ses passagers, Danii Minogue, la fiancée australienne de Jacques Villeneuve, sur la demande de ce dernier. Entre mer et soleil de la Méditerranée, au calme en famille sur son bateau, Alesi récupère lentement et s'interroge. Cette oisiveté propice à l'introspection ne le laisse pas en paix avec lui-même. En 1999, à la même époque, il se réjouissait de se rapprocher d'Alain Prost. Douze mois plus tard, il ne remet pas son amitié avec Prost en cause. « Côté résultats… » soupire-t-il, sans en dire plus.

A Guyancourt, au siège de Prost Grand Prix, faute d'en savoir plus sur Alesi, il convient d'envisager une éventualité de rechange. Stéphane Sarrazin, essayeur de l'écurie, atterrit à Ferihegy, l'aéroport de Budapest, le jeudi 10 août dans l'après-midi. Seize mois après le GP du Brésil 1999, Sarrazin n'ose croire à sa chance d'un deuxième GP. Les yeux brillants, il erre dans un paddock torride. Ses pas le portent chez Minardi. Il y apprend que Cesare Fiorio, qui l'avait appelé en avril 1999, est licencié. Il s'en retourne, ouvert à tous les contacts possibles.

Hakkinen, la force de sourire.

Pendant l'hiver 1999-2000, Sarrazin a confié ses intérêts à l'agence Fintage, une société suisse spécialisée dans les sportifs de haut niveau. « Je suis leur seul pilote de Formule 1 », murmure Sarrazin. En dépit de ses contours flous, cette option témoigne de la volonté de Sarrazin de professionnaliser sa carrière. Ce même jeudi, Alesi s'aventure jusqu'à l'infirmerie de l'Hungaroring, pour y prendre rendez-vous avec le professeur Sid Watkins. Les deux hommes partageant le même toit de l'hôtel *Kempinski*, la consultation du professeur Watkins s'effectuera en soirée, en pleine discrétion. Pour sauver les apparences, Alesi passera une brève visite médicale, 5' à peine, le vendredi matin à l'Hungaroring. Échassier timide et silencieux, Sarrazin est condamné à l'inactivité.

Le jeudi soir, Toranosuke Takagi réapparaît, dans le hall de l'*Intercontinental Hotel*. Après deux saisons (Tyrrell en 1998 et Arrows en 1999), ce jeune Japonais (26 ans) a quitté la Formule 1. Craig Pollock l'a invité à Budapest pour une éventuelle relance de sa carrière. Satoru Nakajima est l'initiateur d'un projet à tiroirs : Takagi recevrait un volant en servant d'éventuelle caution (ou de monnaie d'échange ?) pour le moteur Mugen-Honda, abandonné par Jordan à partir de 2001 mais qui pourrait revivre avec l'assurance, sur le long terme, d'un développement financièrement consolidé par un consortium de sponsors japonais drainés par Nakajima autour de Takagi. Le montage paraît délicat.

Mais il est surtout assez compliqué et problématique pour laisser Alain Prost très sceptique. Lui qui peut parler en direct avec Hirotoshi Honda s'imagine mal plongé dans un pareil dédale. En plus, Takagi, authentique talent à l'état pur mais incontrôlable, ne cristallise plus un grand intérêt sur son nom. Pollock en avait hérité en 1998 chez Tyrrell. En 1999, Tom Walkinshaw et Daniele Audetto l'ont dirigé chez Arrows. Ils disent d'une seule voix : « Nous avons donné, merci. »

Pour Michael Schumacher, le rituel de cet été studieux continue. En plus de ses essais privés habituels, l'Allemand retourne à l'école des départs (il en couvre une vingtaine à Fiorano ce mercredi 9 août). « J'espère en avoir fini avec la fatalité des départs ratés », lâche-t-il, faussement résigné. Pendant ce temps, Rubens Barrichello flotte sur son petit nuage de félicité. Il est épanoui comme jamais il ne l'a été depuis son entrée en Formule 1 : « J'ai rencontré Luca Di Montezemolo après Hockenheim. Je retiens qu'il m'a dit que l'important était de voir Ferrari gagner à tout prix. Peu importe avec qui. »

Jamais autant de drapeaux finlandais...

Manifestement, Rubens Barrichello s'avance beaucoup. Il n'a pas prêté attention à un commentaire élogieux de Michael Schumacher : « Bien sûr, la victoire de Rubens m'a fait plaisir. Il a tiré le maximum d'une bonne voiture. Comme Eddie Irvine l'avait réussi en 1999. » Cette allusion n'est pas candide : elle sonne plutôt comme un rappel hiérarchique. Pour éviter la mésaventure du Brésilien lors des qualifications d'Hockenheim, Jean Todt a ordonné d'apporter régulièrement quatre machines sur les GP : chaque pilote aura ainsi son mulet. Barrichello interprète cette mesure avec un optimisme surdimensionné : « La quatrième voiture ne vient pas ici pour faire le jeu de Michael. Elle m'est destinée. » Décidément, le Brésilien détourne toutes les occasions à son bénéfice.

Pendant que les organisateurs se félicitent d'accueillir chaque année toujours plus de Finlandais (au moins 35 000 qui viendront en avion ou en autocar, avec transbordement en ferry-boat), Mika Hakkinen est radieux. Jusqu'à maintenant, il observait une certaine réserve vis-à-vis de Ferrari. Il s'en prend à Barrichello : « Comment accepter de ne pas pouvoir gagner ? Un rôle de second pilote finit par nuire au moral. » Hakkinen joue finement. Depuis son succès allemand, Barrichello est transfiguré : « Je me lève chaque matin pour remporter le championnat du monde. » Son retour à la réalité contractuelle peut le bloquer.

David Coulthard poursuit sa campagne : « Michael Schumacher ne sait pas contre qui se battre spécialement, Mika ou moi. On verra ça au départ. » Toujours pour envenimer le débat, Villeneuve s'est exprimé : « Michael ne tolère pas les critiques. Je devrais le remercier encore de m'avoir balancé à Jerez le 26 octobre 1997. Comme ça, je suis devenu champion du monde. » Après en avoir tellement entendu depuis quelques GP, Michael Schumacher, étrangement zen, est au-dessus de la mêlée : « Ceux qui m'attaquent finiront par s'épuiser tout seuls. Les choses redeviendront normales. Je préfère m'expliquer franchement avec Ricardo (Zonta) ou Giancarlo (Fisichella) qu'avec les autres. »

En réalité, Michael Schumacher est victime d'une certaine démesure allemande, dans l'idolâtrie comme dans la haine. Ses compatriotes ont dressé le « palmarès » de ses ennemis personnels en Formule 1. Par ordre décroissant de vindicte, on trouve Jacques Villeneuve (c'est patent), David Coulthard (non moins patent), Eddie Irvine (pareillement), Niki Lauda (qui n'épargne personne), Flavio Briatore (qui rappelle toujours l'avoir amené au titre mondial), Eddie Jordan (qui dément), Ron Dennis (qui confirme, au contraire), Heinz-Harald Frentzen (indifférent), Giancarlo Fisichella (qui nie) et Mika Hakkinen (qui nie aussi). A une réunion avec des médias hongrois à l'hôtel *Kempinski*, l'Allemand avoue : « Ne croyez pas que j'ai tant d'ennemis. Mes amis, eux, ne parlent pas. »

*
* *

A 31 °C dans l'atmosphère et 43 °C sur la piste, les qualifications tardent à démarrer. A 13 h 16, Hakkinen s'élance en 1'19"291. « J'ai vu des drapeaux finlandais sur tout le parcours », se réjouit-il. A 13 h 22, Ralf Schumacher tourne en

1'19"115. Mais, à 13 h 27, Coulthard creuse la différence en 1'18"155. A 13 h 30, dans une nuée de fanions Ferrari qui jaillissent de partout, Michael Schumacher réussit 1'17"514, une performance qui demeurera inaccessible. Pourtant, à 13 h 50, sur la fin, Coulthard lance un ultime assaut et se rapproche en 1'17"886, imité par Hakkinen, 1'17"922. La fête Ferrari n'est pas complète car Barrichello n'est que cinquième en 1'18"330. Le Brésilien accuse ouvertement Ralf Schumacher, très brillant, de l'avoir délibérément gêné, en 1'18"321.

Bernie Ecclestone, en arbitre joyeux du duel Ferrari-McLaren.

Comme Barrichello se plaint à voix très haute, certains Italiens croient déceler dans le temps de Ralf Schumacher une manœuvre programmée par... Michael, pour repousser Barrichello et lui donner une leçon d'humilité ! De source confidentielle, ce n'est pas un effet du hasard. Cette caricature n'amuse guère Luca Di Montezemolo, qui se veut le président oecuménique d'une Scuderia articulée autour de deux grands pilotes.

Dans toutes les écuries, toutes considérations stratégiques mises à part, les hommes les plus sollicités après ces essais sont les soigneurs. « Demain, il faudra courir pendant près de deux heures dans une étuve. L'important, c'est d'éviter toute défaillance physiologique, sous peine de se retrouver dans le rail ou pire », a commenté Coulthard, assez éprouvé par ces qualifications. Chacun a pris ses précautions. Pour roder Alesi, voici un mois, Baleydier lui a fait grimper le mont Ventoux tout habillé. Il lui a concocté une boisson énergétique spéciale. Chez BAR, Erwin Gollner agit de même avec Jacques Villeneuve qui, selon lui, « perdra au moins 3 kilos en course ». Pour Michael Schumacher, Balbir Singh hésite entre deux « potions magiques ». Il donnera à son pi-

Ken Tyrrell-Craig Pollock, souvenirs d'antan.

ALESI-TYRRELL : DE VIEUX AMIS

Visiteur de marque, Ken Tyrrell déambule tranquillement dans le paddock, ce dimanche matin, en serrant des quantités de mains. Soudain, au détour d'un motor-home, Tyrrell rencontre Jean Alesi, la combinaison nouée sur les hanches.

Les deux hommes, liés par une vieille complicité, bavardent allègrement. Soudain, Tyrrell murmure quelques mots à l'oreille d'Alesi. Ce dernier, épanoui, ne se laisse pas prier pour dévoiler les propos de son premier team-manager de Formule 1 voici maintenant... onze ans : « Ken m'a recommandé de ne pas rater mon départ. Je n'ai pas été surpris de son conseil. C'est exactement, au mot près, celui qu'il m'avait fait lors de mon premier départ en Formule 1 sur une Tyrrell, le 9 juillet 1989 sur le Paul-Ricard pour le GP de France. J'ai encore sa phrase dans les oreilles... »

En tout cas, en voyant Tyrrell s'éloigner de son pas paisible, Alesi ne peut pas s'empêcher d'affirmer : « Ce type-là, il était vraiment extra. » Confidence pour confidence : quand on demande à Tyrrell ce qu'il pense d'Alesi, il répond sur un ton mélancolique : « J'aurais aimé l'amener au titre mondial. »

A Michael Schumacher la pole, à Hakkinen le meilleur départ.

lote demain celle qu'il préférera. Chez Sauber, Josef Leberer a déjà reçu les doléances de Diniz. Bref, un peu partout, la lutte contre la déshydratation dans le GP de Hongrie est lancée. La température étouffante qui règne sur Budapest ne prédispose pas à une saine pré-récupération.

A l'Hungaroring, le dimanche matin est généralement consacré à l'élaboration, à distance, des plans de vol de la quantité d'avions privés garés depuis le jeudi à Ferihegy. Chaque pilote (d'avion) dépose deux plans (au moins) en fonction d'un retrait prématuré du pilote (de course). Ces messieurs, quoi qu'il en soit, ne supportent pas de devoir attendre un créneau horaire.

Le paddock est envahi par une foule très dense. A 12 h 10, Naomi Campbell se présente à l'entrée du motor-home Arrows : « J'aimerais parler à Pedro, c'est un de mes amis. » Satisfaction lui est donnée. On réveille Pedro De la Rosa, somnolent. Ce dernier surgit sur le seuil du motor-home. Naomi Campbell s'exclame sur un ton pointu : « Ce n'est pas le bon Pedro ! » Elle tourne les talons et, sans un mot d'excuses, se dirige, à côté, vers le motor-home Sauber. Rassurée, elle rencontre Daniele Morelli, le manager de Pedro Diniz. La seconde d'après, Naomi Campbell et Diniz tombent dans les bras l'un de l'autre.

Au départ, plus que n'importe où ailleurs, le premier virage à l'Hungaroring est le test suprême de vérité. Michael Schumacher et Coulthard s'épiant étroitement, Hakkinen en profite et s'infiltre dans un trou de souris entre les deux belligérants de la première ligne. Un peu plus de 105' plus tard le Finlandais, qui n'aura pas cédé la tête depuis ce fatidique premier virage sur la droite plus d'un seul tour (et à Coulthard), aura ravi le commandement du championnat à Michael Schumacher en donnant une démonstration absolue. Alesi et Heidfeld auront ouvert la triste litanie des abandons. Michael Schumacher, une fois les dégâts limités, accepte mal la suprématie de la McLaren-Mercedes de Hakkinen : « La voiture de Mika a considérablement progressé depuis Magny-Cours. Nous, pas assez. » Ce jugement reçoit l'agrément de Luca Di Montezemolo. Dennis et Haug se congratulent : « Mika a réussi un chef-d'œuvre de départ. »

Ce jour-là, Hakkinen en état de grâce.

Le héros du jour est allé au bout de ses forces, en conduisant d'une main de fer. Dès sa sortie du cockpit, le fidèle Mark Arnall, prévenu, a déversé un seau d'eau fraîche sur la tête de Hakkinen en plein parc fermé. «Jamais, tu ne m'as fait autant plaisir», lui confia ensuite le champion du monde. Lequel n'avait qu'une hâte : s'enfermer dans sa petite douche individuelle du motor-home pour se laisser arroser près de 10'. Bien plus tard, Hakkinen but une gorgée de champagne – pas plus ! –, dans un motor-home McLaren aussi délirant que celui de Mercedes. A côté, chez Ferrari, Di Montezemolo, Brawn, Todt, Michael Schumacher et Barrichello tenaient un conseil de crise.

Tous les pilotes et leurs proches ont rejoint Ferihegy en hélicoptère ou, par la route, avec des escortes de policiers. Il y a donc forte cohue dans la zone des avions privés. Corinna Schumacher et Balbir Singh ont précédé Michael et l'attendent dans le Challenger, en bout de piste. Ralf Schumacher monte très rapidement dans son Piaggio. Jacques Villeneuve, Craig Pollock et Erwin Gollner vont, en Lear Jet 31, vers la Suisse. Jusqu'au dernier moment, Irvine hésitera, au pied de son Falcon 50, entre l'Italie et l'Angleterre. Ce qui n'est pas le cas de Tom Walkinshaw, dans son Cessna Citation, et de Frank Williams, dans son Falcon 50, prestement en vol vers Londres. Flavio Briatore, avec Naomi Campbell, ordonne au pilote de son Falcon 50 de mettre le cap vers la Sardaigne. Ron Dennis, l'un des derniers à s'envoler, retenu pour cause de liesse extrême, emprunte un jet de TAG pour rallier Londres.

Mais tous ont été devancés par Bernie Ecclestone, qui n'a pas attendu l'arrivée du GP, pour embarquer dans l'un de ses Jet Lear 60 à destination de Biggin Hill, ce petit aéroport du sud de Londres où est abritée sa flotte personnelle d'une demi-douzaine d'appareils. Peu avant 20 heures, Ferihegy est (presque) désert.

Hakkinen-Dennis, jeux de mains.

GRAND PRIX DE BELGIQUE

13e MANCHE DU CHAMPIONNAT DU MONDE DES CONDUCTEURS 2000

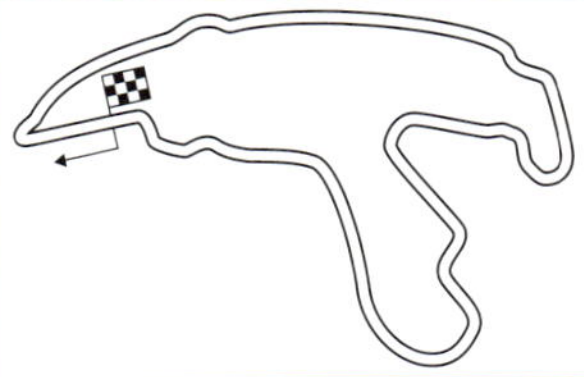

DATE : 27 août 2000.
CIRCUIT : Spa-Francorchamps.
DISTANCE : 44 tours de 6,968 km, soit 306,592 km.
MÉTÉO : piste humide au départ, s'asséchant progressivement mais irrégulièrement.
ENGAGÉS : 22. QUALIFIÉS : 22. ARRIVÉS : 17. CLASSÉS : 17.
VAINQUEUR : **Mika Hakkinen** (McLaren-Mercedes) en 1 h 28'14''494 à 208,467 km/h.
MOYENNE RECORD : **David Coulthard** (McLaren-Mercedes) en 1999 à 214,595 km/h.
MEILLEUR TOUR : **Rubens Barrichello** (Ferrari) : 1'53''803 à 220,423 km/h.
RECORD DU TOUR : **Jacques Villeneuve** (Williams-Renault) en 1997 : 1'52''692 à 222,596 km/h.

GRILLE DE DÉPART

Trulli (Jordan-Mugen-Honda)	1'51''419	1	**HAKKINEN (McLaren-Mercedes) à 226,712 km/h**	**1'50''646**
M. Schumacher (Ferrari)	1'51''552	2	**Button** (Williams-BMW)	1'51''444
R. Schumacher (Williams-BMW)	1'51''743	3	**Coulthard** (McLaren-Mercedes)	1'51''587
Frentzen (Jordan-Mugen-Honda)	1'51''926	4	**Villeneuve** (BAR-Honda)	1'51''799
Barrichello (Ferrari)	1'52''444	5	**Herbert** (Jaguar-Ford)	1'52''242
Irvine (Jaguar-Ford)	1'52''885	6	**Fisichella** ❶ (Benetton-Playlife)	1'52''756
Heidfeld (Prost-Peugeot)	1'53''193	7	**Zonta** (BAR-Honda)	1'53''002
De la Rosa ❷ (Arrows-Supertec)	1'53''237	8	**Diniz** (Sauber-Petronas)	1'53''211
Salo (Sauber-Petronas)	1'53''357	9	**Alesi** (Prost-Peugeot)	1'53''309
Verstappen (Arrows-Supertec)	1'53''912	10	**Wurz** (Benetton-Playlife)	1'53''403
Mazzacane (Minardi-Fondmetal)	1'54''784	11	**Gené** (Minardi-Fondmetal)	1'54''680

CLASSEMENT

1. **Mika Hakkinen** (McLaren-Mercedes MP4/15) .... en 1 h 28'14''494 à 208,467 km/h
2. **Michael Schumacher** (Ferrari F1-2000) .... à 1''103
3. **Ralf Schumacher** (Williams-BMW FW22) .... à 38''096
4. **David Coulthard** (McLaren-Mercedes MP4/15) .... à 43''280
5. **Jenson Button** (Williams-BMW FW22) .... à 49''914
6. **Heinz-Harald Frentzen** (Jordan-Mugen-Honda EJ10B) .... à 55''984
7. **Jacques Villeneuve** (BAR-Honda 002) .... à 1'12''380
8. **Johnny Herbert** (Jaguar-Ford R1) .... à 1'27''808
9. **Mika Salo** (Sauber-Petronas C19) .... à 1'28''670
10. **Eddie Irvine** (Jaguar-Ford R1) .... à 1'31''555
11. **Pedro Diniz** (Sauber-Petronas C19) .... à 1'34''123
12. **Ricardo Zonta** (BAR-Honda 002) .... à 1 tour
13. **Alexander Wurz** (Benetton-Playlife B200) .... à 1 tour
14. **Marc Gené** (Minardi-Fondmetal M02) .... à 1 tour
15. **Jos Verstappen** (Arrows-Supertec A21) .... à 1 tour
16. **Pedro De la Rosa** (Arrows-Supertec A21) .... à 2 tours
17. **Gaston Mazzacane** (Minardi-Fondmetal M02) .... à 2 tours

ABANDONS

Jarno Trulli (Jordan-Mugen-Honda EJ10B) : touchette avec Button qui tentait de le dépasser, tête-à-queue et moteur calé (4 tours), alors 2e / **Giancarlo Fisichella** (Benetton-Playlife B200) : problème électrique et perte de puissance (8 tours), alors 16e / **Nick Heidfeld** (Prost-Peugeot AP03) : casse moteur due à une rupture de la boîte de vitesses (12 tours), alors 17e / **Jean Alesi** (Prost-Peugeot AP03) : rupture d'une canalisation d'essence dans le réservoir (32 tours), alors 9e / **Rubens Barrichello** (Ferrari F1-2000) : chute de pression d'essence et moteur coupé (32 tours), alors 4e.

EN TÊTE

Hakkinen : les 12 premiers tours, du 23e au 27e tour et les 4 derniers tours, soit 146 km.
M. Schumacher : du 13e au 22e tour et du 28e au 40e tour, soit 160 km.

A NOTER

Départ lancé derrière la voiture de sécurité, la piste étant jugée encore trop humide par la direction de course.

❶ **Fisichella :** part sur la voiture de réserve et avec une jambe douloureuse, suite à une spectaculaire sortie de piste lors du warm-up.
❷ Pénalité de 10'' pour **De la Rosa** qui utilisait la voiture de réserve : il a doublé pendant la présence de la voiture de sécurité en piste.

Hakkinen... en 3" !

Comme d'habitude, depuis de longues années, sa femme, Lucile, pousse son fauteuil roulant. Aujourd'hui, c'est devant l'ascenseur, dans le hall de l'hôtel *Balmoral*, à Spa. Quelques minutes plus tard, Mike Greasley est au premier rang des invités de Toyota Motorsport, ce jeudi 24 août. En tant que manager de Mika Salo, Greasley a droit à un traitement de faveur. En décidant de lever (enfin) le voile sur le projet Formule 1 de Toyota, Ove Andersson, le président de Toyota Motorsport, annoncera l'engagement, à partir de 2001, de Mika Salo (34 ans) comme essayeur puis, en 2002, de titulaire.

Hakkinen, vraiment très costaud.

Pour le moment, Salo est contractuellement lié avec Peter Sauber. Il avait même signé une clause spéciale pour 2001 : si, au GP de Hongrie, l'écurie ne figurait pas dans les six premières du classement des constructeurs, Salo avait pratiquement droit à sa liberté dès 2001. Voici déjà trois mois (à Monaco) que Ove Andersson avait fait approcher Salo par un émissaire mandaté par André de Cortanze, directeur technique de Toyota Motorsport, et ancien collaborateur de Sauber. Ce Finlandais, qui bourlingue en Formule 1 depuis 1994 (Lotus-Mugen-Honda, Tyrrell, Arrows, BAR-Supertec, Ferrari), aspirait à une certaine stabilité. « Mon intérim de Michael Schumacher chez Ferrari en 1999 m'a ouvert les yeux et insufflé un surcroît d'ambition », exposait-il récemment.

En se sachant désiré, Salo n'a pas perdu l'occasion, très légitime, de se valoriser. Dans la mesure ou il avait été cette année le seul pilote de Sauber-Petronas à marquer des points, il se devinait disponible à l'échéance du GP de Hongrie. Au fil des semaines, Greasley avait adroitement défendu les intérêts de son protégé en obtenant, notamment, une solide garantie de l'ordre de 20 millions de dollars (140 millions de francs) sur quatre ans, un volant dans l'écurie en 2002-2003 et, enfin, une responsabilité de directeur sportif à l'horizon 2004. En veine de confidences, Jukka Mildh, l'assistant finlandais de Greasley, révèle : « Il était impossible pour Mika de refuser l'offre de Toyota. »

Quoi qu'il en soit, cinq orateurs se succèdent pour cautionner ou exposer la stratégie de Toyota, Tsutomu Tomita (8'), le président de Toyota Motor Corp., Max Mosley (2'30"), Ove Andersson (8'), André de Cortanze (7'), Peter Ball (8'), le directeur marketing et communication de Toyota Motorsport. De toute évidence, l'investissement de Toyota, troisième constructeur mondial en Formule 1, est énorme. Le financement du projet repose sur un budget annuel de 300 millions de dollars (2,25 milliards de francs), susceptible d'être relayé (ou soulagé) par des sponsors de dimension universelle. Pierre Dupasquier explique : « Toyota a la particularité de travailler en unité structurelle. Michelin était le partenaire attitré en rallye. Quand Ove Andersson m'a demandé nos intentions en Formule 1, il a été rassuré sur-le-champ. » Curieusement, plus le staff de Toyota s'exprime sur la Formule 1, plus la partie cachée de cet iceberg Toyota devient plus importante, en volume comme en densité imaginative et technologique. Sans sourire, Salo laisse entendre qu'il convient d'attendre beaucoup de la part de Toyota.

De Jenson Button, on attendait beaucoup, aussi, au début de la saison. Et ce jeune Anglais a tenu ses promesses, au-delà de ce qui était espéré. Il arrive, ce jeudi, dans le paddock avec une nouvelle casquette : son transfert chez Benetton, pour 2001, puis Renault, pour 2002, a été officialisé quelques jours plus tôt. Dès lors que Jacques Villeneuve lui avait échappé,

Flavio Briatore a concentré ses efforts sur cet espoir lancé en Formule 1 par Frank Williams.

En réalité, de Melbourne à Spa, de mars à août, Button a brûlé les étapes de la renommée. Ses deux managers, le Belgo-Norvégien Harald Huysmans et l'Anglais David Robertson, gèrent sa carrière, sportive et financière, avec habileté. En 1997, ils n'avaient pas hésité à lui avancer un budget conséquent pour l'expédier en Formule Ford. En Formule 1, ils ont dû accepter un contrat de quatre ans avec Williams. En passant chez Benetton, Button a gardé un fil à la patte avec Frank Williams, qui n'est pas homme à se séparer d'un grand espoir, même s'il en a un autre (Juan-Pablo Montoya) en ligne de mire. Williams s'est montré inflexible. David Robertson a même proposé 30 millions de dollars (210 millions de francs) à Williams pour dégager Button de ses liens avec lui. En vain.

Mieux : depuis avril, la cote de Button a tellement progressé que, par souci d'efficacité, ses droits de merchandising ont été revendus à BMW qui dispose d'une structure éprouvée en la matière. Bref, Button conduira une Benetton en 2001 et une Renault en 2002. Au-delà, tout est envisageable. « Il n'est pas du tout exclu pour Jenson de revenir chez Williams en 2003. Ou de le voir ailleurs », estime Huysmans. En fait, en s'appuyant sur BMW, Frank Williams peut miser sur le long terme. En cette année 2000, Williams dispose, simultanément, de Ralf Schumacher (25 ans), Jenson Button (20 ans) et, à brève échéance, de Juan-Pablo Montoya (25 ans). « C'est avec une lisibilité de pilotes aussi nette qu'une écurie peut bâtir son avenir », observe Alain Prost, avec envie.

Sans avoir remporté un seul GP, Ralf Schumacher entre déjà, à sa manière, dans l'histoire de la Formule 1. En tant que frère cadet de Michael. Ce dernier est passé, quarante-huit heures plus tôt, par

Button, cote en hausse.

Kerpen, la bourgade natale des Schumacher. Mais Michael a surtout posé la première pierre d'un musée baptisé « Le monde des Schumacher », installé à proximité du centre de kart dirigé par leur père, Rolf. Depuis sa première victoire en Formule 1, ici même le 30 août 1992, Michael Schumacher multiplie les signes d'intelligence et de complicité avec le public de la région. Une dizaine d'autocars transporteront à Spa des amis et des inconditionnels de Michael Schumacher.

Chez Ferrari, par contraste, l'ambiance n'est pas nécessairement confiante. Les Italiens en sont restés, visuellement parlant, sur le départ (manqué, selon eux) de Michael Schumacher à l'Hungaroring. Il y a débat. Des questions sont posées, concernant autant le pilote que sa machine. Lors d'essais privés au Mugello, l'Allemand lance sans nuance : « Mika optimise ses départs. Moi, pas. Nous devons travailler pour combler ce handicap. » Même en s'interdisant la plus infime allusion à des arguments technologiques dissimulés (et irréguliers), Michael Schumacher n'en rallume pas moins contre son gré le feu (latent) de la discorde avec McLaren-Mercedes. Il a beau protester de son innocence, Ron Dennis ne le croit pas une seconde.

En réalité, les propos de Michael Schumacher sont tombés à un très mauvais moment : de sources plus ou moins fiables, on laisse entendre, principalement en Allemagne et en Italie, qu'Adrian Newey a reçu une offre mirifique de Maranello, la bagatelle de plusieurs centaines de millions de francs pour trois ans ! Dennis est sur les nerfs. Ses partenaires de Mercedes, également. Jean Todt s'aligne sur Michael Schumacher et, à son tour, dément tout contact. Dennis ricane : « C'est toujours pareil avec les gens de Ferrari. » Cette phrase à double sens alimente un débat sans fin. A une table à l'hôtel *Val d'Amblève*, à Stavelot, Max Mosley a confié sur un ton informel : « J'aimerais bien voir cesser, un jour ou l'autre, les attaques personnelles. » Sa phrase n'est qu'un vœu pieux.

Mika Hakkinen, qui s'est pratiquement reposé depuis le GP de Hongrie, s'est installé, comme d'habitude, à l'hôtel *Foxhall*, à Malmédy. Il est très serein. « Mika n'a qu'une idée, enchaîner une série de victoires », dévoile Erja, son épouse, un clin d'œil à l'appui. Autrement dit, Hakkinen se sent en confiance ici. Tout comme son partenaire David Coulthard, vainqueur 1999. L'Écossais a garé son luxueux motor-home personnel à quelques centaines de mètres du virage de La Source, en plein village de Francorchamps. Pour un peu, il pourrait croiser en voisin Michael Schumacher, descendu à l'hôtel *Roannay*, toujours dans la même chambre, la n° 29. « Je n'y tiens pas, merci », répond l'Écossais.

*
* *

Pour avoir manqué ses deux jours d'essais libres, Michael Schumacher a été égratigné au sein même de Ferrari. Il aborde les qualifications de méchante humeur. Premier en piste, à 13 h 14, Mazzacane tourne en 1'56"120. Rien de sérieux. A 13 h 15, Hakkinen attaque en trombe en 1'51"680. Tous ses adversaires acceptent sa loi. A 13 h 36, Trulli secoue le joug du champion du monde en 1'51"590. Qu'à cela ne tienne, Hakkinen revient en poste à 13 h 38 pour réaliser 1'51"296.

Par la suite, Michael Schumacher échoue en 1'51"680 puis 1'51"552. L'Allemand est surtout débordé, à 13 h 56, par l'étonnant Button, 1'51"444. Lequel ne bat pas pour autant Trulli qui, à 13 h 48, avait signé 1'51"419. Pour s'affirmer comme le patron, Hakkinen s'est surpassé, à 13 h 50, en 1'50"696. « Mika est redevenu l'homme fort que nous connaissons tous », estime Ron Dennis, en une phrase qui trahit une préférence pour le Finlandais. La minute d'après, Dennis se corrige lui-même : « Nos pilotes ont signé des contrats de parité. »

A la fin de ces qualifications, Nick Heidfeld s'entretient longuement avec Werner Heinz, son agent, sous l'auvent du motor-home Prost. En 1999, à la même époque, le jeune Allemand débordait d'entrain. Il avait été accueilli en grande pompe chez Prost-Gauloises, au moins en raison de son image sur le marché allemand. « Aujourd'hui, Nick est la principale victime de la politique de désaccord entre Prost et Peugeot », affirme Heinz, sans être franchement démenti par Alain Prost. Pour Heidfeld, ce dimanche 27 août s'annonce comme un jour crucial.

En effet, si à 0 heures, dans la nuit du 27-28 août, Prost n'avertit pas personnellement Heidfeld de son intention d'utiliser son option pour 2001, le même Heidfeld peut signer où bon lui semble. Depuis trois semaines, faute d'indications précises de Prost, Heinz a préparé le terrain en approchant les écuries en quête de coureurs germanophones. Au moins pour prendre de vitesse Peter Cramer, le manager d'Alexander Wurz, qui, de son côté, se plaint de Flavio Briatore : « L'éviction injustifiée d'Alexander de Benetton est de nature strictement politique. L'écurie n'a rien à lui reprocher. » Cramer voit juste :

Michael Schumacher-Todt, attentifs et concentrés.

MINARDI : 250 GP AU COMPTEUR...

Ce week-end, Minardi célèbre son 250e GP depuis le 7 avril 1985, jour du GP du Brésil à Jacarapegua. Pour la petite écurie de Faenza, l'important est de durer. C'est ainsi que, ce samedi, en fin de matinée, l'ingénieur Gustav Brunner, le concepteur des Minardi-Fondmetal de Marc Gené et Gaston Mazzacane, se présente au motor-home Supertec pour y rencontrer Bruno Michel, le directeur.

En fait, Brunner vient chercher les plans de référence du moteur français (poids, mensuration, volume exact, etc.) pour les intégrer dans sa Minardi de 2001. Bruno Michel explique à Brunner, avec patience, que rien n'est encore signé entre Supertec et Minardi et qu'il revient à Giancarlo Minardi et Gabriele Rumi de lui renvoyer le contrat qu'ils détiennent depuis quatre semaines.

Brunner, à son tour, tombe des nues. Et s'éclipse. Avant de revenir, peu après, avec Giancarlo Minardi lui-même, désireux de s'expliquer sur ce malentendu et de « conserver de très bonnes relations avec Supertec » (*sic*). L'affaire en reste là.

Pour fêter son 250e GP, Minardi n'a pas, hélas, reçu le beau moteur Supertec dont l'écurie italienne rêvait pour 2001. Ce moteur coûte, il est vrai, 120 millions de francs, à sa plus juste estimation. Un prix d'ami, quoi.

Minardi, le bonheur est dans la survie.

Départ lancé, et Hakkinen devant Trulli et Button.

le profil de Wurz ne cadre pas (ou plus) avec la stratégie 2001-2002 de Benetton-Renault.

La coïncidence est bien agréable : en se réveillant ce dimanche 27 août 2000, à l'hôtel *Dorint*, Gerhard Berger franchit son quarante et unième cap d'existence. Quelques amis le congratuleront, prestement, dans la matinée. Flavio Briatore, lui, le retiendra plus longtemps, sur mission de Bernie Ecclestone. Il s'agit de persuader Frank Williams d'accepter, lors d'une imminente réunion des constructeurs, une réforme des essais du vendredi.

Depuis qu'il a clamé avoir retrouvé une « bonne assiette » sur sa MP4/15, Hakkinen a troublé Michael Schumacher. Sur la grille de départ, l'Allemand examine, sans sourciller, la machine d'Hakkinen. Les deux champions du monde interviennent pour demander, en raison de la météo, un départ lancé. Accessoirement, ils pensent, en plus, contenir les ardeurs de Button et Trulli. De fait, cette procédure de départ empêche tout incident, au moins pendant quatre tours. Hakkinen emmène sans mal Trulli, Button, Michael Schumacher, Coulthard, Ralf Schumacher, Villeneuve, tous groupés en une poignée de secondes.

Au cinquième tour, à 14 h 11, Button touche Trulli. L'Anglais continue, l'Italien revient à pied. Ambiance. Mika Hakkinen contrôle les opérations avec Michael Schumacher à distance respectueuse, entre 6"-8". A 14 h 22, le Finlandais s'évanouit en tête-à-queue à Stavelot. L'Allemand le déborde. Ce GP de Belgique paraît inversé. Rageur, Hakkinen revient sur Michael Schumacher. Le duel est somptueux. La McLaren avance son capot à hauteur des roues arrière de la Ferrari. L'Allemand

Ça chauffe, au second plan, entre Trulli et Button.

Dépassement réussi et mission accomplie pour Hakkinen.

se rabat, une fois, sur sa droite, à 15 h 19. Le Finlandais lève le pied. Le tour d'après, le quarante et unième, alors que Michael Schumacher attaque Zonta attardé, sur la gauche, Hakkinen surgit, en trombe, à 321 km/h, sur la droite du même Zonta, à 15 h 21. La voie est triomphalement dégagée en 3", pour le Finlandais. Dans l'affaire, Schumacher a concédé 1". Pas plus, mais pas moins non plus. C'est l'écart à l'arrivée, à 15 h 28, entre les deux hommes. Hakkinen bondit vers Michael Schumacher pour obtenir, en toute courtoisie professionnelle, quelques explications sur sa première riposte. En grimpant sur le podium, Hakkinen reçoit une ovation gigantesque, démesurée même, mais digne de son exploit d'anthologie.

Un peu plus tard, dans son motor-home BAR, Zonta s'étonne à voix haute : «J'avais entrevu Michael Schumacher et Hakkinen dans la descente de l'Eau Rouge. Une demi-seconde plus tard sans sommation, je me suis retrouvé cerné, sur la gauche et la droite, par deux missiles venus d'ailleurs ! Je n'ai pas dévié d'un centimètre. Et puis la course a repris normalement… » Le Brésilien, épanoui, s'essuie soigneusement le visage. Sa correction en la circonstance a été exemplaire.

Les Schumacher s'apprêtent à regagner Kerpen en hélicoptère. Ralf vient chercher Michael chez Ferrari. En patientant, il signe de nombreux autographes : « Comme Michael, j'aime bien Spa. Il ne me reste plus qu'à y gagner. » A côté, dans le motor-home Mercedes, Norbert Haug écoute attentivement les déclarations de Michael Schumacher sur RTL et les écrit d'une main rapide sur un petit carnet. Contrairement à leur plan, Erja et Mika Hakkinen ne rentreront pas ce soir en principauté de Monaco. Tous deux rejoignent l'hôtel *Foxhall* pour une soirée en tête à tête. Tous les autres membres de McLaren sont déjà partis.

Ce dimanche soir, peu après 0 heure, Werner Heinz laisse un message sur le répondeur du bureau de Peter Sauber à Hinwill, près de Zurich. « C'est bon pour Nick. Alain Prost n'a pas exploité son option. » Heidfeld est engagé chez Sauber-Petronas pour trois ans.

GRAND PRIX D'ITALIE

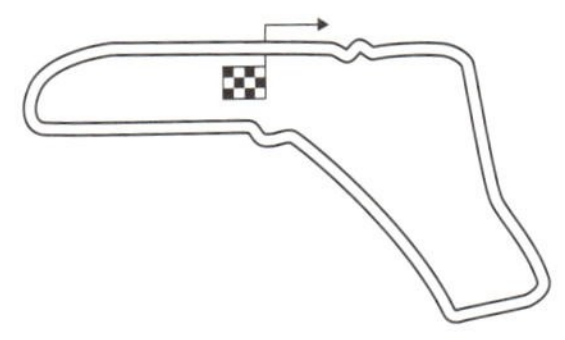

14e MANCHE DU CHAMPIONNAT DU MONDE DES CONDUCTEURS 2000

DATE : 10 septembre 2000.
CIRCUIT : Monza.
DISTANCE : 53 tours de 5,792 km, soit 306,976 km.
MÉTÉO : beau et chaud.
ENGAGÉS : 22. QUALIFIÉS : 22. ARRIVÉS : 12. CLASSÉS : 12.
VAINQUEUR : **Michael Schumacher** (Ferrari) en 1 h 27'31''638 à 210,286 km/h.
MOYENNE RECORD : **David Coulthard** (McLaren-Mercedes) en 1997 à 238,036 km/h.
MEILLEUR TOUR : **Mika Hakkinen** (McLaren-Mercedes) : 1'25''595 à 243,64 km/h.
RECORD DU TOUR : **Mika Hakkinen** (McLaren-Mercedes) en 1997 : 1'24''808 à 244,929 km/h.

GRILLE DE DÉPART

M. SCHUMACHER (Ferrari) à 248,953 km/h	**1'23''773**	1	**Barrichello** (Ferrari)	1'23''797
Hakkinen (McLaren-Mercedes)	1'23''967	2	**Villeneuve** (BAR-Honda)	1'24''238
Coulthard (McLaren-Mercedes)	1'24''290	3	**Trulli** (Jordan-Mugen-Honda)	1'24''477
R. Schumacher (Williams-BMW)	1'24''516	4	**Frentzen** (Jordan-Mugen-Honda)	1'24''786
Fisichella (Benetton-Playlife)	1'24''789	5	**De la Rosa** (Arrows-Supertec)	1'24''814
Verstappen (Arrows-Supertec)	1'24''820	6	**Button** (Williams-BMW)	1'24''907
Wurz (Benetton-Playlife)	1'25''150	7	**Irvine** (Jaguar-Ford)	1'25''251
Salo (Sauber-Petronas)	1'25''322	8	**Diniz** (Sauber-Petronas)	1'25''324
Zonta (BAR-Honda)	1'25''337	9	**Herbert** (Jaguar-Ford)	1'25''388
Alesi (Prost-Peugeot)	1'25''558	10	**Heidfeld** (Prost-Peugeot)	1'25''625
Gené (Minardi-Fondmetal)	1'26''336	11	**Mazzacane** (Minardi-Fondmetal)	1'27''360

CLASSEMENT

1. **Michael Schumacher** (Ferrari F1-2000) .... en 1 h 27'31''638 à 210,286 km/h
2. **Mika Hakkinen** (McLaren-Mercedes MP4/15) .... à 3''810
3. **Ralf Schumacher** (Williams-BMW FW22) .... à 52''432
4. **Jos Verstappen** (Arrows-Supertec A21) .... à 59''938
5. **Alexander Wurz** (Benetton-Playlife B200) .... à 1'07''426
6. **Ricardo Zonta** (BAR-Honda R1) .... à 1'09''292
7. **Mika Salo** (Sauber-Petronas C19) .... à 1 tour
8. **Pedro Diniz** (Sauber-Petronas C19) .... à 1 tour
9. **Marc Gené** (Minardi-Fondmetal M02) .... à 1 tour
10. **Gaston Mazzacane** (Minardi-Fondmetal M02) .... à 1 tour
11. **Giancarlo Fisichella** (Benetton-Playlife B200) .... à 1 tour
12. **Jean Alesi** (Prost-Peugeot AP03) [1] .... à 2 tours

ABANDONS

Eddie Irvine (Jaguar-Ford R1) : suspension endommagée suite à accrochage avec Salo à la 1re chicane (0 tour) / **Heinz-Harald Frentzen** (Jordan-Mugen-Honda EJ10B) : percute Barrichello provoquant l'accrochage à la 2e chicane du 1er tour (0 tour) / **Jarno Trulli** (Jordan-Mugen-Honda EJ10B) : accrochage à la 2e chicane du 1er tour (0 tour) / **David Coulthard** (McLaren-Mercedes MP4/15) : accrochage à la 2e chicane du 1er tour (0 tour), alors 3e / **Rubens Barrichello** (Ferrari F1-2000) : accrochage à la 2e chicane du 1er tour (0 tour) / **Pedro De la Rosa** (Arrows-Supertec A21) : tonneaux après avoir percuté une roue de Zonta lors de l'accrochage à la 2e chicane du 1er tour (0 tour) / **Johnny Herbert** (Jaguar-Ford R1) : roue arrachée après accrochage avec De la Rosa à la 2e chicane du 1er tour (1 tour) / **Jenson Button** (Williams-BMW FW22) : tout droit dans la parabolique suite à suspension endommagée sur un rail au départ, surpris par le ralentissement du poleman derrière la voiture de sécurité (10 tours), alors 6e / **Jacques Villeneuve** (BAR-Honda 002) : transmission ou problème électrique ou problèmes électroniques moteur (14 tours), alors 3e / **Nick Heidfeld** (Prost-Peugeot AP03) : tête-à-queue sur de l'huile (15 tours), alors 9e.

EN TÊTE

M. Schumacher: les 39 premiers et les 11 derniers tours, soit 290 km.
Hakkinen: les 40 et 42e tours, soit 17 km.

A NOTER

Intervention de la voiture de sécurité du 1er au 11e tour, suite à l'accrochage du premier tour ayant impliqué quelque cinq voitures et mortellement blessé un pompier de service anti-incendie du GP par une roue d'une Jordan.

[1] **Alesi :** part des stands à la poussette avec un tour de retard, suite à un moteur calé.

Schumacher, ressuscité

Les nerfs à vif. Pour Michael Schumacher, le compte à rebours de ce cinquième GP d'Italie consécutif à Monza chez Ferrari a déjà tourné au cauchemar. Le lundi 28 août, en se réveillant à Kerpen, dans la maison familiale de son enfance, le double champion du monde s'est aperçu qu'il n'était nulle part. Ni en Allemagne, ni en Italie, ni ailleurs. Le coup d'audace de Mika Hakkinen, la veille, sur la fin du GP de Belgique avait bénéficié d'un retentissement gigantesque. Willi Weber, l'un des premiers à téléphoner à Michael Schumacher, ce matin-là, lui avait dressé un bilan assez sombre de l'opinion publique vis-à-vis de lui.

Les Allemands avaient encaissé comme une humiliation son échec de Spa, en le rendant quasiment responsable de l'exploit de Hakkinen. Les tifosi, quant à eux, n'acceptaient plus cette disette de succès dans laquelle Michael Schumacher s'était enfermé depuis Montréal. Une chape d'inquiétude tombait sur Maranello. Jean Todt s'était acharné à dédramatiser une situation qui, quand même, s'était compliquée. Au soir du GP du Canada, Michael Schumacher possédait 24 points d'avance sur Hakkinen. A quelques jours de Monza, il accusait un retard de 6 points sur le même Hakkinen. «J'en ai vu d'autres dans ma carrière», répète souvent Michael Schumacher dans les phases délicates. Dans ce creuset des passions de Monza, il

Forza Michael Schumacher.

allait être livré en pâture à des tifosi, sublimés par leur idolâtrie pour lui. Cet excès de ferveur sur son duo avec Ferrari se retournait contre lui avec un effet corrosif.

Sur un sondage «à chaud», l'opinion publique allemande, systématiquement exigeante avec ses champions, avait rendu, après Spa, un verdict accablant : pour la chaîne RTL, 66 % des Allemands considéraient Hakkinen comme plus brave que Michael Schumacher, lequel ne gardait que 27 % d'inconditionnels. Même si ce phénomène de la versatilité des foules ne le surprend pas trop, Michael Schumacher n'y est pas indifférent. Heureusement pour lui, un lourd programme d'essais à Fiorano l'absorbe. Il teste notamment un nouveau moteur, présumé plus puissant que celui de Spa. Il se détend en jouant au football avec ses amis d'Echichens.

D'ailleurs, Michael Schumacher est annoncé dans un match de football à Melegnano, quarante-huit heures avant de rallier Monza. Todt lui demande, discrètement, de s'abstenir de cette partie. Au profit d'essais spéciaux de départ, organisés pour lui, le mercredi 6 septembre à Fiorano. Il est assez conscient de ses responsabilités pour ne pas hésiter une seconde. D'ailleurs, il a demandé une entrevue, officieuse, à Charlie Whitting, le délégué de la FIA, avant les essais libres.

En effet, en Angleterre aussi, Michael Schumacher a été une cible idéale. Il est critiqué, essentiellement, pour sa réaction spontanée sur la tentative de Hakkinen. «On sait d'où viennent ces offensives», soupire-t-on à Maranello. L'Allemand n'en a pas le moindre doute. Todt, qui s'investit si bien dans la protection de ses pilotes, s'est dépensé en coulisses. Il redoute, quelque part, une résurgence négative vis-à-vis de Michael Schumacher. Le Français multiplie les précautions préventives, en alertant quelques amis, ici et là. Sans bruit.

Pendant ce temps-là, Mika Hakkinen avait, lui aussi, un programme chargé. Sur la requête de West, le Finlandais s'est envolé vers la Lituanie pour un séjour de quarante-huit heures. Il a été reçu et fêté à Kaunas comme un «très éminent visiteur». Et il a participé, plutôt comme témoin que comme acteur, à des exhibitions aériennes, devant 250 000 personnes. Au lieu de regagner Monaco, en droite ligne, Hakkinen s'est attardé, à la demande d'Adrian Newey, dans les ateliers McLaren à Woking. Opération de routine ou pas, toujours est-il que Hakkinen a travaillé de longues heures avec Newey et ses collaborateurs en se penchant, paraît-il, sur les effets de la nouvelle chicane de Monza.

A son arrivée à l'hôtel *Villa d'Este*, sur le bord du lac de Côme, Hakkinen reprend à son compte la phrase d'Erja à Malmédy : « Enchaîner une série de victoires… » En parallèle, Michael Schumacher a confié : « Je rêve de voir Ferrari rééditer son doublé de Monza de 1998. » Dans ce message à l'Italie et à Rubens Barrichello, il s'est bien gardé de citer Eddie Irvine, son équipier de 1998. Son incantation à Ferrari est très bien perçue par les tifosi. De son côté, pour ne pas se laisser marginaliser, David Coulthard a glissé : « Je suis quand même le dernier vainqueur McLaren ici, en 1997. » Pendant son voyage en hélicoptère de Monaco à Monza – pas plus de 75 minutes –, avec Pedro Diniz, l'Écossais n'a pas du tout ménagé Michael Schumacher. A dire vrai, l'inverse eut été surprenant.

Ce jeudi, Alain Prost, Jean-Luc Gripon et Philippe Gurdjian ont pris un vol Air France à Roissy. L'appareil était rempli de touristes japonais. Mauvaise surprise à l'arrivée à Malpensa, à 20 heures : les valises des trois Français n'ont pas embarqué dans le même avion ! Pendant que Prost discute avec le personnel d'Air France, il est soudainement identifié par cette nuée de Japonais. En une dizaine de minutes, le quadruple champion du monde est mitraillé au moins par une trentaine de photographes amateurs japonais. « Durant ma carrière de pilote, jamais je n'aurais été aussi patient. Maintenant, c'est autre chose », dit-il, le lendemain, dans son motor-home, en pantalon de ville.

Heureusement, en chemise blanche, cravate et bretelles noires, lunettes de soleil, Jean Alesi affiche une bonne humeur roborative. « Ici, je me sens un peu chez moi », sourit-il, avec bonhomie. Pendant deux jours, il attirera l'attention sur l'attitude de Mika Hakkinen à la fin du GP de Belgique : « Ce qu'il avait à dire à Michael sur son comportement en course, il le lui a confié comme ça, sans faire d'histoires. C'est comme ça que je conçois les relations entre pilotes. »

Au nom de son expérience (« Ne comptez plus mes courses, je vous en prie ») et de sa personnalité, Alesi ne se cache pas de rouler pour Michael Schumacher, du moins lors de briefings ou au gré des rencontres entre pilotes dans le paddock. Le Français puise généreusement dans sa mémoire : « Depuis 1989, j'ai quand même eu le temps de participer à toutes les sortes possibles de briefing. J'ai vu Ayrton Senna, en colère, se heurter de front avec Alain Prost et, à bout d'arguments, se retirer en claquant la porte. Je me souviens aussi de Nigel Mansell, remonté après tout le monde. Maintenant, David (Coulthard), Eddie (Irvine) et Jacques (Villeneuve) harcèlent Michael (Schumacher) pour des riens. Comme Charlie (Whitting) garde le silence, ça s'éternise. On passe une demi-heure là où tout devrait être bouclé en une dizaine de minutes. » Les appréciations d'Alesi servent, au moins, de digue à la déferlante de reproches sur Michael Schumacher.

Ce dernier, d'ailleurs, y fera allusion face à certains médias, plus spécialement anglais, qui l'interpellent sur cette manœuvre. Selon Michael Schumacher, Senna, Mansell et consorts, lors des années 90, se montraient plutôt moins corrects, en course, que leurs descendants. L'Allemand paraît, néanmoins, sur la défensive. Il a peine à se contrôler. « Pour lui, vraiment, Monza, cette année, est une très rude épreuve », confirme Claudio Berro.

Ce Japonais discret et souriant, qui tient table ouverte dans le motor-home Honda

Deux casques pour une seule tête.

MICHAEL SCHUMACHER : L'ÉTRANGE CAP DE LA 41e VICTOIRE

A Montréal, le dimanche 18 juin, Michael Schumacher avait remporté son quarantième GP depuis son entrée en Formule 1 le 25 août 1991 à Spa, dans le GP de Belgique, sur une Jordan-Ford. Aucune ambiguïté n'était permise sur cette référence historique.

Pourtant, dès la course suivante, le GP de France, le 2 juillet à Magny-Cours, le même Schumacher était crédité, sur le programme officiel, de… quarante et une victoires. Il avait ainsi égalé, à son insu, le total d'Ayrton Senna (entre 1985 et 1993). Après tout, cette anticipation n'aurait pu n'être qu'une erreur d'un jour si, dans tous les programmes des GP suivants – Autriche, Allemagne, Hongrie, Belgique, Italie –, l'Allemand de la Scuderia Ferrari n'avait été invariablement situé à ce niveau de quarante et un succès en Formule 1.

En fait, sans le savoir ni le vouloir, Michael Schumacher avait, peut-être, déclenché sur lui un sortilège maléfique ou, plus prosaïquement, une malheureuse coïncidence : on lui avait donné, en se rapportant à un seul et même programme (celui du GP de France), une victoire qui ne lui appartenait pas encore.

Bref, entre le 2 juillet et le 10 septembre, Michael Schumacher a mis soixante-dix jours à justifier un total de victoires qui, n'importe comment, n'est jamais qu'une étape provisoire dans une grande carrière.

avec des interlocuteurs de toutes les générations, est un héros de l'épopée Honda en Formule 1. Nobuhiko Kawamoto, ancien président de Honda Motor, et surtout apôtre inconditionnel de la Formule 1 chez Honda, dès la fin des années 60, assiste au 200e GP du moteur Honda, qui tombe ici en terre de vitesse et de passion à haute dose. L'ingénieur Takefumi Hosaka, en charge de la Formule 1 Honda, le consulte respectueusement. Les yeux vifs, sans la moindre mèche grisonnante, la silhouette fine, Nobuhiko Kawamoto est l'homme le plus occupé de ce week-end. Il rencontre tellement d'amis de toujours qu'il n'a aucune disponibilité pour les affaires internes entre Mugen et Honda. Pourtant, Eddie Jordan s'arrange quand même pour le rencontrer quelques minutes. En ayant bien vérifié que Craig Pollock ne rôde pas à proximité.

Ancien pilote McLaren-Honda, Gerhard Berger a croisé le chemin de Nobuhiko Kawamoto. Celui-ci l'a questionné sur Jenson Button. Et Berger a éclairé volontiers son interlocuteur. La seconde d'après, dans un cénacle de techniciens Williams, Berger s'amusait des craintes émises sur la première chicane et de ses conséquences sur la physionomie du GP : « Toute ma carrière de pilote, je n'ai entendu que des plaintes sur les chicanes de Monza. Et Alain Prost et Nelson Piquet n'étaient pas les moins véhéments. A mon avis, il ne se passera rien à cette nouvelle chicane. »

* * *

A l'heure des qualifications, les uns et les autres savent, en théorie, à quoi s'en tenir sur cette fameuse chicane. « Moi, je n'en ai pas peur », a décrété Villeneuve, le premier à entrer en piste, à 13 h 14, en 1'25"666. La meute ne tarde pas à se déchaîner.

A 13 h 25, Ralf Schumacher progresse en 1'25"123. Mais ça devient, soudainement, très sérieux à 13 h 27 avec David Coulthard, 1'24"437, et à 13 h 28 avec Michael Schumacher, 1'24"065. Monza bascule dans la folie. D'autant plus que la Ferrari n° 3 du même Michael Schumacher est chronométrée, à 13 h 39, en 1'23"888. Les McLaren-Mercedes ne sont pas en lice pour la pole, Hakkinen s'en est approché, à 13 h 35, en 1'23"967. Mais une Ferrari en cachant une autre, la n° 4 de Rubens Barrichello ose, à 13 h 40, devancer celle de Michael Schumacher en 1'23"874.

Rien n'est fini. Michael Schumacher veille personnellement, à 13 h 49, à ce que l'ordre Ferrari règne en première ligne, à son avantage, en 1'23"770. Maintenant, le rideau rouge est tiré sur l'Autodromo.

Hakkinen-Michael Schumacher, un brin de détente partagée.

Alesi, tristesse en Italie.

L'Allemand n'a, en tout cas, pas perdu l'occasion d'affirmer son leadership. Conséquence : il est pleinement décrispé, par rapport à ces derniers jours. Après avoir vécu dans l'espoir d'un duo Ferrari en première ligne, Luca Di Montezemolo ne peut s'empêcher de s'exclamer le soir sous les frondaisons du parc de Monza : « Après ce premier doublé, aujourd'hui, j'ai hâte d'être à demain soir. »

En regagnant son motor-home BAR, Jacques Villeneuve s'est arrêté, brièvement, chez Honda. Pour échanger quelques propos avec Nobuhiko Kawamoto, lequel a félicité le Québécois pour sa performance, 1'24"238, qui l'a propulsé en deuxième ligne. Entre sa mère, Joanne, et sa fiancée, Danii Minogue, Villeneuve est bien entouré. Tous trois résident à l'hôtel *Fossati*, largement garni de posters de Gilles Villeneuve et Jody Scheckter, entre autres grandes figures de Ferrari. « Il y a un bon coup à jouer à la première chicane », prédit Jacques Villeneuve.

A 13 h 45, ce dimanche, les deux Ferrari émergent ensemble de la pénombre du stand de piste. A 14 heures, Michael Schumacher réussit un départ impeccable et Barrichello rate le sien. A la première chi-

Première chicane : tout se passe à peu près bien, sans trop de dégâts.

Deuxième chicane : Coulthard, Barrichello, Trulli, Frentzen, etc., out…

cane, Michael Schumacher emmène Hakkinen, Villeneuve, Ralf, etc. D'entrée, Irvine, heurté par Salo, renonce. Le chaos total éclate à la deuxième chicane. Frentzen, à fond, percute Barrichello. Une roue droite de Frentzen voltige et dégringole sur Paolo Ghislimberti (33 ans), un malheureux pompier, touché de plein fouet et victime sur-le-champ d'un traumatisme crânien. Les premiers soins administrés, Ghislimberti est transporté à l'hôpital de Monza, pour y décéder légalement.

Dans ce monumental carambolage, Coulthard, Trulli, Herbert et De la Rosa sont impliqués à divers titres. Pedro De la Rosa a effectué une spectaculaire série de cabrioles. En se revoyant sur un écran télé, après la course, l'Espagnol avoue : «J'ai encore plus peur que sur le coup.» Il est l'un des rares à avoir appris immédiatement la mort de Ghislimberti. Quatre jours plus tard, Frentzen, Trulli, Badoer, entre autres, assisteront aux obsèques de l'infortuné pompier, victime de son attachement à la course. Il était en effet un volontaire régulier depuis sept ans.

Aussitôt entrée en piste, la voiture de sécurité n'en sort qu'à 14 h30. Lors de ce deuxième départ, Michael Schumacher se montre aussi décisif qu'au premier. Il s'apprête à monopoliser ce GP devant Hakkinen avec, juste, une interversion sans conséquence des rôles, l'espace de trois tours, pour cause de ravitaillements décalés. Villeneuve, le seul capable de menacer Michael Schumacher et Hakkinen, avait lâché prise à 14 h34. Pendant quatre minutes, ce somptueux trio mondial, Michael Schumacher-Hakkinen-Villeneuve, regroupé en 3"6, donna du grand spectacle.

Mais la foule italienne ne rêvait que du bonheur d'une Ferrari triomphante. A 15 h30, ce fut acquis. Michael Schumacher, ivre de joie, rayonnait comme un gamin sur ce podium italien. D'un geste sobre, Todt avait expédié Paolo Martinelli, son motoriste en chef, dans le sillage du vainqueur du jour. Ce délire du 10 septembre 2000 était aussi pour Michael Schumacher un retour à la lumière. Dix minutes avant 16 heures, à l'écart des spectateurs mais devant une autre foule, celle des médias, Michael Schumacher craqua soudainement. Il pleura. Son trop-plein d'émotion lui montait aux yeux. Ralf, son frère, lui posa une main sur l'épaule. Mika Hakkinen le réconforta de son mieux, presque gêné des larmes de celui qui l'avait battu en piste.

Épuisé mais heureux, les nerfs à plat et le cœur rempli d'une allégresse dont il avait oublié le goût depuis le 18 juin, Michael Schumacher ne rejoignit son motorhome Ferrari qu'à 16 h45. Là, il s'effondra de lassitude. Avant de se restaurer frugalement pendant que Balbir Singh le décontractait de son mieux. Ce dimanche, il était redevenu une idole. «Merci, Michael, de nous avoir montré ton cœur», s'exclama, le lendemain, toute l'Allemagne.

Pedro De la Rosa : spectaculaire chute en piqué après un vol plané.

Avant le podium, Ralf Schumacher le premier à féliciter Michael.

GRAND PRIX DES ÉTATS-UNIS

15e MANCHE DU CHAMPIONNAT DU MONDE DES CONDUCTEURS 2000

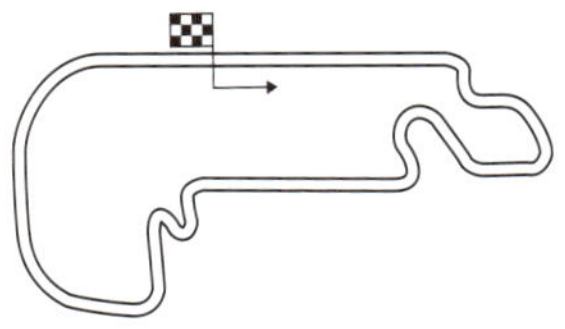

DATE : 24 septembre 2000.
CIRCUIT : Indianapolis.
DISTANCE : 73 tours de 4,195 km, soit 306,235 km.
MÉTÉO : pluie fine en début de course et piste s'asséchant par la suite.
ENGAGÉS : 22. QUALIFIÉS : 22. ARRIVÉS : 12. CLASSÉS : 12.
VAINQUEUR : **Michael Schumacher** (Ferrari) en 1 h 36'30''883 à 190,239 km/h.
RECORD DU TOUR : **David Coulthard** (McLaren-Mercedes) : 1'14''711 à 201,994 km/h.

GRILLE DE DÉPART

M. SCHUMACHER (Ferrari) à 203,204 km/h	**1'14''266**	1	**Coulthard** (McLaren-Mercedes)	1'14''392
Hakkinen (McLaren-Mercedes)	1'14''428	2	**Barrichello** (Ferrari)	1'14''600
Trulli (Jordan-Mugen-Honda)	1'15''006	3	**Button** (Williams-BMW)	1'15''017
Frentzen (Jordan-Mugen-Honda)	1'15''067	4	**Villeneuve** (BAR-Honda)	1'15''317
Diniz (Sauber-Petronas)	1'15''418	5	**R. Schumacher** (Williams-BMW)	1'15''484
Wurz (Benetton-Playlife)	1'15''762	6	**Zonta** (BAR-Honda)	1'15''784
Verstappen (Arrows-Supertec)	1'15''808	7	**Salo** (Sauber-Petronas)	1'15''881
Fisichella (Benetton-Playlife)	1'15''907	8	**Heidfeld** (Prost-Peugeot)	1'16''060
Irvine (Jaguar-Ford)	1'16''098	9	**De la Rosa** (Arrows-Supertec)	1'16''143
Herbert (Jaguar-Ford)	1'16''225	10	**Alesi** (Prost-Peugeot)	1'16''471
Mazzacane (Minardi-Fondmetal)	1'16''809	11	**Gené** (Minardi-Fondmetal)	1'17''161

CLASSEMENT

1. **Michael Schumacher** (Ferrari F1-2000) .... en 1 h 36'30''883 à 190,239 km/h
2. **Rubens Barrichello** (Ferrari F1-2000) .... à 12''118
3. **Heinz-Harald Frentzen** (Jordan-Mugen-Honda EJ10B) .... à 17''368
4. **Jacques Villeneuve** (BAR-Honda 002) .... à 17''935
5. **David Coulthard** (McLaren-Mercedes MP4/15) .... à 28''813
6. **Ricardo Zonta** (BAR-Honda 002) .... à 51''694
7. **Eddie Irvine** (Jaguar-Ford R1) .... à 1'11''115
8. **Pedro Diniz** (Sauber-Petronas C19) .... à 1 tour
9. **Nick Heidfeld** (Prost-Peugeot AP03) .... à 1 tour
10. **Alexander Wurz** (Benetton-Playlife B200) .... à 1 tour
11. **Johnny Herbert** (Jaguar-Ford R1) .... à 1 tour
12. **Marc Gené** (Minardi-Fondmetal M02) .... à 1 tour

ABANDONS

Jarno Trulli (Jordan-Mugen-Honda EJ10B) : suites de l'accrochage avec Button (12 tours), alors 19e / **Jenson Button** (Williams-BMW FW22) : moteur après accrochage avec Trulli et sortie (14 tours), alors 8e / **Mika Salo** (Sauber-Petronas C19) : tête-à-queue dans le bac à gravier (18 tours), alors 17e / **Mika Hakkinen** (McLaren-Mercedes MP4/15) : incendie moteur dû à un problème au système de rappel pneumatique des soupages (25 tours), alors 2e / **Jos Verstappen** (Arrows-Supertec A21) : tête-à-queue et muret de sécurité suite à des problèmes de freins (34 tours), alors 4e / **Giancarlo Fisichella** (Benetton-Playlife B200) : moteur (44 tours), alors 16e / **Pedro De la Rosa** (Arrows-Supertec A21) : boîte de vitesses bloquée en 5e (45 tours), alors 11e / **Ralf Schumacher** (Williams-BMW FW22) : baisse de pression de la valve pneumatique du moteur (58 tours), alors 14e / **Gaston Mazzacane** (Minardi-Fondmetal M02) : casse moteur (59 tours), alors 14e / **Jean Alesi** (Prost-Peugeot AP03) : casse moteur et tête-à-queue (64 tours), alors 8e.

EN TÊTE

Coulthard : les 6 premiers tours, soit 25 km.
M. Schumacher : les 67 derniers tours, soit 281 km.

A NOTER

Arrêts de pénalité de 10' : **Coulthard** et **Fisichella** pour départ anticipé.

Schumi : la fête à Indy

Michael Schumacher, en conquérant.

Jacques Villeneuve, le 28 mai 1995.

A une dizaine de kilomètres de là, à vol d'oiseau, on note, paraît-il, une certaine agitation sur l'Indianapolis Motor Speedway. Mais ici, ce mardi 19 septembre, en ce Crooked Stick Golf Club, à Burning Tree Lane, en bordure de la 106e Rue, au nord d'Indianapolis, tout n'est que paix. Ils sont une quarantaine de golfeurs à jouer, sous un soleil de plomb, au profit d'une fondation contre l'amyotrophie, une terrible maladie qui attaque les masses musculaires. Craig Pollock et Jacques Villeneuve ont initié cette manifestation de charité. Villeneuve fait équipe avec David Coulthard, son ami, et Gustave Schable, son professeur de golf de Villars-sur-Ollon, en Suisse. « Je n'ai pas été à la hauteur des leçons de Gustave », soupire Villeneuve, en remettant sa carte finale. Sa bonne humeur n'en est pas diminuée.

Dans le club-house, plusieurs ventes aux enchères sont organisées. L'éventail des objets ou des trophées proposés va d'une casquette de Jack Nicklaus, de posters de la victoire de Jacques Villeneuve dans les 500 Miles du 28 mai 1995, de gants et de chaussures jusqu'à des casques de pilotes de Jacques Villeneuve en 1997, l'année de son titre mondial, et de Jarno Trulli en 1999 chez Prost-Peugeot. Certains de ces articles sont achetés en silence, uniquement sur des tarifs de base assez élevés. Mais la vraie vente aux enchères à l'américaine débute maintenant. Devant une cohorte assez dense, Craig Pollock remercie, au micro, Barry Green, qui amena Villeneuve au triomphe dans les 500 Miles, d'avoir intercédé en sa faveur auprès des dirigeants du Crooked Stick Golf Club pour accepter d'abriter cette opération. Villeneuve détend instantanément l'ambiance d'une phrase lapidaire : « Je vous remercie de votre accueil. Quant à mon parcours proprement dit, il n'a pas été pire que mes deux années chez BAR. » Barry Green n'est pas le dernier à éclater de rire. Maintenant, Barbara Pollock et Donnae L. Dole, la directrice de la Fondation contre l'amyotrophie, entrent en lice pour les enchères.

L'un des premiers objets concernés est le casque porté par Jacques Villeneuve en 1997, évalué au départ à 5 000 dollars, garantis, quoi qu'il arrive, par Craig Pollock lui-même. En une minute, pas plus, le casque est monté à 12 000 dollars. Simple étape. Dans le fond, un Suisse, Christian Gabus, lève le bras : « 20 000 dollars. » Il croit avoir gagné. Mais ça repart de plus belle. Les dollars crépitent par milliers. Finalement, ce casque est vendu 40 000 dollars (280 000 francs), un record. En effet, Coulthard et Villeneuve ne se gênent pas pour raconter que, dans ce genre de manifestation, les casques de Michael Schumacher ne dépassent pas 25 000 dollars. Mickael Browning, l'acquéreur du casque de Villeneuve, est tout fier de sa générosité ! Au total, en moins de deux heures, ces

Villeneuve-Coulthard, golfeurs d'un jour.

enchères auront rapporté 250 000 dollars (1 750 000 francs) pratiquement tous versés sur-le-champ.

La température est encore tiède quand, à 20 h 15, Barbara et Craig Pollock reçoivent une cinquantaine d'amis dans leur résidence, de style victorien, à moins de 1 km du golf. Barry Green habite, lui, encore plus près du golf. Tout au long de cette journée en pleine verdure, rien n'a altéré les relations entre Pollock et Green. Tout s'est passé, aux yeux des initiés, comme si les rumeurs de l'éventuel remplacement du premier à la tête de BAR par le second s'étaient évaporées dans l'atmosphère de l'Indiana. En cette soirée, Villeneuve, qui habite chez les Pollock, s'est montré particulièrement enjoué et disert : « Compte tenu de mes souvenirs ici, c'est le week-end le plus excitant de ma carrière. Nous avons bien travaillé cette année. Mais si, d'aventure, l'équipe ne devenait pas plus compétitive, je réviserais certainement ma position. » En parlant ainsi, il est dans son rôle.

Mais il élève aussi le débat, en étant très élogieux vis-à-vis de Honda : « Notre motoriste met vraiment le paquet pour nous. D'un côté, nous sommes déçus de ne pas être demeurés les uniques utilisateurs de ce V10 Honda. De l'autre, nous sommes ravis des perspectives qu'une double fourniture, à Jordan et à nous, nous offre en matière de développement. » Décidément, en Indiana, ce Villeneuve 2000 est très consensuel. Dans l'après-midi, une télécopie de confirmation est arrivée chez Pollock : Honda retient Villeneuve et Pollock pour une conférence de presse, à Tokyo, le mercredi 4 octobre. Pour l'heure, cinq ans après sa consécration dans les 500 Miles, Villeneuve incarne la seule référence médiatique compréhensible pour les Américains dans ce GP des États-Unis.

Dans le même ordre d'idées, Jaguar a abattu son tiercé d'Indianapolis, dans une salle du Brickyard Plaza, à proximité du Speedway. En présence d'Eddie Irvine, très désinvolte, Neil Ressler cède son poste de team-manager de Jaguar, avec un énorme soulagement, à l'Américain Bobby Rahal (47 ans), vainqueur des 500 Miles 1996 et jusqu'à présent directeur du CART. Le week-end où la Formule 1 débarque à Indianapolis, la nomination d'un Américain à la tête de Jaguar est significative de la stratégie de Ford. Pendant que Ressler avoue « Je suis un employé de Ford », Rahal commente : « Avec un contrat de trois ans, j'espère enregistrer des résultats intéressants. » Cela posé, Rahal, les tempes grisonnantes, n'est pas en harmonie de pensée avec le blondinet Irvine. L'avant-veille, pour amuser les médias new-yorkais, Irvine a provoqué un embouteillage de curiosité en roulant, sur quelques mètres, aux commandes de sa monoplace à Times Square. D'accord, cet événement avait captivé les photographes américains. Mais le même Irvine avait douché l'enthousiasme des hauts dirigeants de Ford en assenant : « Il faudra au moins sept ans à Jaguar pour devenir un top team. »

Une semaine plus tôt, en casquette et combinaison rouges, Michael Schumacher s'est prêté à une démonstration à Fiorano, au volant de la toute nouvelle Barchetta 550 Pininfarina. Dans le même temps, l'Allemand n'avait pas échappé à de brefs essais au Mugello sur sa monoplace. Et puis, pour remplir son emploi du temps – au cas ou il aurait eu un espace de disponible –, il a assisté à une grande parade de Ferrari et Maserati au Palazzio Vecchio, à Florence. Au passage, dans cette période charnière avant la campagne des États-Unis, Michael Schumacher a pris soin de répéter – avec préméditation – qu'il se sentait tellement bien dans la Scuderia Ferrari qu'il pourrait prolonger son contrat audelà de 2002. Le leader de Ferrari rassure les investisseurs de Philip Morris, basés à New York, en se projetant dans le futur.

Ensuite, en compagnie de Corinna, Michael Schumacher s'est éclipsé pour des vacances en pleine liberté – caravane et moto de trial –, dans l'Amérique profonde et anonyme. Pendant cette escapade analogue à celle de juin (avant le GP du Canada), l'Allemand avouera, plus tard, ne pas avoir pensé au record du Mugello que venait d'établir Panis, sur une McLaren, en 1'24"104. En s'installant à l'hôtel *Canterbury*, sur Meridian Street, Corinna et Michael découvrent Indianapolis sans excitation particulière. En blouson et pantalon de jean, Corinna Schumacher hantera les magasins de jouets et de vêtements pour enfants. Michael, lui, affrontera les médias américains sans enthousiasme. Il se préserve de tout préjugé, dans un sens ou un autre, vis-à-vis du tracé.

Il en va (presque) de même pour Mika Hakkinen, qui s'est replié à l'*Omni Hotel*, pas loin du *Canterbury*. S'il en avait besoin, le champion du monde a été conforté dans sa mission par une déclaration de Jurgen Hubbert, étalée dans les médias allemands : « L'écurie doit tout jouer sur Mika, et ce même si David est encore mathématiquement en course pour le titre. » En écho, Coulthard confirme : « Je suis prêt à accepter les ordres de l'équipe. J'ai étudié le profil d'Indianapolis. C'est un circuit très technique, difficile à interpréter. »

En arrivant à l'hôtel *Adam's Mark*, en centre-ville, Jean Alesi et son manager-ami Mario Myakawa sont d'excellente humeur. Alain Prost leur a confirmé son accord avec Ferrari. Et surtout, Alesi vient de tourner pendant quarante-huit heures à Montréal sur la demande de Sylvester Stallone, sous les ordres de Renny Harlin, dans le film prévu sur la Formule 1 et maintenant consacré aux courses américaines, les 500 Miles en tête. Stallone avait retenu Alesi de longue date pour un rôle conforme à son personnage. Mais, en voyant Myakawa dans le sillage d'Alesi, le réalisateur Renny Harlin l'a engagé sur-le-champ. « Ce n'est pas tellement difficile de faire du cinéma », s'amuse Alesi qui, entre parenthèses, s'informe déjà de sa machine 2001.

En juin, Heinz-Harald Frentzen avait accepté un « test initiatique » d'Indianapolis sur la demande de Tony George. Aujourd'hui, Jarno Trulli, son équipier de Jordan-Mugen-Honda, est en pole pour la découverte du tracé. A sa manière. En trottinant pendant deux tours sous le soleil. Trulli ne se laisse pas prier : « Je me suis entraîné pour le marathon de New York. Cela posé, la transition entre la partie rapide et la portion sinueuse est relativement délicate. » Le jeune Italien ne semble pas tellement séduit par Indianapolis. Pendant toute la journée du jeudi, à pied, sur deux roues ou dans une berline, les pilotes multiplient les tours. Tous examinent le raccordement entre le circuit spécifique et la grande courbe de l'ovale. Les opinions et les estimations divergent : en s'engageant dans le virage en pente, bordé de béton, les pilotes devront assumer une accélération maximale, à pleine charge, entre 21" et 28", selon les uns ou les autres. Aucun autre circuit du championnat n'offre une telle particularité.

2001 : ANNÉE DE VÉRITÉ POUR INDIANAPOLIS

Avant Indianapolis, les GP des États-Unis s'étaient déroulés sur huit sites différents : Sebring (1959), Riverside (1960), Watkins Glen (1961-1980), Long Beach (1976-1983), Las Vegas (1982-1983), Detroit (1982-1988), Dallas (1984), Phoenix (1989-1991). Si la Formule 1 ne s'était pas implantée aux États-Unis, ce n'était pas faute de ne pas avoir essayé...

Ce GP des États-Unis 2000 a enregistré 220 000 spectateurs, un total très satisfaisant pour la Formule 1, mais loin des 500 Miles, 350 000 spectateurs ! Avec un contrat de trois ans, ce GP devrait prospérer. L'agglomération d'Indianapolis (800 000 habitants) a recensé 25 000 visiteurs (étrangers, surtout) et 170 millions de dollars (plus de 1 milliard de francs) de retombées économiques directes. Par contre, les chaînes de télévision à péage (notamment, Speedvision) n'ont pas bénéficié d'une audience confortable. Les autres se contentaient de reportages en différé.

Cela posé, c'est en 2001 que ce GP des États-Unis passera son véritable examen de passage. Les spectateurs du 24 septembre 2000 étaient, surtout, des curieux de la Formule 1, captivés en plus par le renom de Ferrari et de Mercedes. Ils ont vibré et, maintenant, la Formule 1 mise sur leur présence pour 2001.

Le vrai challenge d'Indianapolis se situe là, dans la fidélisation des passionnés.

Bref, cette confrontation avec les exigences d'Indianapolis – outre qu'elle désacralise ce temple de la vitesse – nourrit les réflexions des techniciens de Bridgestone et des motoristes. Avant les essais privés, il convient de vérifier que les simulations antérieures correspondent à une réalité imminente. « Nous n'avons plus longtemps à attendre », murmure Ross Brawn, impassible, tout comme Mario Ilien et Adrian Newey, ses rivaux (et confrères) de McLaren-Mercedes. Si le paddock manque d'attrait, avec ses locaux de béton en rangs serrés, les stands, eux, sont spacieux et modulables. Chez Prost Grand Prix, ils sont une dizaine, tous ex-Ligier, à se remémorer le dernier GP des États-Unis à Phoenix, le 10 mars 1991 : « C'est le jour et la nuit. » Ce dimanche-là, Mika Hakkinen (23 ans alors) disputait son premier GP. « Un très grand moment », dit-il laconiquement, ses pensées accrochées au présent.

*
* *

L'autre rescapé de ce 10 mars 1991, Jean Alesi (26 ans alors), perd sa sérénité dès les premiers essais. Il est bon dernier, à plus de 3" du premier (Coulthard) et glacialement furieux. « Je n'y comprends rien », fulmine-t-il, les dents serrées, le regard noir, en masquant sa réelle opinion sur les tracas divers qui l'accablent. Il ne se connaît qu'un seul interlocuteur, Alain Prost, au demeurant aussi soucieux que lui. D'emblée, les simulations sur ordinateur de ces derniers mois ont été corrigées, la marge annoncée (77"-85") au tour s'est resserrée (75"-79") et le délai de passage sur le fameux *banking* du circuit ovale s'est stabilisé aux alentours de 23"-26", encore que les pilotes ne s'expriment guère sur ce sujet. Surprise : l'effet d'aspiration, sur la ligne droite, est nettement plus prononcé que n'importe où ailleurs, y compris Monza.

Un ciel menaçant et quelques gouttes de pluie, il n'en faut pas plus pour dynamiser

Pour Alesi, la course de tous les tracas.

les qualifications. Ce samedi, à 13 h 1, Verstappen signe le premier temps officiel, 1'30"031. Dans la minute qui suit, à 13 h 2, Salo réalise 1'29"470. Et, une poignée de secondes après, Hakkinen bondit à 1'16"170. Il ne reste pas longtemps en tête car, à 13 h 3, Coulthard réussit 1'15"149. La grosse artillerie est sortie. 13 h 3'33" : Barrichello s'installe en pole, en 1'14"796. 13 h 4 : Hakkinen le déloge en 1'14"689. Les performances se télescopent.

Toujours à 13 h 4, Michael Schumacher lance sa monoplace rouge à l'assaut. Les oriflammes du Cavallino jaillissent dans les tribunes comme autant de flammes rouges. A 13 h 7, l'Allemand est chronométré en 1'14"492. Le silence retombe ensuite sur le speedway. Faute de pluie, les pilotes se ménagent, au grand dam d'une foule frustrée. Mais, à 13 h 35, comme s'il pressentait un danger à venir du duo Hakkinen-Coulthard, Michael Schumacher se dépasse lui-même, en étant pratiquement seul en piste, en 1'14"266. Sur l'instant, cette pole ne paraît que normale. Voire de routine.

En réalité, l'Allemand en a fait son bouclier de protection aussi bien contre Hakkinen, 1'14"428 à 13 h 40, que face à Coulthard, 1'14"392 à 13 h 59, in extremis. En désespoir de cause, l'Écossais avait été aidé par Hakkinen pour une aspiration (presque) décisive. L'enseignement de ces qualifications est évident : l'Allemand a habilement exploité une occasion pour anticiper sur un retour d'enfer de Hakkinen et Coulthard. En cette circonstance, Ross Brawn a réagi plus rapidement qu'Adrian Newey. « Cette idée d'une aspiration entre équipiers était astucieuse. Elle a peut-être été appliquée un peu tard », commente Brawn, soulagé. Newey partage cette opinion et se demande comment utiliser, dans les conditions d'une course, cette même aspiration complice et tactique.

Avis de tempête chez Benetton. Déçu par Fisichella, Briatore lui a vertement reproché de miser plus sur son talent (qui est grand) que sur son travail. En quinzième position sur la grille, le pilote ne s'est pas gêné pour répliquer à son team-manager (et encore agent). Un témoin de l'incident en a déduit, hâtivement, une séparation Fisichella-Benetton et, par extension, une dépêche d'agence a mis le feu aux poudres en Italie. Les démentis n'apaisent rien. Le dimanche matin, Fisichella se montrera ostensiblement réservé vis-à-vis de Briatore qui glisse : « Un divorce n'arrange pas toujours tout. » Effectivement... Pilote Benetton en 2001, Jenson Button, enthousiasmé par Indianapolis, l'est moins par cette affaire sur laquelle il s'informe, discrètement, par intermédiaires avisés. Pendant ce week-end, Button a senti sur sa nuque le regard de son successeur chez BMW-Williams, le Colombien Juan-Pablo Montoya (25 ans), spécialement convié sur place par Frank Williams.

Soirée de fête, ce samedi, dans le Musée du circuit. Tony George accueille de nombreux invités au milieu d'une extraordinaire collection de véhicules de toutes les époques. Lui qui a investi environ 50 millions de dollars dans l'adaptation du speedway à la Formule 1 s'amuse tout seul : « J'ai choisi cette date du 24 septembre parce qu'elle correspond à l'anniversaire de ma femme. » De fait, le lendemain, sous une pluie tenace, Laura George recevra, en bordure de piste, un énorme gâteau, en même temps que les hommages de Bernie Ecclestone, Michael Schumacher et Mika Hakkinen. Et les spectateurs américains applaudiront frénétiquement cette mini-cérémonie. En agitant, déjà, des drapeaux finlandais et des fanions Ferrari.

En ce milieu de journée, le dimanche, Hirotoshi Honda, le président de Mugen, quitte le *Crown Hotel* où il résidait depuis trois jours, sur une invitation de General Motors. Jusqu'au dernier moment, Hirotoshi Honda a résisté à l'envie de venir sur le site du GP. Il ne tenait pas à rencontrer Eddie Jordan. En même temps, il imaginait mal s'aventurer dans le paddock sans saluer ses collaborateurs de Mugen. Il a donc tranché. Quand la course démarre, Hirotoshi Honda s'est déjà envolé vers Chicago, son aéroport de retour pour Tokyo.

Sur la piste, à peine les feux s'éteignent-ils que Coulthard file en tête, à la corde, devant Michael Schumacher. Cette fulgu-

Coulthard devant Michael Schumacher, ça ne durera pas.

rance déclenche une enquête, instantanée, des commissaires dont le résultat ne fait aucun doute. L'Écossais résiste de son mieux à l'Allemand, avant d'être dépassé à 13 h 11. Entre-temps, Button et Trulli se sont frottés. Une fois l'Allemand de Ferrari installé au commandement, ce GP n'a pas besoin de se chercher un vainqueur. De 13 h 11 à 14 h 39, Michael Schumacher contrôle tout. Non sans avoir connu deux frayeurs.

La première, c'est un brillant retour de Hakkinen, passé en quelques tours de 16" à 4" de retard sur Michael Schumacher, avant d'être frappé, à 13 h 38, par une brutale rupture de moteur. Cette explosion tombe au pire moment, de la course comme de la saison, pour le tenant du titre. Il se confie sur-le-champ à Adrian Newey. Avant d'avouer : «Je viens de marquer des points douze fois de suite. Mes

De fait, la Ferrari n° 3 ne tarde pas à prendre le pouvoir.

Moteur en feu et rage au cœur, c'est Mika Hakkinen.

pneus montaient en température et je regagnais sur Michael... » Il n'en dit pas plus.

La deuxième, c'est un tête-à-queue à 14 h 34, à trois tours de la fin. Soudainement, la Ferrari n° 3 glisse dans l'herbe et, heureusement, évite le pire. En cas de calage de moteur, Barrichello aurait relayé Michael Schumacher en tête. Mais ça n'aurait pas été tout à fait pareil au sein de la Scuderia. Avant cette apothéose, à la mesure d'Indianapolis et de la légende de Ferrari, Frentzen et Villeneuve, les fers de lance des deux moteurs Honda du plateau, ont enchanté la foule par un duel sans merci, agrémenté de coups d'audace. Le Québécois, qui rêvait du podium, tenta le tout pour le tout, y compris un dépassement terminé dans l'herbe. Frentzen avait, lui aussi, des raisons intimes de se surpasser : « Depuis São Paulo, je n'ai pas été

Frentzen-Villeneuve : leur duel a excité la foule américaine.

Tony George en personne abaisse le drapeau à damier.

gâté par les événements. » Tous deux, en définitive, ont animé la course derrière le récital de Michael Schumacher.

Depuis deux jours, l'Allemand dormait mal. Balbir Singh, son soigneur personnel, avait dû, en secret, s'occuper spécialement de lui. Aussi bien, Singh reçut-il, en remerciement codé, le privilège de transporter le précieux trophée du vainqueur. Plus tard, dans le local Ferrari, Singh refusa de se séparer de ce vase. Il s'en alla, sans tarder, avec Corinna et Michael Schumacher en direction de l'aéroport d'Indianapolis. Le Challenger du double champion du monde était prêt. Pendant ce temps, Barrichello se réjouissait, surtout, d'avoir réglé leur compte à Frentzen et Villeneuve. « Grâce aux informations du stand », précisait-il, en regardant Todt et Brawn.

A chacun ses soucis. Ayant manqué, le dimanche soir, à Washington, la correspondance pour Paris, Jean Todt passe une nuit de plus que prévu aux États-Unis, à l'hôtel *San Regis*. Il modifie ses plans de retour et, le lundi après-midi, s'envole pour Milan. Mais il n'a pas perdu son temps. Il a spécialement récupéré, avant de monter dans l'appareil d'Alitalia, tous les quotidiens français et italiens parus ce lundi matin en Europe et arrivés à Washington à temps. A 16 h 50, il traverse l'aéroport de Washington avec un gros paquet de journaux en plus de ses deux sacoches en cuir. Pour une fois, cet éternel tourmenté serait optimiste.

Todt montre le poing (de la joie) à Michael Schumacher.

Frentzen, drôle de sommelier.

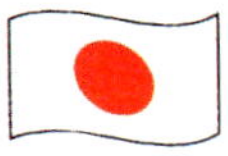

GRAND PRIX DU JAPON

16e MANCHE DU CHAMPIONNAT DU MONDE DES CONDUCTEURS 2000

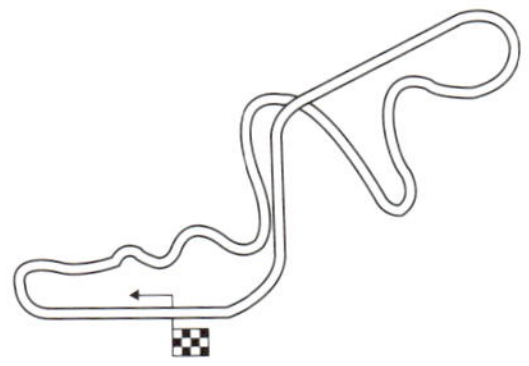

DATE : 8 octobre 2000.
CIRCUIT : Suzuka.
DISTANCE : 53 tours de 5,864 km, soit 310,596 km.
MÉTÉO : nuageux et menaçant, avec parfois quelques gouttes.
ENGAGÉS : 22. QUALIFIÉS : 22. ARRIVÉS : 15. CLASSÉS : 15.
VAINQUEUR : **Michael Schumacher** (Ferrari) en 1 h 29'53''435 à 207,316 km/h.
MOYENNE RECORD : **Michael Schumacher** (Ferrari) en 1997 à 207,507 km/h.
MEILLEUR TOUR : **Mika Hakkinen** (McLaren-Mercedes) : 1'39''189 à 212,830 km/h.
RECORD DU TOUR : **Heinz-Harald Frentzen** (Williams-Renault) en 1997 : 1'38''942 à 213,361 km/h.

GRILLE DE DÉPART

M. SCHUMACHER (Ferrari) à 220,301 km/h	**1'35''825**	1	**Hakkinen** (McLaren-Mercedes)	1'35''834
Coulthard (McLaren-Mercedes)	1'36''236	2	**Barrichello** (Ferrari)	1'36''330
Button (Williams-BMW)	1'36''628	3	**R. Schumacher** (Williams-BMW)	1'36''788
Irvine (Jaguar-Ford)	1'36''899	4	**Frentzen** (Jordan-Mugen-Honda) [1]	1'37''243
Villeneuve (BAR-Honda)	1'37''267	5	**Herbert** (Jaguar-Ford)	1'37''329
Wurz (Benetton-Playlife)	1'37''348	6	**Fisichella** (Benetton-Playlife)	1'37''479
De la Rosa (Arrows-Supertec)	1'37''652	7	**Verstappen** (Arrows-Supertec)	1'37''674
Trulli (Jordan-Mugen-Honda)	1'37''679	8	**Heidfeld** (Prost-Peugeot)	1'38''141
Alesi (Prost-Peugeot)	1'38''209	9	**Zonta** (BAR-Honda)	1'38''269
Salo (Sauber-Petronas)	1'38''490	10	**Diniz** (Sauber-Petronas) [2]	1'38''576
Gené (Minardi-Fondmetal)	1'39''972	11	**Mazzacane** (Minardi-Fondmetal)	1'40''462

CLASSEMENT

1. **Michael Schumacher** (Ferrari F1-2000) .... en 1 h 29'53''435 à 207,316 km/h
2. **Mika Hakkinen** (McLaren-Mercedes MP4/15) .... à 1''837
3. **David Coulthard** (McLaren-Mercedes MP4/15) .... à 1'09''914
4. **Rubens Barrichello** (Ferrari F1-2000) .... à 1'19''190
5. **Jenson Button** (Williams-BMW FW22) .... à 1'25''694
6. **Jacques Villeneuve** (BAR-Honda 002) .... à 1 tour
7. **Johnny Herbert** (Jaguar-Ford R1) .... à 1 tour
8. **Eddie Irvine** (Jaguar-Ford R1) .... à 1 tour
9. **Ricardo Zonta** (BAR-Honda 002) .... à 1 tour
10. **Mika Salo** (Sauber-Petronas C19) .... à 1 tour
11. **Pedro Diniz** (Sauber-Petronas C19) .... à 1 tour
12. **Pedro De la Rosa** (Arrows-Supertec A21) .... à 1 tour
13. **Jarno Trulli** (Jordan-Mugen-Honda EJ10B) .... à 1 tour
14. **Giancarlo Fisichella** (Benetton-Playlife B200) .... à 1 tour
15. **Gaston Mazzacane** (Minardi-Fondmetal M02) .... à 2 tours

ABANDONS

Jos Verstappen (Arrows-Supertec A21) : pb électronique sur la commande de BV (9 tours), alors 10e / **Jean Alesi** (Prost-Peugeot AP03) : moteur serré et tête-à-queue (19 tours), alors 10e / **Heinz-Harald Frentzen** (Jordan-Mugen-Honda EJ10B) : problème de pompe hydraulique affectant la sélection de la BV (29 tours), alors 10e / **Alexander Wurz** (Benetton-Playlife B200) : tête-à-queue et moteur calé (37 tours), alors 18e / **Nick Heidfeld** (Prost-Peugeot AP03) : problème de suspension arrière gauche et tête-à-queue (41 tours), alors 13e / **Ralf Schumacher** (Williams-BMW FW22) : sortie (41 tours), alors 6e / **Marc Gené** (Minardi-Fondmetal M02) : panne moteur (46 tours), alors 15e.

EN TÊTE

Hakkinen : les 21 premiers tours et du 25e au 36e tour, soit 193 km.
M. Schumacher : les 22e et 23e tours et les 17 derniers tours, soit 111 km.
Coulthard : du 24e au 22e tour, soit 6 km.

[1] **Frentzen** part sur la voiture de réserve à cause d'un problème technique.
[2] Les deux meilleurs temps de qualification de **Diniz** lui ont été retirés (1'38''077 et 1'38''341) pour avoir répandu l'huile de son moteur cassé lors des essais libres du matin.

Schumacher : coup double

Michael et Jean : émotion maximale.

En apparence, ce n'était qu'un subtil jeu d'hypothèses. Mais dans l'esprit de Willi Weber, le manager de Michael Schumacher, ça n'en était pas un du tout. Avant ce GP du Japon, Weber voulait répertorier les amis de Michael Schumacher et, en un mot, séparer le bon grain de l'ivraie, pour éviter certains désagréments de course. « Je n'aime pas ces rancœurs entre pilotes car elles ne servent à rien », dit Weber, sans la moindre nuance, en se souvenant des briefings tumultueux de l'été où Michael Schumacher était une cible toute trouvée.

Alors, en déambulant dans ce hall du *Flower Garden Hotel*, Weber multiplie les contacts amicaux et, mine de rien, sonde les uns et les autres, sous des prétextes divers. Pour un peu, il cocherait sur un petit carnet ses impressions. En tout cas, Weber se sent rassuré. Même si Michael Schumacher ne réalise pas une unanimité affective sur lui, on ne lui connaît que trois *ennemis* déclarés, aux intérêts sportifs disjoints, Jacques Villeneuve (qui accuse le pilote de Ferrari d'agir en toute impunité en toute circonstance), Eddie Irvine (qui a mal vécu, finalement, son rôle de second chez Ferrari entre 1996 et 1999) et David Coulthard (par principe et par objectif tactique). Mais ces trois-là peuvent causer des dégâts.

La liste des amis de Michael Schumacher est plus longue. Même en fer de lance de BMW et en dépit des polémiques du GP d'Espagne, Ralf Schumacher reste le frère cadet de Michael plus que son *ennemi*. Les autres amis recensés n'ont aucune raison de déterrer la hache de guerre. Rubens Barrichello, son partenaire attitré, Jos Verstappen, son ex-équipier chez Benetton en 1994, Giancarlo Fisichella et Jarno Trulli, comme Italiens, ne se dresseront jamais ouvertement contre un coureur de Maranello. Il en va de même pour Jean Alesi, ami avoué (et fier de l'être) de Michael Schumacher, pour Mika Salo et Pedro Diniz, utilisateurs de V10 Ferrari chez Sauber, et pour Nick Heidfeld, qui aura ce V10 Ferrari en 2001 chez Sauber. Aucun risque n'est à prévoir non plus du côté de Marc Gené et Gaston Mazzacane, les hommes de Minardi, habitués du Mugello, ni de Heinz-Harald Frentzen, qui s'est rapproché de Michael Schumacher depuis deux ans, ou d'Alexander Wurz, au demeurant effacé.

Quant à Mika Hakkinen, Ricardo Zonta, John Herbert et Jenson Button, catalogués comme indifférents, leur neutralité n'atténue pas leur combativité, mais dans le respect des règles. En cette veillée d'armes japonaise, Michael Schumacher ne manque pas une occasion de vanter la correction de Mika Hakkinen, défini comme « un adversaire rude mais propre ». Cette mise en condition psychologique glisse sur le Finlandais, parfaitement reposé et en pleine confiance.

Après Indianapolis, le couple Hakkinen s'est envolé pour Hawaii. En une dizaine de jours au *Kahaka Mandarin Oriental Hotel* à Honolulu, Mika Hakkinen s'est préparé à rallier le Japon en se préservant de décalages horaires trop prononcés. Il a revu, au moins deux fois, la vidéo d'Indianapolis. En ne lâchant qu'un seul commentaire désabusé : « C'est quand même dommage. Michael et moi, on aurait eu une belle bataille. » A ce qu'il semble, ce n'est que partie remise. A voir débarquer Hakkinen, en tee-shirt blanc, volontiers disert, dans l'aéroport futuriste d'Osaka, ce mercredi 4 octobre, sa détermination ne soulève aucun doute. « Mais je suis là pour gagner », dit-il aux médias japonais, avant de s'envoler, en hélicoptère, vers Suzuka. Diplomates, les réceptionnistes du *Flower Garden Hotel* lui ont attribué une suite, la

J2715, relativement distante de celle de Schumacher, J2738.

A Indianapolis, Jean Alesi avait pris soin d'inviter personnellement tous les membres de l'écurie, côté Prost Grand Prix comme côté Peugeot, à un dîner qu'il offrait au *25*, un restaurant situé en face de l'entrée du circuit, ce jeudi soir 5 octobre. Alain Prost et Corrado Provera sont absents, comme prévu. Finalement, Alesi a soixante-trois convives. « Il y en a deux qui ne sont pas venus pour des raisons que nous connaissons bien, eux et moi », révèle Alesi. Pendant ce dîner, allègre et détendu, Alesi va de table en table. Il avait laissé carte blanche au cuisinier japonais qui, entre autres inspirations gastronomiques, a préparé un couscous. « Ça, au moins, c'est costaud. Chapeau. Un couscous comme ça, arrosé de vins rouges du Ventoux, je n'en avais jamais vu ni mangé au Japon, rigole Alesi. Mais il faut un commencement à tout. » Cette allusion est limpide.

En cette avant-dernière apparition de Peugeot en Formule 1, un soupçon de nostalgie se perçoit chez les uns et les autres. Personne, néanmoins, n'ose s'exprimer sur le sujet. Ils ne sont que deux à oser briser ce silence assourdissant. Jean-Claude Lefèvre, l'agent de presse de Peugeot Sport, est soulagé : « Avec notre départ de la Formule 1, nous avions des craintes de défection. Nous nous étions trompés. Pour le moment, tout le monde est disposé à rester. » Quant à Corrado Provera, le directeur de Peugeot Sport, il joue sur la corde sensible : « A titre personnel, je le reconnais volontiers, la Formule 1 va me manquer. Je suis un sentimental. Comme je n'aime pas perdre, je me résigne mal à un constat d'échec. Ce retrait de Peugeot me laisse un goût amer. » Il tire un peu plus fort sur son Cohiba du matin.

Soudain, Provera indique du doigt un étroit passage, dans le stand Prost, entre les caisses de matériel et le mur. « C'est là, exactement, que le vendredi 29 octobre 1999, j'ai rencontré Enrique Scalabroni et John Gaino. Ils avaient demandé à me parler, pour évoquer leur projet de Formule 1 avec AMT. Pour Peugeot, c'était une voie intéressante. Nous avons beaucoup travaillé... » Curieusement, Provera parle déjà de la Formule 1 au passé. L'instant d'après, il vérifie son horaire de départ : après la course, il empruntera un hélicoptère, ici même, pour Osaka puis, sans tarder, un long courrier de la Cathay Pacific à destination de Paris, via Hong Kong. Le lundi matin, en arrivant au siège de Peugeot, avenue de la Grande-Armée, Provera en aura (presque) définitivement coupé avec les exigences de la Formule 1, à travers une liaison tumultueuse de trois ans avec Alain Prost. Mais ça, c'est une autre histoire.

SUZUKA AU CALENDRIER JUSQU'EN 2007

Même s'il ne se déroulera pas sur les circuits avant 2002, l'affrontement Honda-Toyota influence déjà le programme général du championnat du monde. Pendant que Toyota se porte acquéreur du Mont Fuji Speedway (qui abrita le GP du Japon en 1976 et 1977), les organisateurs de Suzuka, site essentiellement Honda, négocient avec Bernie Ecclestone pour prolonger un contrat qui dure déjà, sans interruption, depuis 1987.

Selon sa doctrine, Ecclestone aurait aimé un très long terme, sur une dizaine d'années. Mais le renouvellement n'est acquis (sans être officialisé) que jusqu'en 2007. En contrepartie de cette échéance, satisfaisante pour les investisseurs, un plan de modernisation du paddock et des installations de la TV digitale, entre autres opérations, est mis en route.

En parallèle, l'ensemble du site du Suzuka devient un parc d'attractions de plus en plus couru par les Japonais. Les structures d'accueil et de loisirs sont développées, en liaison avec celles du circuit. En 2000, après des années difficiles, l'affluence du GP du Japon est remontée nettement. Avec 52 000 spectateurs le vendredi, 115 000 le samedi et 151 000 le dimanche, Suzuka a largement dépassé le cap des 300 000. « Avec un pilote japonais, ces chiffres seraient en hausse », observe Masaru Unno, le représentant permanent de Suzuka auprès des autorités sportives basées en Europe.

En cette journée d'octobre, Tokyo s'offre une température d'été indien. A l'*Akasaka Prince Hotel*, Hiroyuki Yoshino, le président de Honda Motor, donne une grande réception en l'honneur de ses amis de British American Racing, l'écurie Honda officielle. L'ingénieur Adrian Reynard, qui assume toujours de hautes responsabilités sur l'organigramme de BAR-Honda, est invité et annoncé. Il brille par son absence. En vérité, il n'a guère envie d'entendre, une fois de plus, la thèse du président Yoshino : « C'est à Craig Pollock que Honda doit sa présence en Formule 1 avec BAR et Jacques Villeneuve. »

Depuis plusieurs mois, Reynard a soigneusement tenté de récupérer Honda à son profit, avec une apparence de logique dans la mesure où, aux États-Unis, Reynard court en kart avec des moteurs Honda. Rien n'allant plus entre Reynard et Pollock, actionnaires-ennemis, le président Yoshino a mis les choses au point : l'implication de Honda dans BAR, notamment en matière de châssis, est de plus en plus forte. L'instant est solennel. Ils sont cinq, le président Yoshino, Craig Pollock, Jacques Villeneuve, Ricardo Zonta et Takefumi Hosaka, le responsable Formule 1 chez Honda, à poser, les traits impassibles, derrière les deux monoplaces de l'écurie. L'éclairage est tellement violent que la nouvelle chevelure rousse de Jacques Villeneuve ne se remarque même pas. Quand les Italiens verront Villeneuve dans le paddock, ils le surnommeront aussitôt « Testarossa ». Et Villeneuve haussera les épaules.

A propos de moteurs, en ce jeudi matin, Michel Amiot, le responsable de la logistique de Renault Sport, est imperceptiblement tendu, voire inquiet. Il est passé, en silence, dans les stands Arrows et Benetton, utilisateurs de Supertec. Il a regardé un peu partout, en silence. Et puis, son enquête terminée, Michel Amiot s'est rendu à l'évidence : quatre moteurs, qui ont quitté Viry-Châtillon en début de semaine, sont portés manquants. Sans être dramatique (chaque écurie a trois moteurs à sa disposition), la situation est troublante. En effet, ces quatre moteurs (deux par équipe) devaient être directement acheminés de Suzuka vers Sepang, pour le GP de Malaisie, sans transiter – sauf nécessité – par Viry-Châtillon. Amiot réfléchit tout haut : « Impossible d'expédier en Malaisie des moteurs qui ne sont pas arrivés. »

Alors, Amiot reprend son enquête. Notamment auprès des transporteurs officiels de la Formule 1. Les bordereaux d'expédition sont lus et relus attentivement. En fin de matinée, le ciel s'éclaircit : légèrement retardés, les fameux moteurs débarqueront vers 15 heures ce jeudi, dans le paddock. En quelques minutes, ils seront entreposés chez Arrows et Benetton. Le tout au grand soulagement de la dizaine d'ingénieurs de Renault Sport répartis entre Arrows et Benetton. Après coup, Amiot soupire : « J'aurais eu l'air malin de demander quatre moteurs de secours à Viry. » En 2000, avec la confrontation technologique permanente entre constructeurs internationaux, tout moteur malencontreusement égaré ne saurait être nécessairement perdu pour tout le monde.

En ces jours de chauffe avant le GP, Michael Schumacher et Mika Hakkinen s'emploient à dédramatiser la situation, chacun à sa manière, avec une pointe d'intox, un zeste de provocation et une touche d'imprévu. Chez Ferrari comme chez McLaren, il s'agit pour l'un de toucher l'autre (et réciproquement) là où il ne s'y attend pas. En conséquence, les moindres indices prennent des dimensions gigantesques. Quand Ferrari explique que Michael Schumacher a battu, le 29 septembre, le récent record de Panis au Mugello, en 1'24"056, c'est pour ajouter : « Quoi qu'il en soit, Michael n'utilisera pas en course le moteur du Mugello. » Il en roule de même pour les pneus. Délégué par Ferrari à une conférence de presse de

Yoga et réflexion.

Bridgestone à Tokyo, Barrichello avait d'ores et déjà publiquement remercié le manufacturier japonais d'avoir conçu des pneus très performants pour ce GP.

La frontière indécelable entre la vérité et son excès n'est qu'une ligne blanche systématiquement franchie. Aussi bien, Ron Dennis a-t-il beau jeu de laisser monter David Coulthard au créneau avec une phrase-choc : « Mika est champion du monde en titre et moi j'ai quand même l'habitude de gagner. » Cible visée : Rubens Barrichello, qui n'a, en 2000, qu'une victoire à son palmarès contre trois à Coulthard. Le Brésilien réagit sur-le-champ : « Si Michael est couronné à Suzuka, j'aurais entière liberté de manœuvre en Malaisie. » Est-ce un vœu, une simple requête, voire un accord secret ? Nul, chez Ferrari, n'avance de réponse. La fameuse formule chère à Jean Todt – « ce n'est pas d'actualité » – sert de coupe-feu. Un seul dénominateur commun unit les deux challengers : la fiabilité maximale du moteur. Témoin neutre et objectif, Christian Blum, l'ingénieur de Renault Sport, estime : « Michael est dans une position si confortable qu'il peut, pour éviter tout risque moteur, attendre le GP de Malaisie. En même temps, en prolongeant le suspense, il se laisse à la merci d'un incident inattendu. »

Dans ce drôle de paddock de Suzuka, la cohabitation McLaren-Ferrari est tellement étroite – les locaux se touchent – que des entretiens spontanés s'engagent, comme ça, entre Norbert Haug et Michael Schumacher, Corinna Schumacher et Erja Hakkinen, Adrian Newey et Ross Brawn, etc. Rien de bien sérieux. De simples échanges verbaux qui ont le mérite de la courtoisie. Deux hommes, Jean Todt et Ron Dennis, échappent à ces rendez-vous fortuits et informels. Mais le samedi, à 12 h 40, après avoir préalablement téléphoné, Dennis se rend d'un pas ferme – sur un mètre pas plus ! – chez Todt. Leur tête-à-tête ne dure qu'une vingtaine de minutes. Aucun communiqué ne le validera.

En fait, lors du briefing des pilotes, la veille, Charly Whitting a annoncé que toute interférence des équipiers dans la course des deux prétendants au titre serait sanctionnée sur-le-champ. Au besoin avec le drapeau noir-blanc d'une disqualification immédiate. Whitting a tenu ce langage sur mandat de Max Mosley, retenu à Londres et très soucieux de la régularité des opérations. Pour Ron Dennis, cette focalisation strictement ponctuelle à l'encontre du duo Hakkinen-Michael Schumacher frise l'abus de pouvoir. Il fonde ainsi son argumentation : « Si, mathématiquement, Coulthard et Barrichello avaient été en course pour le titre, la notion d'équipier, telle qu'elle a été brandie ce jour, ne disparaissait-elle pas d'elle-même ? » Cette question posée par Dennis mérite plaidoirie.

Maintenant, avant les qualifications, l'Anglais évoque avec Todt la nécessité d'un accord, conclu de gré à gré entre eux deux et se superposant sur la recommandation de la FIA. Todt se tient sur ses gardes. Au passage, Dennis note que l'un des commissaires sportifs du GP est l'Ita-

Jour de pole pour Michael Schumacher.

lien Roberto Causo, avocat de l'autorité sportive italienne dans l'appel de Ferrari contre la disqualification du GP de Malaisie, le 17 octobre 1999. Il s'étonne lourdement de cette coïncidence.

*
* *

Événement : la terre a légèrement tremblé à Suzuka, le vendredi pendant les essais libres, en prolongement d'une onde sismique relevée à 400 km de là. En général, les pilotes ne se sont aperçus de rien. Barrichello, lui, prédit : « Avec les qualifications, ça va trembler pour de bon entre Michael et Mika. » A 13 h 14, ce samedi, Wurz s'élance, le premier, en 1'38"775.

Pas de quartier : à 13 h 20, Coulthard, incisif, se met en pole (très) provisoire en 1'36"633. La séance s'est animée. A 13 h 27, Michael Schumacher dépasse l'Écossais en 1'36"094. Une mise en train. D'autant plus qu'une menace Hakkinen, 1'36"168, prend forme. Mais le Finlandais attend 13 h 40 pour devancer l'Allemand de Ferrari en 1'36"017. L'atmosphère de Suzuka est chargée d'électricité. Un éclair rouge zèbre la piste à 13 h 46 : Michael Schumacher est chronométré en 1'35"900. Une performance qui a l'allure d'une vraie pole.

Rien n'est pourtant acquis. Froidement déterminé, Hakkinen tourne, à 13 h 52, en 1'35"834, en s'étant arraché dans la dernière ligne droite. Hakkinen et Michael Schumacher sont plongés dans un duel qui leur appartient. Cette escalade n'est pas finie. A 13 h 58, dans un tour d'anthologie, Michael Schumacher reprend son bien – c'est-à-dire la pole qu'il avait établie 12' plus tôt –, en 1'35"825. En riposte, Hakkinen exploite la poignée de secondes qui lui reste pour tenter le tout pour le tout, in extremis. Pour rien. Cet enchaînement de grandes performances laisse pantois.

Retour sur terre. Hakkinen ne s'avoue pas déçu : « La chicane m'a coûté cher. » Congratulé par les siens, Michael Schumacher se contente d'un bref sourire. Et d'une phrase de circonstance : « J'avais besoin d'une bonne position pour le départ. Je crois l'avoir obtenue. » Le verdict des chiffres ne condamne pas le vaincu : l'Allemand devance le Finlandais de 9 millièmes de seconde et de 56 cm ! Un enseignement : les équipiers ciblés par le pouvoir sportif sont à distance respectueuse, Coulthard ne possède que 94 millièmes de seconde d'avance sur Barrichello, lui-même talonné par l'étonnant Button, 1'36"628. Néophyte du tracé, le jeune Anglais s'émerveille : « Je n'imaginais pas Suzuka aussi sélectif. » En consultant la grille de départ, Prost commente : « La hiérarchie est très nette et ça vaut mieux pour Michael et pour Mika. » En tant que team-manager, Prost se sent personnellement mal à l'aise devant le mauvais classement d'Alesi.

Ce dimanche 8 octobre, vers 13 h 35, à 55' du départ, le ciel s'assombrit. La pluie se pressent. Rien d'autre. A 14 h 5, Hakkinen sort de son stand. Y revient le tour d'après, à 14 h 6, pour une anodine vérification de suspension. A cette minute-là, la Ferrari 103 de Michael Schumacher quitte son stand. Le compte à rebours s'emballe. A 14 h 32, à peine les feux éteints, Michael Schumacher – ses roues braquées à fond – se rue de la gauche vers la droite pour aller y chercher Hakkinen, en bordure intérieure de la piste. Au ralenti, cette image est plus saisissante qu'à vitesse réelle. La maîtrise de Hakkinen, très bien parti et qui ne dévie pas de sa trajectoire, a évité le pire.

Désormais lancé, ce GP du Japon se résume, de lui-même, en une apothéose du duel annoncé depuis le début du championnat. Le spectacle est apuré : entre Hakkinen et Michael Schumacher, ce n'est plus, désormais, qu'une affaire de minutes. En tête, Hakkinen ne parvient pas à décrocher Michael Schumacher : son avance sur lui ne dépassera jamais 2"6 et son rétroviseur sera toujours obstrué par un engin rouge. Coulthard, Barrichello, Irvine, Button et les autres sont loin. « A croire que personne n'avait l'ambition ou l'envie d'aller taquiner Mika et Michael », ironisera, plus tard, Alesi, trahi en rase campagne par son moteur. En attendant, Hakkinen et Michael Schumacher ravitaillent, une première fois, presque en-

Michael Schumacher : à droite toute, sur Hakkinen.

Hakkinen en leader, mais sous menace rouge.

Lueur de crainte dans le regard de Hakkinen.

semble, à 15 h 10 et 15 h 11 en 6"8 et 7"4.

Une pluie fine tombe par intermittence. A 15 h 36, avec une très mince avance (1"2) sur son rival allemand, Hakkinen ravitaille en 7"4. Ross Brawn ordonne à Michael Schumacher de foncer, à tout prix, et de creuser sur Hakkinen un écart qui deviendra le gouffre de ses espérances mondiales. Aussi brillant que discipliné, Michael Schumacher s'exécute. A 15 h 39, compte tenu de l'arrêt de Hakkinen, la Ferrari n° 3 possède 26" d'avance sur la McLaren n° 1. En un ravitaillement express de 6", à 15 h 40, Michael Schumacher revient en piste sous le nez de Hakkinen, désormais relégué à 5". Aucun doute : sauf impondérable sur la monoplace de Maranello, l'affaire est réglée, Hakkinen est tombé dans le piège conçu par Brawn, appliqué à la perfection par les mécaniciens de Ferrari et parachevé par un imminent triple champion du monde.

Il ne reste plus désormais que quelques tours à Michael Schumacher pour se rap-

Le ravitaillement éclair de 15 h 40 : secret de victoire.

Pour les Rouges, la délivrance suprême.

procher du bonheur suprême et à Hakkinen pour chavirer dans la déception. A un moment, très fugitif, Fisichella frôle la Ferrari n° 3 et se retrouve dans l'herbe. Dans son ultime tour, l'Allemand lève le pied. Hakkinen termine à 1''837. Peu importe sa deuxième place : à 16 h 3'8'', Michael Schumacher est passé sous le drapeau à damier. En tant que champion du monde 2000. A 16 h 11, l'accolade Michael Schumacher-Hakkinen est une passation de pouvoirs.

Corinna-Michael : de tout cœur.

Douche japonaise pour Jean Todt.

GRAND PRIX DE MALAISIE

17e MANCHE DU CHAMPIONNAT DU MONDE DES CONDUCTEURS 2000

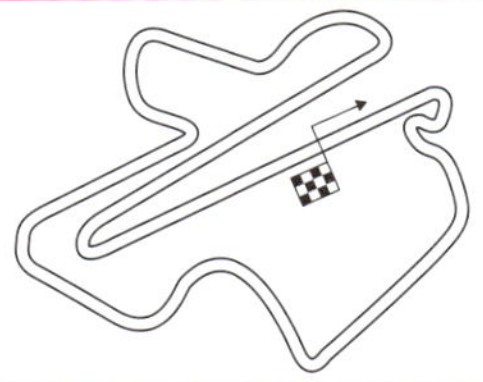

DATE : 22 octobre 2000.
CIRCUIT : Sepang (Kuala Lumpur).
DISTANCE : 56 tours de 5,543 km, soit 310,408 km.
MÉTÉO : très chaud et humide.
ENGAGÉS : 22. QUALIFIÉS : 22. PARTANTS : 22. ARRIVÉS : 12. CLASSÉS : 13.
VAINQUEUR : **Michael Schumacher** (Ferrari) en 1 h 35'54''235 à 194,199 km/h.
MEILLEUR TOUR : **Mika Hakkinen** (McLaren-Mercedes) : 1'38''543 à 202,498 km/h.

GRILLE DE DÉPART

M. SCHUMACHER (Ferrari) à 220,301 km/h	**1'37''397**	1	**Hakkinen** (McLaren-Mercedes)	1'37''860
Coulthard (McLaren-Mercedes)	1'37''889	2	**Barrichello** (Ferrari)	1'37''896
Wurz (Benetton-Playlife)	1'38''644	3	**Villeneuve** (BAR-Honda)	1'38''653
Irvine (Jaguar-Ford)	1'38''696	4	**R. Schumacher** (Williams-BMW)	1'38''739
Trulli (Jorgan-Mugen-Honda)	1'38''909	5	**Frentzen** (Jordan-Mugen-Honda)	1'38''988
Zonta (BAR-Honda)	1'39''158	6	**Herbert** (Jaguar-Ford)	1'39''331
Fisichella (Benetton-Playlife)	1'39''387	7	**De la Rosa** (Arrows-Supertec)	1'39''443
Verstappen (Arrows-Supertec)	1'39''489	8	**Button** (Williams-BMW)	1'39''563
Salo (Sauber-Petronas)	1'39''591	9	**Alesi** (Prost-Peugeot)	1'40''065
Heidfeld (Prost-Peugeot)	1'40''146	10	**Diniz** (Sauber-Petronas)	1'40''521
Gené (Minardi-Fondmetal)	1'40''662	11	**Mazzacane** (Minardi-Fondmetal)	1'42''078

CLASSEMENT

1. **Michael Schumacher** (Ferrari F1-2000) ... en 1 h 35'54''235 à 194,199 km/h
2. **David Coulthard** (McLaren-Mercedes MP4/15) ... à 0'0''732
3. **Rubens Barrichello** (Ferrari F1-2000) ... à 0'18''444
4. **Mika Hakkinen** (McLaren-Mercedes MP4/15) [1] ... à 0'35''269
5. **Jacques Villeneuve** (BAR-Honda 002) ... à 1'10''692
6. **Eddie Irvine** (Jaguar-Ford R1) ... à 1'12''568
7. **Alexander Wurz** (Benetton-Playlife B200) ... à 1'29''314
8. **Mika Salo** (Sauber-Petronas C19) ... à 1 tour
9. **Giancarlo Fisichella** (Benetton-Playlife B200) ... à 1 tour
10. **Jos Verstappen** (Arrows-Supertec A21) ... à 1 tour
11. **Jean Alesi** (Prost-Peugeot AP03) ... à 1 tour
12. **Jarno Trulli** (Jordan-Mugen-Honda EJ10B) ... à 1 tour
13. **Gaston Mazzacane** (Minardi-Fondmetal M02) ... à 6 tours (abandon)

ABANDONS

Pedro Diniz (Sauber-Petronas C19) : accrochage avec N. Heidfeld (1 tour) / **Nick Heidfeld** (Prost-Peugeot AP03) : accrochage avec Pedro De la Rosa (Arrows-Supertec A21) (1 tour) / **Heinz-Harald Frentzen** (Jordan-Mugen-Honda EJ10B) : problème électrique (8 tours), alors 19e / **Jenson Button** (Williams-BMW FW22) : problème de moteur (19 tours), alors 10e / **Marc Gené** (Minardi-Fondmetal M02) : problème à la roue arrière gauche (37 tours), alors 17e / **Ralf Schumacher** (Williams-BMW FW22) : problème de moteur (43 tours), alors 13e / **Ricardo Zonta** (BAR-Honda 002) : sortie de route (47 tours), alors 9e / **Johnny Herbert** (Jaguar-Ford R1) : sortie de route à la suite d'un problème mécanique (49 tours), alors 10e.

EN TÊTE

Hakkinen : les 2 premiers tours, soit 11 km.
Coulthard : du 3e au 17e tour, soit 83 km.
M. Schumacher : du 18e au 24e tour, puis du 26e au 39e tour et du 42e au 56e tour, soit 199 km.
Barrichello : le 25e tour et les 40e et 41e tours, soit 16 km.

A NOTER

Intervention du safety-car au 2e tour pour dégager les débris d'accident de début de course.

[1] **Hakkinen** arrêté aux stands 10'' pour cause de départ anticipé.

Schumacher en trombe

Ce lundi matin 9 octobre, peu après 8 h 15, Pedro De la Rosa et sa fiancée Maria Reyes prennent leur petit déjeuner au restaurant de l'aéroport de Nagoya. Dans moins d'une heure, ils s'envoleront vers Tokyo puis, après une brève escale, monteront dans un long courrier vers Amsterdam avant de bondir dans un avion à destination (finale) de Barcelone. Près de vingt heures de voyage au total. Pedro De la Rosa réfléchit tout haut : « Avec Arrows, j'utilise un moteur Renault. Dans trois jours, pour préparer 2001 avec Arrows, je vais tester le V10 Peugeot, sous un autre nom. » Effectivement, à peine arrivé à Barcelone, De la Rosa roule, dans sa Honda Prélude, vers le tout nouveau circuit de Valence pour deux jours d'essais avec son nouveau motoriste, Asia Motor Technologies.

L'anonymat est de rigueur. L'Arrows est blanche, sans aucun sponsor. Tout comme son équipier Jos Verstappen. De la Rosa est en combinaison neutre. Seul, son casque est identifié à son logo personnel, PDLR. Les ingénieurs français de Peugeot portent des tenues banalisées. Seul, le camion transporteur Peugeot se trahit par un énorme Lion, sur la face arrière. Bref, De la Rosa et Verstappen sont les seuls ayant couru un dimanche à Suzuka avec Renault (dissimulé sous Supertec), en semaine à Valence avec Peugeot (masqué par AMT) et à nouveau à Sepang avec

Un vacancier nommé Michael…

Renault (encore en Supertec). La transition Renault-Peugeot laisse les pilotes de marbre : « Nous ne ferons pas de comparaison. » En attendant, le jeudi 19 octobre, au gala du GP de Malaisie, au *Mandarin Hotel* à Kuala Lumpur, Enrique Scalabroni, John Gaino et Didier Dobae, les trois « opérationnels » d'AMT, promettent un effet d'annonce sur leur moteur 2001. Quarante-huit heures plus tard, c'est le flop dans sa splendeur. Un boursier japonais, Yamazaki Mazak, arrive. Daniele Audetto, le directeur commercial d'Arrows, a déjà réservé ces emplacements sur les machines. A part ça ? rien d'autre…

Ce même jeudi, à 10 h 20, un Challenger bleu et blanc est en phase d'approche sur l'aéroport international de Sepang. Sur une initiative de Philippe Gurdjian, une

Didier Dobae, John Gaino, Enrique Scalabroni : au grand jour.

exception d'accueil a été consentie pour Michael Schumacher qui débarque en compagnie de Corinna et de Jean Todt, en provenance de Thaïlande. Une vingtaine de minutes après, le triple champion du monde, en bermuda et chaussures sport, enfile une chemise rouge siglée Ferrari-Marlboro pour un contact avec les médias, essentiellement malais d'ailleurs. Une seule question hante les esprits : Rubens Barrichello aura-t-il la liberté de vaincre à Sepang ? Bien rodé, Michael Schumacher n'élude rien.

A quelques heures près, dans ce même aéroport de Sepang, les Schumacher auraient pu croiser l'ingénieur André de Cortanze, le directeur technique de Toyota. Ce dernier a arpenté l'aéroport au petit matin, après un vol Francfort-Kuala Lumpur. A 9 heures, il s'est assis, comme prévu, avec les autres directeurs techniques de la Formule 1 dans la salle des briefings du circuit. Il est intervenu sur des sujets de routine. Et puis il a levé la main : « Pouvons-nous examiner la réglementation 2002 ? » Cette question correspond au calendrier d'entrée de Toyota en Formule 1. Silence général. André de Cortanze insiste. Une voix s'élève : « Ce n'est pas à l'ordre du jour. » Un murmure d'approbation l'accompagne. Dans la seconde qui suit, André de Cortanze range ses dossiers et se lève. Un salut de politesse. Peu avant 15 heures, le Français est en route vers Singapour puis, dans la foulée, vers l'Europe. Autour du tapis vert, personne n'a bronché.

Tous deux résidant au *PauPacific Hotel*, Michael Schumacher, à la chambre 567, et Mika Hakkinen, à la 643, se sont motivés, chacun de leur côté, pour un ultime duel de prestige. La Scuderia Ferrari est, curieusement, plus tendue que McLaren-Mercedes. Stefano Domenicali avait collé de grandes feuilles de papier sur les vitres du local Ferrari pour permettre à ses ingénieurs d'ouvrir leurs ordinateurs sans crainte d'espionnage. Gurdjian a obtenu de Ferrari de les remplacer par une rangée de plantes assez hautes pour décourager les indiscrets : « Sans détruire l'esthétique. » En effet, ce paddock de Sepang est le plus raffiné de tous les GP. « Mais nous voulons le titre des constructeurs », avait balbutié l'Italien.

ALESI-PEUGEOT-GAULOISES : SORTS CONTRAIRES

Une heure à ne jamais oublier : à 16 h 40'57", ce dimanche 22 octobre 2000, Jean Alesi bouclait son 184e GP, depuis 1989, en onzième position derrière Michael Schumacher. Mais c'était aussi la dernière sortie en Formule 1 à la fois du moteur Peugeot et de Gauloises Blondes, le sponsor officiel de Prost Grand Prix après avoir été celui de Ligier.

Les vicissitudes de cette « année horrible » (de l'aveu d'Alain Prost) auront empêché Alesi d'obtenir le moindre point pour la première fois depuis 1989. Un pilote de son calibre ne méritait pas un tel affront.

Au fil de cette expédition en Malaisie, la morosité avait gagné les ingénieurs de Peugeot Sport, manifestement en désarroi profond. « Nous n'avons même pas envie de faire la fête pour saluer notre départ de la Formule 1 », commentait Jean-Claude Lefebvre au nom de tous. Alors que l'obscurité était tombée sur Sepang, les ingénieurs de Prost faisaient tourner les moteurs Peugeot, pour un dernier message, avant de basculer dans l'anonymat.

Du côté de Gauloises Blondes, ce n'était guère plus gai. Une époque se terminait. De belles années étaient reléguées dans les tréfonds de la mémoire.

Gauloises et Peugeot : les adieux.

Les dernières qualifications du siècle se déroulent dans une étuve. A 13 h 20, ce samedi, Hakkinen, le premier en piste, donne l'exemple, en 1'38"640. Cinq minutes plus tard, Coulthard fait mieux, en 1'38"095. Et puis, à 13 h 29, Michael Schumacher se signale à l'attention générale en 1'37"840. Il faut attendre 13 h 57 pour revoir Michael Schumacher en action en 1'37"397. A 13 h 59, Barrichello se rapproche, en 1'37"896. La première ligne est 100 % rouge. Les deux pilotes Ferrari ont garé leurs machines côte à côte. Leurs regards convergent sur un moniteur de télévision.

A 50" à peine de la fin des qualifications, Hakkinen et Coulthard ont quitté leur stand, le couteau entre les dents. Tous deux, roue dans roue, donnent un furieux récital. A 14 h 1, Coulthard est officialisé en 1'37"889 et, aussitôt après, Hakkinen clôture en 1'37"860. Le sourire de Barrichello s'est crispé : son sort s'est transformé. En première ligne, il pouvait, avec l'appui programmé de Michael Schumacher, envisager un deuxième podium suprême 2000. Comme quatrième, il en est réduit à harceler le duo Hakkinen-Coulthard. La tête basse, il regagne le local Ferrari. « Il s'est senti humilié en direct », dit un de ses proches. Hakkinen, lui, commente : « Il m'a manqué un deuxième tour lancé pour améliorer mon temps. » Autrement dit : devancer la Ferrari n° 3.

Ce soir du 21 octobre, bien après 22 heures, les ingénieurs McLaren-Mercedes, Steve Hallam en tête, traversent le hall rempli d'une foule bigarrée du *Sunway Lagoon Resort Hotel*, à Kuala Lumpur. Ils mettent un point d'honneur à masquer leur lassitude. « Tant que nous avons une chance dans le championnat des constructeurs, nous la jouerons », a martelé Ron Dennis depuis Suzuka. Le message a bien été perçu par les siens. D'ailleurs, Dennis est resté tard sur le circuit, avec Norbert

Départ réussi pour les McLaren : oui, mais...

Haug. En voyant Steve Hallam, Jean-Marc Lafosse, le président du *Sunway Lagoon*, lui a proposé de rallier le circuit le dimanche matin en empruntant un des hélicoptères garés sur le toit de cet étonnant établissement de quinze étages, digne de Las Vegas.

Rires et perruques.

Ce 22 octobre, à 16 h 39 exactement, Michael Schumacher empochait son magnifique tiercé de l'été indien, États-Unis-Japon-Malaisie. Sa performance se rehaussait de la frénétique opposition de Coulthard, le seul et le dernier à le menacer car Hakkinen – pied plus lourd que l'Allemand au départ – avait été sévèrement pénalisé. Le vrai événement se déroula après l'arrivée. Kotur Miodrag, le maître de la logistique Ferrari, avait déniché des perruques rouges dans un fripier de Kuala Lumpur. « Je me suis quand même frotté les yeux », exultait Luca Di Montezemolo, survenu inopinément dans le paddock-club, là où Ferrari avait choisi de faire la fête.

Pendant ce temps, sur une terrasse de Sepang, Tan Sri Basir, le président honoraire du circuit, donnait une grande « farewell party » de fin de saison. En bas, le paddock resplendissait de mille feux. En haut, près du ciel, le petit monde de la Formule 1 se disloquait, verre en main, en s'embrassant. A chaque ascenseur, on s'attendait à voir Michael Schumacher. Le héros de ce jour, entre beaucoup d'autres dimanches 2000, était affalé sur un fauteuil, au calme, dans le local d'hospitalité de Karl-Heinz Zimmermann. Ce Michael Schumacher, qui ne dédaignait pas le champagne, rigolait, en secret, avec Jurgen Hubbert et Norbert Haug, ses compatriotes allemands et grands dirigeants de Mercedes. Dans cette connivence germanique, Corinna Schumacher tenait son rôle d'épouse, en remplaçant les coupes de champagne de Michael par des verres de coca-cola.

Tan Sri Basir-Gurdjian : et de deux !

CHAMPIONNAT DU MONDE DES PILOTES 2000

	Australie	Brésil	Saint-Marin	Grande-Bretagne	Espagne	Europe	Monaco	Canada	France	Autriche	Allemagne	Hongrie	Belgique	Italie	États-Unis	Japon	Malaisie	TOTAL
1. M. SCHUMACHER	10	10	10	4	2	10	–	10	–	–	–	6	6	10	10	10	10	**108**
2. M. Hakkinen	–	–	6	6	10	6	1	3	6	10	6	10	10	6	–	6	3	**89**
3. D. Coulthard	–	–	4	10	6	4	10	–	10	6	4	4	3	–	2	4	6	**73**
4. R. Barrichello	6	–	3	–	4	3	6	6	4	4	10	3	–	–	6	3	4	**62**
5. R. Schumacher	4	2	–	3	3	–	–	–	2	–	–	2	4	4	–	–	–	**24**
6. G. Fisichella	2	6	–	–	–	2	4	4	–	–	–	–	–	–	–	–	–	**18**
7. J. Villeneuve	3	–	2	–	–	–	–	–	3	3	–	–	–	–	3	1	2	**17**
8 J. Button	–	1	–	2	–	–	–	–	–	2	3	–	2	–	–	2	–	**12**
9. H.-H. Frentzen	–	4	–	–	1	–	–	–	–	–	–	1	1	–	4	–	–	**11**
10. J. Trulli	–	3	–	1	–	–	–	1	1	–	–	–	–	–	–	–	–	**6**
11. M. Salo	–	–	1	–	–	–	2	–	–	1	2	–	–	–	–	–	–	**6**
12. J. Verstappen	–	–	–	–	–	–	–	2	–	–	–	–	–	3	–	–	–	**5**
13. E. Irvine	–	–	–	–	–	–	3	–	–	–	–	–	–	–	–	–	1	**4**
14. R. Zonta	1	–	–	–	–	–	–	–	–	–	–	–	–	1	1	–	–	**3**
15. A. Wurz	–	–	–	–	–	–	–	–	–	–	–	–	–	2	–	–	–	**2**
16. P. De la Rosa	–	–	–	–	–	1	–	–	–	–	1	–	–	–	–	–	–	**2**
17. J. Herbert	–	–	–	–	–	–	–	–	–	–	–	–	–	–	–	–	–	**0**
18. P. Diniz	–	–	–	–	–	–	–	–	–	–	–	–	–	–	–	–	–	**0**
19. M. Gené	–	–	–	–	–	–	–	–	–	–	–	–	–	–	–	–	–	**0**
20. N. Heidfeld	–	–	–	–	–	–	–	–	–	–	–	–	–	–	–	–	–	**0**
21. G. Mazzacane	–	–	–	–	–	–	–	–	–	–	–	–	–	–	–	–	–	**0**
22. J. Alesi	–	–	–	–	–	–	–	–	–	–	–	–	–	–	–	–	–	**0**

CHAMPIONNAT DU MONDE DES CONSTRUCTEURS 2000

	Australie	Brésil	Saint-Marin	Grande-Bretagne	Espagne	Europe	Monaco	Canada	France	Autriche	Allemagne	Hongrie	Belgique	Italie	États-Unis	Japon	Malaisie	TOTAL
1. FERRARI	10+6	10	10+3	4	6	10+3	6	10+6	4	4	10	6+3	6	10	10+6	10+3	10+4	**170**
2. McLaren-Mercedes	–	–	6+4	10+6	10+6	6+4	10+1	3	10+6	6	6+4	10+4	10+3	6	2	6+4	6+3	**152**
3. Williams-BMW	4	2+1	–	3+2	3	–	–	–	2	2	3	2	4+2	4	–	2	–	**36**
4. Benetton-Playlife	2	6	–	–	–	2	4	4	–	–	–	–	–	2	–	–	–	**20**
5. BAR-Honda	4	–	2	–	–	–	–	–	3	3	–	–	–	1	3+1	1	2	**20**
6. Jordan-Mugen-Honda	–	4+3	–	1	1	–	–	1	1	–	–	1	1	–	4	–	–	**17**
7. Arrows-Supertec	–	–	–	–	–	1	–	2	–	–	1	–	–	3	–	–	–	**7**
8. Sauber-Petronas	–	–	1	–	–	–	2	–	–	1	2	–	–	–	–	–	–	**6**
9. Jaguar-Ford	–	–	–	–	–	–	3	–	–	–	–	–	–	–	–	–	1	**4**
10. Minardi-Fondmetal	–	–	–	–	–	–	–	–	–	–	–	–	–	–	–	–	–	**0**
11. Prost-Peugeot	–	–	–	–	–	–	–	–	–	–	–	–	–	–	–	–	–	**0**

STATISTIQUES DES GRANDS PRIX

• Le championnat du monde des conducteurs a été créé en 1950 : sur un total de 663 Grands Prix, 78 pilotes figurent au palmarès.

– **Grande-Bretagne** (17) : Jackie Stewart, Jim Clark, Stirling Moss, Graham Hill, John Surtees, Tony Brooks, Peter Collins, Mike Hawthorn, Innes Ireland, Peter Gethin, James Hunt, John Watson, Nigel Mansell, Damon Hill, Johnny Herbert, David Coulthard, Eddie Irvine.
– **Italie** (13) : Alberto Ascari, Giuseppe Farina, Piero Taruffi, Giancarlo Baghetti, Lorenzo Bandini, Ludovico Scarfiotti, Vittorio Brambilla, Luigi Musso, Luigi Fagioli, Riccardo Patrese, Elio De Angelis, Michele Alboreto, Alessandro Nannini.
– **France** (12) : Maurice Trintignant, François Cevert, Jean-Pierre Beltoise, Jacques Laffite, Patrick Depailler, Jean-Pierre Jabouille, René Arnoux, Didier Pironi, Alain Prost, Patrick Tambay, Jean Alesi, Olivier Panis.
– **Brésil** (5) : Emerson Fittipaldi, Carlos Pace, Nelson Piquet, Ayrton Senna, Rubens Barrichello.
– **États-Unis** (5) : Dan Gurney, Phil Hill, Peter Revson, Richie Ginther, Mario Andretti.
– **Allemagne** (4) : Wolfgang von Trips, Jochen Mass, Michael Schumacher, Heinz-Harald Frentzen.
– **Argentine** (3) : Juan Manuel Fangio, Froilan Gonzales, Carlos Reutemann.
– **Autriche** (3) : Jochen Rindt, Niki Lauda, Gerhard Berger.
– **Suède** (3) : Ronnie Peterson, Joakim Bonnier, Gunnar Nilsson.
– **Australie** (2) : Jack Brabham, Alan Jones.
– **Belgique** (2) : Jacky Ickx, Thierry Boutsen.
– **Canada** (2) : Gilles Villeneuve, Jacques Villeneuve.
– **Finlande** (2) : Keijo Rosberg, Mika Hakkinen.
– **Nouvelle-Zélande** (2) : Denny Hulme, Bruce McLaren.
– **Suisse** (2) : Joseph Siffert, Clay Regazzoni.
– **Afrique du Sud** (1) : Jody Scheckter.
– **Mexique** (1) : Pedro Rodriguez.

• Le record des victoires appartient toujours à Alain Prost, 51, devant Michael Schumacher, 44, Ayrton Senna, 41, Nigel Mansell, 31, Jackie Stewart, 27, Jim Clark et Niki Lauda, 25, Nelson Piquet, 23, Damon Hill, 22, Mika Hakkinen, 18, Stirling Moss, 16, Graham Hill, Jack Brabham et Emerson Fittipaldi, 14, Alberto Ascari, 13, Mario Andretti, Carlos Reutemann et Alan Jones, 12, Jacques Villeneuve, 11, Ronnie Peterson, James Hunt, Jody Scheckter et Gerhard Berger, 10.

• Voici les champions qui se sont répartis les titres mondiaux :

– **Juan Manuel Fangio** : 5 fois en 1951, 1954, 1955, 1956 et 1957.
– **Alain Prost** : 4 fois en 1985, 1986, 1989 et 1993.
– **Jack Brabham** : 3 fois en 1959, 1960 et 1966.
– **Jackie Stewart** : 3 fois en 1969, 1971 et 1973.
– **Niki Lauda** : 3 fois en 1975, 1977 et 1984.
– **Nelson Piquet** : 3 fois en 1981, 1983 et 1987.
– **Ayrton Senna** : 3 fois en 1988, 1990 et 1991.
– **Michael Schumacher** : 3 fois en 1994, 1995 et 2000.
– **Alberto Ascari** : 2 fois en 1952 et 1953.
– **Jim Clark** : 2 fois en 1963 et 1965.
– **Graham Hill** : 2 fois en 1962 et 1968.
– **Emerson Fittipaldi** : 2 fois en 1972 et 1974.
– **Mika Hakkinen** : 2 fois en 1998 et 1999.
– **Giuseppe Farina** : 1 fois en 1950.
– **Mike Hawthorn** : 1 fois en 1958.
– **Phil Hill** : 1 fois en 1961.
– **John Surtees** : 1 fois en 1964.
– **Denny Hulme** : 1 fois en 1967.
– **Jochen Rindt** : 1 fois en 1970.
– **James Hunt** : 1 fois en 1976.
– **Mario Andretti** : 1 fois en 1978.
– **Jody Scheckter** : 1 fois en 1979.
– **Alan Jones** : 1 fois en 1980.
– **Keijo Rosberg** : 1 fois en 1982.
– **Nigel Mansell** : 1 fois en 1992.
– **Damon Hill** : 1 fois en 1996.
– **Jacques Villeneuve** : 1 fois en 1997.

Voici, depuis 1970, la moyenne obtenue par les champions du monde en fonction de leur total de points.

Année	Pilote	Nationalité	Points	G.P.	Moyenne
1970	Jochen Rindt	Autriche	45	13	3,46
1971	Jackie Stewart	Grande-Bretagne	62	11	5,63
1972	Emerson Fittipaldi	Brésil	61	12	5,08
1973	Jackie Stewart	Grande-Bretagne	71	12	4,73
1974	Emerson Fittipaldi	Brésil	55	15	3,66
1975	Niki Lauda	Autriche	64,5	14	4,60
1976	James Hunt	Grande-Bretagne	69	16	4,31
1977	Niki Lauda	Autriche	72	17	4,23
1978	Mario Andretti	USA	64	16	4,00
1979	Jody Scheckter	Afrique du Sud	51	15	4,00 (*)
1980	Alan Jones	Australie	61	14	5,07 (*)
1981	Nelson Piquet	Brésil	50	15	3,33
1982	Keke Rosberg	Finlande	44	16	2,75
1983	Nelson Piquet	Brésil	59	15	3,93
1984	Niki Lauda	Autriche	72	16	4,50
1985	Alain Prost	France	76	16	4,75
1986	Alain Prost	France	72	16	4,50
1987	Nelson Piquet	Brésil	73	16	4,56
1988	Ayrton Senna	Brésil	90	16	5,62
1989	Alain Prost	France	76	16	4,75
1990	Ayrton Senna	Brésil	78	16	4,87
1991	Ayrton Senna	Brésil	96 (**)	16	6,00
1992	Nigel Mansell	Grande-Bretagne	108	16	6,75
1993	Alain Prost	France	99	16	6,18
1994	Michael Schumacher	Allemagne	92	16	5,75
1995	Michael Schumacher	Allemagne	102	17	6,00
1996	Damon Hill	Grande-Bretagne	97	16	6,06
1997	Jacques Villeneuve	Canada	81	17	4,76
1998	Mika Hakkinen	Finlande	100	16	6,25
1999	Mika Hakkinen	Finlande	76	16	4,75
2000	Michael Schumacher	Allemagne	108	17	6,35

(*) Seuls étaient retenus les quatre meilleurs résultats des demi-saisons. Cette moyenne est calculée sur le total réel obtenu par Scheckter (60 points) et Jones (71 points).
(**) Depuis 1991, tous les résultats sont pris en compte, et la victoire est à 10 points.

ORIGINE DES DOCUMENTS PHOTOGRAPHIQUES

AFP (Torsten Blackwood, Paul Crock, Greg Wood, Oliver Multhaup/EPA/DFA, Antonio Scorza, Daniel Garcia, Vanderlei Almeida, Kay Nietfeld/EPA/DPA, Carlo Ferraro/EPA/ANSA, Patrick Hertzog, Giorgio Benvenuti/EPA/ANSA, Pierre Verdy, STR/EPA-DPA, Éric Cabanis, Christophe Simon, COR, Pascal Guyot, Timothy A. Clary, André Forget, Samira Bouhin, Thomas Coex, Aurelia Bailly, Robert Jaeger/APA, Olivier Hoslet/EPA/BELGA, Sergio Fermi/EPA/ANSA, Stan Honda, Jeff Kowalsky, Don Emmert, Peter Jones, Harry Melchert/EPA/DPA, Toshifumi Kitamura, Tory Yamanaka, Hideyuki Yamamoto/Pool, Albert Alive/EPA/EFE, Emmanuel Dunand, Jimin Lai) : pp. 6,7, 8, 10, 12H, 13, 19B, 23, 24HG, 24HD, 29H, 29B, 30H, 30B, 31H, 31B, 35HG, 36H, 36B, 37H, 37B, 38H, 38B, 39, 41, 46B, 47H, 47B, 49, 52H, 52B, 54B, 55H, 55B, 57, 58, 60, 61, 62G, 62D, 63H, 63B, 65, 67, 68H, 68B, 71H, 71B, 72, 74, 75B, 77, 78,78, 80H, 81, 82H, 83H, 83B, 85, 87A, 88, 89H, 90H, 90B, 91H, 91B, 91M, 93, 96H, 96B, 97, 99, 101, 102M, 102B, 103H, 103B, 105, 107H, 109H, 109BG, 109BD, 111, 113A, 114B, 115H, 115B, 117, 118, 119H, 119B, 120H, 120B, 121H, 121B, 123H, 126, 127H, 127B, 128H, 129H, 129BG, 129BD, 131, 133, 134, 135B, 136H, 136B, 137H, 137BG, 137BD, 141BG. **Jean-François Galeron** : pp. 4, 11, 14H, 14B, 15, 16, 17, 18H, 18B, 19H, 20, 21H, 21B, 24B, 25HG, 25HD, 25B, 26H, 26B, 27, 28, 33, 34, 35HD, 35B, 42H, 42BG, 43, 45, 46H, 50, 51H, 51B, 53, 54H, 59, 66, 69, 73, 75H, 79, 80B, 82B, 86, 87B, 89B, 94, 95, 100H, 100B, 102H, 106, 107B, 108, 112, 113B, 114H, 128B, 135H, 139H, 139B, 140, 141H, 141BD. **Gérard Berthoud** : pp. 42D, 44. **DR** : pp. 12B, 123B. **Jean-Pierre Bruneau** : p. 124.

Impression et reliure : Pollina s.a., 85400 Luçon - N° L80486